심령과학 시리즈 7

# 저승에서 온 아내의 편지

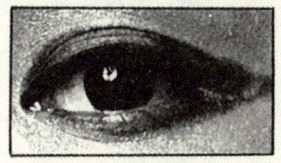

R.M. 레스터 / 저
안 동 민 / 역

瑞音出版社

## 머 리 말

 이 책의 원명(原名)은 《이승의 생활이 끝난 뒤의 생활탐구》인데, 이 책의 저자인 레지널드 레스터(Reginald M. Lester)씨는 매우 보수적인 영국의 언론인으로서 그 직업상 심령문제에 대해서는 항상 냉소적인 입장을 취해 왔다.
 그는 기독교 신자의 집안에서 태어났지만 그 자신은 깊은 신앙이 없었다고 한다.
 그런 그에게 어느날 비극적인 사건이 발생했다. 그것은 바로 그가 사랑하던 부인의 죽음이었다.
 그가 부인을 얼마나 사랑했는가는 이 책을 읽어 보면 깊은 감명을 받을 것이다.
 사랑하는 아내의 죽음을 당해 슬퍼하는 레스터씨에게 한 친구가 어떤 영매를 소개해 주었다.
 매우 보수적인 유물론자(唯物論者)인 그였지만, 사랑하는 아내를 잃은 슬픔을 조금이라도 덜어 볼 생각으로 그는 마침내 어떤 영매(靈媒)를 찾게 되었다.
 영매는 그에게 "당신의 부인은 당신 곁에서 당신 어깨 위에 손을 얹고 서 있군요" 하고 말했다. 그리고 이어서 레스터씨의 죽은 부인의 생김새와 특징을 자세히 묘사했다.
 그러나 그는 좀처럼 영혼의 존재를 믿으려고 하지 않았다.

이런 현상은 일종의 텔레파시 현상이 아닌가 생각했기 때문이었다.

  그러나 좀더 깊이 연구해 봐야겠다고 생각하게 된 그는, 수많은 영매들을 찾아 만났고, 또한 심령실험회(心靈實驗會)나 강령회(降靈會)에 참석하여 회의적인 과학도의 입장에서 철저히 관찰했다. 끝까지 의심을 버리지 않던 그도 계속 일어나는 심령현상에 마침내 영혼의 존재를 인정하게 되었다.

  그의 영혼이 육체에서 빠져 나와서 영계에 있는 아내와 함께 대화를 하는 장면은 이책 가운데 가장 감동적인 대목이 아닐 수 없다.

  종장(終章)인 〈또다시 궁금한 이야기〉는 본서와는 관계없이 역자가 적은 글임을 밝혀 둔다.

저승에서 온 아내의 편지 • 차례

머리말 ——————————————— 11
제 1 장 빛이 땅에 떨어지다 ——————— 12
제 2 장 어둠 속을 방황하다 ——————— 25
제 3 장 빛의 실체 ————————————— 32
제 4 장 다른 세계 ———————————— 45
제 5 장 영혼의 치료 ——————————— 59
제 6 장 꿈속의 방황 ——————————— 73
제 7 장 처음 나눈 아내와의 대화 ———— 90
제 8 장 또다른 만남 ——————————— 108
제 9 장 제3의 증명 ——————————— 118
제10장 영혼이 쓰는 편지 ———————— 132
제11장 한 육체속에 공존하는 두 영혼 ——— 156
제12장 본인을 가장한 다른 영의 출현 ——— 171
제13장 영계의 한 과학자와의 대화 ———— 185
제14장 영혼의 속삭임 —————————— 196
제15장 노드클리프경과의 대화 —————— 217

제16장 바뀌는 영매의 얼굴 ——————————— 239
제17장 뒤집혀진 글씨 ————————————— 254
제18장 영계인의 마음 ————————————— 262
제19장 앞으로의 과학이 해결할 문제 ————— 273

종　장 또다시 궁금한 이야기 ————————— 281

## 제1장 빛이 땅에 떨어지다

　제2차 세계대전이 시작되었으므로 나는 25년 동안에 두번씩이나 군에 징집을 당하게 되었다. 하지만 처음에 소집당했을 때와 그 다음에 소집을 당했을 때와는 큰 차이가 있었다.
　1914년에서 1918년까지의 제1차 세계대전 때, 나는 학교에서 곧바로 입대하여 불과 6주간의 간부훈련을 받고 곧장 존 메 전선(戰線)으로 투입되었다.
　나는 전혀 경험도 없는 19세의 하급 장교였다. 나는 120명 가량의 서부 웨일즈의 광부(鑛夫)들로 구성된 공병소대(工兵小隊)를 지휘하게 되었는데, 그들은 훌륭한 젊은이들로서 나를 충실히 받들어 주어 지금도 감사하고 있다.
　말할 것도 없이 전쟁중이었으므로 차마 눈 뜨고 볼 수 없는 참혹한 일도 수없이 겪었다. 불을 뿜는 포탄으로 사지가 갈기갈기 찢기어서 전우들이 쓰러지는 것을 생전 처음 이 눈으로 목격했을 때는 너무 놀란 나머지 기절할 지경이었다. 그래도 젊은이의 기력이랄까, 모험정신이랄까 하는 것으로 버티어 그 임무를 마칠 수가 있었다.
　그런 탓으로 별로 육체적으로나 정신적으로 별다른 악영향도 받지 않고 나는 다시 옛 생활로 돌아올 수 있었다. 그래도 나는 달라졌다. 아니 전쟁이 나를 바꾸게 했다고 할 수 있다.
　나는 그때까지 신앙심이 깊은 가정에서 자랐다. 또한 규칙적으로 교회에도 나갔다. 하지만 전쟁터의 광경을 본 뒤에는, 거의 무의식적으로 하느님이 있는지 없는지 알 수 없는 회의론자가 되고 말았다.
　벙커 속에 있는 우리들 위에 시시각각으로 죽음의 신이 찾아왔다. 같은 벙커 속에 있으면서도 죽음의 신이 쏜 화살은 한 사람 한 사람에게 각기 다른 운명을 선고한다.
　나의 양쪽에 있던 동료들이 산산조각이 되어 날아갔는데도 나는 상처 하나 입지 않고 살아 남은 일이 몇번씩이나 있었다.
　그럴 때마다 나는 그곳에 선 채, 바로 내 곁에 있던 동료가 도대체 어떻게 되었을까 하고 생각하곤 했다. 언젠가 죽은 뒤의 생명에 대해 교회에서 들은 적이 있었다. 하지만 저렇듯 완전히 분자(分子)처럼 부숴져 버린 육체 다음에는 도대체 무엇이 남을까, 하고 생각해 봐도 도저히 알 수 없는 일이었다.
　사라진 육체 대신 심령적인 관념을 바꿔 놓고 자기 마음을 위로하려고 했으나 가능하지 않았다.
　나는 이러한 의문들을 과학적으로 연구하는 데 깊이 흥미를 느끼게 되었고 여러 방면의 과학서적을 탐독하게 되었다. 그리고 이 문제를 생물학적 견지에서 연구해 보았으나, 과학은 개인의 '생명'이 육체가 죽은 후에 존속한다는 학설과 통하지 않는다는 것을 알게 되었다.
　나는 전선(戰線)이 조금 조용해지고 적의 공격이 뜸해졌을 무렵, 벙커 속에서 병사들을 재편성하면서 밤이 이슥해지는 초저녁부터 새벽녘까지 목사로서 소집되어 나의 소대에

제1장 빛이 땅에 떨어지다  17

와 있던 병사들과 여러 가지 흥미있는 이야기를 나눴다.
 그는 번화한 런던시에 있는 어느 교회의 목사였으나 군목으로 임명되었음에도 불구하고 자진해서 전선에 참가했다. 그는 나의 부대에서 꽤 좋은 영향을 병사들에게 주었다. 하지만 우리는 그와 열심히 토론을 해 봤으나, 육체가 죽은 뒤에도 인간이 존속한다는 확증이 될만한 합리적인 이론을 발견할 수 없었다.
 얼마의 세월이 지난 뒤 나는 까끔 그와 이야기를 나눈 것에 대해 생각해 보았지만 그가 만약 지금까지 이 땅에 살아 있다면 육체의 죽음이 인간의 마지막이 아니라는, 이 위대한 진리를 증명하기 위해 우리가 지금 이용할 수 있는 체험을 맨 먼저 기꺼이 이해해 줄 사람은 바로 그 사람일 것이라고 생각한다.
 내가 두번째로 종군했을 때, 나의 처지는 완전히 전번과는 달랐다. 나는 이미 훌륭한——내게는 무한한 보물이라고 할 만한——아내를 둔 중년 신사가 되어 있었다.
 이렇듯 아내와의 더없이 깊은 애정은 이미 유치원에 다니던 어린 시절부터 싹텄던 것이다.
 그 어린 시절, 이미 우리의 애정은 지남철처럼 끌렸던 것인데 해를 거듭할수록 그 애정은 더욱 더 굳어지기만 했다.
 1차 대전이 끝나고 군대에서 제대하자, 나는 그녀와 결혼했고, 가정생활에 충실했다. 그로부터 17년 동안의 행복한 결혼생활은 눈 깜짝할 사이에 지나갔다. 그리고 지금 비로소 우리는 헤어져서 산다는 최초의 경험을 새삼스럽게 맛보게 된 것이다.
 하지만 이것도 곧 피할 수 있었다. 나의 연구가 의학부문이었으므로 전선에 파견되지 않고 동부군사령관 참모로 임명되었다. 나는 이 지역의 사령장교로서 근무시간 외에는 영외거주를 허락받았으므로 곧 가구가 딸린 셋집을 구하고 아내를 불러오기로 했다.

이렇게 해서 아내와는 전쟁중에도 계속 함께 생활할 수 있었다. 그 무렵 영국의 동해안은 적군의 연속적인 폭격의 위험과 공포에 싸여 있었고, 그 속에 아내를 놔두는 것이 불안하게 느껴지기도 했다.

하지만 그녀는 나와 위험을 함께 한다는 결심이 충분히 되어 있었다. 적의 공격이 막바지에 이르렀을 때, 보다 안전한 곳으로 피신하는 게 어떻냐는 나의 제의를 그녀는 한마디로 거절했다.

밤낮을 가리지 않고 수없이 폭탄이 투하되는 가운데 우리 두 사람은 어느 은행 건물의 맨 꼭대기층에서 잠을 자면서, 사경을 헤맨적이 한 두번이 아니었다. 하지만 이런 최악의 공격이 있을 때에도 우리는 만약 최악의 사태가 발생할 경우, 함께 죽을 수 있다는 것에 만족하며, 비교적 평화스럽게 잠을 이룰 수 있었다.

언제 어느 때 '저승의 세계'로 날아갈지도 모를, 그와 같은 극히 위험한 상태에서 우리가 다음 세상에 대해 한번도 말한 적이 없었다는 것은 정말 이상한 일이었다.

사령부에서는 1년을 더 복무하라고 부탁했으나, 나는 하고 있던 연구를 되도록 빨리 끝내고자 하는 마음이 간절해 징집을 해제시켜 달라고 부탁했다.

나는 연합군이 최후의 승리를 선언한 날로부터 한 달 뒤에 자유의 몸이 되었고, 옛 생활로 되돌아 오게 되었다.

그 뒤의 3년 동안은, 25년간 계속되어 온 우리의 결혼생활 가운데 아마도 가장 즐거운 생활이었다.

아내는 몹시 건강해 보였다. 나는 아내와 함께 허락되는 범위 안에서 가능한 한 많은 시간을 함께 보내기를 간절히 원했다.

전쟁 전에는 주말에 남은 일거리를 보따리에 싸들고 집으로 가져오는 습관이 있었으나, 전쟁이 끝난 뒤에는 아무리 일거리가 밀려있어도 일요일만은 자유롭게 보내기로 결심했다.

지금와서 생각해도 그렇게 하기를 잘했다고 생각이 된다. 매주 일요일에는 여름이나 겨울이나 우리들은 아침부터 애용하는 그린라인(자동차)을 타고, 런던 교외의 경치좋은 곳을 찾아 하루를 함께 즐겼다.

아내에게 처음으로 어두운 그림자가 비친 것은 1948년 부활절 아침이었다. 아내는 이상한 병——신비하다고 밖에 말할 수 없는——에 걸리고 말았다.

의사는 그 원인을 찾아낼 수가 없었다. 거의 3주일 동안 그녀는 거의 움직일 수 조차 없었다. 아내가 병으로 고통을 받고 있을 동안, 나 이외에 다른 사람이 접근해 오는 것을 무척 싫어했다.

나는 모든 일을 집어치우고 그녀의 건강이 회복되기를 빌면서 밤낮을 가리지 않고 간호했다. 그런 이유에서인지 그녀는 다시금 조금씩 건강을 되찾게 되었다. 그래서 우리는 다시금 일요일의 산책을 즐길 수 있었다.

그해 6월, 우리는 1년에 한 번 있는 휴가를 얻어 여행을 떠나기로 했다. 나는 작년과는 달리 걸어서 데본까지 가기로 했다.

우리는 도온의 계곡에서 하루를 즐기고 다시 린튼에서 모로소올 벼랑길을 즐겁게 돌고, 엑스무어를 넘어 쿠베리의 옛

마을에 도착했다.
 그때의 심경을 말한다면, 그것은 제2의 신혼여행이라고 할 만 했다. 우리는 단 한가지 예외를 제외하고는, 이것이 우리 생애에서 마지막 큰 기쁨이 될 것이라는 예시를 받은 일은 없었다.
 그런데 어느 날 저녁 내가 린마우스에서 린의 다리를 막 건너려고 할 때였다.
 나는 아내와 팔장을 끼고 다정하게 다리를 건느고 있을때 '다시 이렇게 아내와 둘이서 이 다리를 건널 수 있을까?' 하는 생각이 번개처럼 뇌리를 스쳐 갔다. 바로 그 순간 '다시 건널 수 없다!'는 대답이 내 마음에 떠올랐다.
 그 해도 저물어 가을이 되던 어느날 아내가 갑자기 쇠약해 지는 것처럼 느껴졌다. 피곤해 하는 그녀의 모습은 부지런한 성격과는 전혀 반대처럼 보였으므로 과로한게 아니냐고 말해 보았으나, 아내는 결코 그렇지 않다고 대답했다.
 12월의 둘째 주일이 되자 병세의 악화가 너무도 급작스럽게 찾아왔다. 크리스마스 주(週)의 월요일에 아내는 크리스마스 선물을 준비하러 나갔다.
 화요일 아침 아내는 병상에 누웠는데, 일시적인 감기정도로 여겼다. 아내는 의사가 필요 없다고 말했으나, 그날 밤에 나는 의사에게 부탁하여 왕진을 했다. 의사가 와서 진찰을 했지만 몹시 혈압이 낮은 것 외에는 별로 이상이 없었고, 저혈압에 대한 약을 처방해 줄 테니까 그것을 복용하면 주말인 크리스마스 날에는 회복되겠다고 말했다.
 그런데 수요일 밤, 갑자기 아내가 통증을 나타냈다. 다음 날 아침 나는 다시 한번 의사에게 좀더 세밀한 진찰을 부탁했으나, 주치의는 여전히 병의 원인을 알아 내지 못했다.

나는 왕립메손병원에 입원시켜야만 되겠다고 생각, 다음 날 아침 입원 허락을 병원측으로부터 받았다. 바로 크리스마스 전날인데, 그때 아내의 병세는 더 중태에 빠져들고 있었다.

곧 아내는 병원에 입원했고, 적당한 처치가 취해지겠지 하고 나는 마음을 놓았다. 잠시 동안의 입원으로 다시 옛모습대로의 건강한 몸이 되어 퇴원할 것으로 믿고 병원 의사들의 조치에 맡긴채, 나는 잠시 병원 밖으로 나갔다.

2시간 뒤에 나는 의사의 진찰 결과를 들으려고 병원으로 돌아왔다. 그런데 놀랍게도 세 사람의 의사가 함께 진찰중이었다.

순간 나는 가슴을 찢는 듯한 불길함을 느꼈다. 그때 외과 과장이 나와서 나를 자기 방으로 불렀다.

"선생께 말씀드리고 싶은 것은······"

하고 의사가 말했다.

"부인의 병은 위독한 증상입니다만, 아직도 어디가 나쁜지 진단이 제대로 나오지 않습니다."

의학적으로 가능한 온갖 처치가 동원된 다음에 나는 미친 듯이 구원을 다른 방면에서 구할 생각이 들었다. 단 한 가지 남은 것은 하느님에게 구원을 청하는 일이었다.

그날 밤 나는 런던에 있는 친구들에게 전화를 걸어서 아내의 쾌유를 비는 시간에 함께 와서 기도해 줄 것을 부탁했다. ──나는 너무나 종교적인 신념이 부족했기 때문에 어쩔 방법이 없어서 마지막으로 구원을 간절한 기도에 의지해 보려고 결심했다.

크리스마스날 아침, 태양이 비치는 병원 복도를 거닐다가 나는 병실 밖에서 담당 간호원을 만났다. 간호원은 아무 말도 하지 않고 머리를 가로 저었다. 아내의 증세는 다량의 페니실린을 주사했는데도 밤 사이에 더욱 악화되고 있다는 것이다. 그러나 내가 병실로 들어 갔을 때 그녀는 의식만은 멀쩡했다. 아내는,
"곧 퇴원할 수 있지요. 언제쯤이나 될까요?"
"아마 다음 주말쯤 되겠지."
"어머, 일주일 동안이나요. 그렇게 오랫동안 이곳에 있고 싶지 않아요."
그녀가 말했다.
사실 아내는 그렇게 오랫동안 병원에 있지는 않았다. 크리스마스날 오후 2시 반이 지날 무렵 아내는 혼수상태에 빠졌다.
지금 나에게 남겨진 일은 아내의 침대 옆에서 무릎을 꿇고 기도하는 일뿐이었다. 나는 나의 생애에서 지금까지 이렇게 간절하게 기도를 드려 본 적이 없었다.
이렇게 잊을 수 없는 순간 순간들이 크리스마스날 오후에서 다음 날 새벽까지 계속되었다. 그동안 나는 침대 옆에 홀로 내가 가장 사랑하는 이의 옆에서 차츰 썰물처럼 약해져 가는 아내의 생명을 지켜보면서, 그녀를 구할 아무런 방도도 찾지 못한채 줄곧 앉아만 있었다.
어둠이 걷히고 날이 밝아오자 아내는 나에게서 서서히 미끄러져 갔다.
그 이후의 시간——그것이 현실이었을까?——전혀 그것은 비현실적이고, 얼마 후에는 깨어날 게 분명한 악몽이 아닐까? 나는 이같은, 반은 실신한 것 같은 상태로 그래도 마지막으로 필요한 수속을 밟았다.
마침내 아내는 정말 평화스러운 표정으로 작은 교회 안에

제1장 빛이 땅에 떨어지다 23

누워 있었다. 이 교회가 이 세상에서 내가 아내에게 마지막 작별을 고할 장소기 때문이다.

아내는 정말 평화스러워 보였다. 나는 걷잡을 수 없는 슬픔으로 눈물을 흘리면서도 아내가 평화스럽다는 사실을 인정하지 않을 수 없었다.

하지만 나는 이처럼 평화스러운 얼굴을 보면서 이것이 또한 웃지 않는 아내의 얼굴을 볼 수 있게 된 정말 드문 기회라는 생각이 문득 마음속을 스쳤다.

하지만 아내는 도대체 어디 있었던 것일까? 예전에 어딘가에 있었다면 —— 지금도 어딘가에 있는 게 아닐까? 밤낮없이 그 물음을 되풀이 해 생각했다.

죽은 뒤에 생명이 존속한다는 신앙이 있었더라면 조금쯤은 위로가 되었을 텐데……, 그런 신앙이 나에게는 전혀 없었으며 논리적으로도 인정할 수 없었다.

하지만 나의 차디찬 이성에 반항하여 이 완고한 회의론에 끊임없이 도전해 오는 '혹시나'하는 생각이 끈질기게 내 마음에 일어나는 것은 어쩔수 없었다.

이렇듯 열렬한 애정의 모든 것들이 아무런 흔적도 남기지 않고 순간적으로 사라지고 만다는 것은 믿을 수 없는 일이 아닐까?

그로부터 얼마 동안은 차디찬 안개가 낀 날씨만 계속되었다고 나는 기억한다. 나의 사랑하는 아내가 교회에서 화장터로 옮겨졌을 때였다.

12월의 마지막 작별을 고하는 그날 아침, 그 괴로웠던 나날에, 갑자기 봄날 같은 맑고 화사한 햇빛이 비쳐온 듯한 느낌이 마음 속에서 솟아났다.

그 곳에는 많은 친근한 친구들에 에워싸여 교회의 디딤

돌 위에, 다시 꽃에 쌓인 공동묘지 한가운데에 아내의 시체가 놓여지자, 아내가 살아 있었더라면 아마 기뻐했으리라고 여겨지는 음악이 연주되었다. 그것은 아내가 천국으로 떠나는 지상에서의 마지막 행진곡이었다.

## 제2장 어둠 속을 방황하다

그로부터 2주일 동안이 내게는 마치 2년이나 지난 것처럼 느껴졌다. 나는 여전히 거의 일과처럼 그날 그날의 일을 했지만, 내 인생은 목적을 전부 상실한 것처럼 생각되었다.

25년 동안 함께 생활한 뒤에 사랑하던 남편과 아내가 갑자기 이별해야 한다는 일이 도대체 어떻게 믿어진단 말인가? 전혀 도리에 맞지 않는 일이 아닐까?

결코 이기적인 생각을 품은 적도 없고, 그 생명을 인류를 위해 봉사하는데 이바지한 사람이 아직 활동할 나이에 죽어야만 하다니!. 한편으로는 불치병을 앓으면서, 언제까지나 죽지 않고 괴로워 하는 사람도 있고, 정신적으로 결함이 있어서 아무 쓸모도 없는 사람들도 건강하게 살아 가고 있는데……

또 한편으로는 부부가 사이가 좋지 않아 이혼한 수 많은 사람들이 지상의 생활을 즐기고 있는데, 더할 나위없이 금슬이 좋고 정말 이심동체(二心同體)가 되어 있는 부부가 어째서 떼어 놓듯 헤어져야만 하는 것일까? 이런 일이 다시는 생겨서는 안된다.

시간이 흐름에 따라 나는 아내없이 이 세상을 살아 갈 아무런 의미도 목적도 찾아낼 수 없게 되었다. 아내는 나의 모든 일과 그 일을 완성시키는데 없어서는 안되는 영감(靈感)이었다. 아내가 나에게서 사라진 뒤로는 나는 더 이상 어떤 쓸모 있는 일을 할 수 없을 것만 같은 생각이 들었다.

나에게 이렇게 말해 준 사람이 있다.――사람이 그 세계의 전부를 단 한 사람에게 집중시키는 것은 결코 바람직스럽지 못하다. 한번 파국(破局)이 닥치면 구원을 받기 어렵기 때문이다.

하지만 지금도 나는 변함없이 나의 전세계를 그녀가 몽땅 차지하게 하고 싶다. 나는 적어도 아내를 회상 속에서 완전히 그릴 수 있는 것이다.

이런 생각에 잠겨 있는 동안, 밤이면 밤마다 그저 덧없는 시간들만이 흘렀다. 하루의 일을 마치고 안식을 찾을 아무 것도 없이 돌아온 방은 텅 비어 있기만 했다. 다만 잠을 자는 것으로 잊을 수밖에 없다니, 이 또한 무슨 외로움인가.

아내는 어디로 간 것일까? 어쩌면 그 모습이 나타날지도 모른다는 막연한 기대로 안락의자 건너 쪽을 보건만, 나에게는 영의 모습의 그림자조차도 느낄 수 없는 것이다.

하나의 생명이 죽은 뒤에도 존속한다는 것에 대해서 몹시 회의적인 내가 이런 말을 하는 건 모순이 된다. 원래 거의 품고 있지 않았던 나의 작은 신앙마저도 완전히 없어져 버렸다.

아내가 죽은 지 3주일째가 되던 날이었다. 목사 한 분이 나를 찾아왔다. 그는 아마 내가 슬픔에서 많이 회복되었으리라고 생각한듯 했다.

나는 이 목사의 선의(善意)를 고맙게 생각했다. 하지만 이 목사의 신앙이 당시의 나에게는 전혀 아무 위안도 주지 못한다는 것을 비참하게도 증명한데 지나지 않았다.

이 목사는 훌륭한 인격을 갖춘 자였다. 그런데 내가 죽은 뒤의 생활에 대해 당신은 어떻게 생각하십니까? 사랑하는 사람의 영혼과 다시 함께 있을 수 있을까요? 하고 묻자, 그는 말끝을 흐렸다.

"그것은 어떤 방법에서는 두 사람이 맺어질 수 있을 겁니다. ― 하지만 아마 문자 그대로의 뜻은 아니겠지요."

그는 '생명의 존속'이라는 것은 인정하지만 이것은 목사들 중의 일부 사람들과 항상 논쟁의 대상이 되고 있어서 분명한 결론이 나 있지 않다는 것을 이해해야 한다고 말했다. 그것은 지식의 한계를 넘어선 것으로서 우리가 그것을 바라기 때문에 그것은 틀림없이 있을 것이라는 막연한 생각에 지나지 않는다. 그는 오직 신앙의 기초로서 희망적인 생각을 1년 내내 설교하고 있는 것이다.

종교에서 답을 구할 수 없었던 나는 이를 해결하는데 두 가지 길이 있음을 알게 되었다. 그 하나는 나의 아내가 간 뒤를 좇음으로써 영계(靈界)라는 또 '다른 세계'로 과연 나갈 수 있을지, 그렇지 않으면 '영원한 망각(忘却)'의 세계로 들어갈 수 있을지, 그 중의 어느 편인가를 시도해 보는 일이었다.

둘째는 나 스스로가 개인의 생명이 영원히 존재할 수 있는지 없는지를 과학적으로 뒷받침하고, 개인의 생명이 존속한다는 실증을 얻느냐 못얻느냐에 대한 심각한 연구를 시작해 보는 일이었다.

이 두가지 방법 가운데, 첫째번 것은 그 무렵의 나에게 극히 유혹적인 것이었다. 아침마다 눈을 뜨고 생각하는 일은, '그녀는 갔다!'는 것이었고 다음에는 얼이 빠진 듯한 현실감이 나의 의식을 뒤덮는 것이었다.

"거짓말이다. 그런 것은 사실이 아니다. 이따금 밤에 보는 저 가위에 눌린 꿈이다. 나는 아내가 죽었다는 꿈을 꾸고 있는 거다. 나는 곧 잠이 깨어서 내 옆에 평화스럽게 잠자고 있는 아내를 발견할 게 틀림없다. 나는 내 잠을 깨게 해야만 한다."

이같은 생각도 문득 들었으나 다음에는 큰 쇠뭉치가 머리를 내려치는 것이었다. 지구는 지금도 돌고 있다. 하지만 나의 사랑하는 사람은 이미 이 세상에는 없다. 그것은 전혀 믿을 수 없는 일이지만……

그로부터 다시 3주일쯤 지나서였다. 이윽고 다가 올 계시(啓示)의 서막이라고나 할 사건이 발생했다. 어느날 밤, 나는 꿈을 꾸었다.

나는 꿈 속에서 갑자기 자신이 이상한 아름다운 나라에 와 있음을 알게 되었다. 그러자 나는 미친 듯이 기뻐하지 않을 수 없었다.

나의 아내가 웃으며 놀랄 만큼 젊어져서 나를 향해 걸어오는 것이었다. 나는 가까이 가서 꼭 껴안았다. 이윽고 두 사람은 파란 잔디가 아름답게 펼쳐진 비탈진 언덕을 거뜬히 올라갔다.

우리 두 사람은 서로 허리를 끌어안듯이 하고 이 아름다운 언덕을 기뻐 어쩔줄 몰라하며 올라갔는데, 점차적으로 우리의 모습이 안개 속으로 사라졌다.

이윽고 잠이 깨었는 데도, 아직 온몸이 기쁨으로 부들부들 떨렸다. 하지만 차가운 현실이 이 꿈을 산산조각으로 만들었다. 사방을 둘러보니 언제나 보던 침대의 유리창 밖으로는 처량하게 비가 내리는 게 보였다.

이 꿈을 꾸고 정신이 말똥말똥해지자, 나는 오히려 이 현실을 보다 더 견딜 수 없는 것으로 만드는, 단순한 즐거운 꿈의 하나였다고 믿었다.

그런데 몇달이 채 흘러가기 전에 나는 그것이 단순한 꿈이 아니라, 잠깐 잠을 자는 순간에 자신의 육체에서 영혼이 이탈하여 유계(幽界)로 가서 실제로 아내와 함께 있었다는 사실을 알게 되었다.

11개월 뒤에 나는 아내의 영혼과 직접 이야기를 나눴는데 그때 그녀 자신이, 저 인상 깊은 밤의 방문에 대해 이야기를 해 주어 그것이 단순한 꿈이 아니었다는걸 알 수 있었다.

한편 나는 그 무렵에 사느냐, 죽느냐하는 어느 편을 택해야 옳을 것인가 하고 망설이고 있었다. 그러던 어느 날 밤, 나는 더 이상 참을 수 없어, 용기을 내어 마지막 결정을 내리려고 결심했다.

지금까지 해야겠다고 생각하면서 미루어 오던 일 중의 하나는 아내의 옷장을 살펴보는 것이었다. 그날 저녁 나는 그 일을 마음먹고 하기 시작했다. 한 가지 한 가지 나는 아내의 모든 예복과 속옷을 꺼냈다.

마지막으로 아내의 예쁜 발을 꾸며 주었던 구두를 발견했다. 그것을 보자, 나는 그 이상 참을 수 없었다. 무엇인가 속에서 나의 혼을 두드려 부순 듯한 느낌이 들었다.

그 순간 전화 벨이 요란스럽게 울렸다. 아내의 옛 친구의 목소리가 들려 왔다. 그 목소리는 어딘지 모르게 들떠 있었다. 간단한 인사말을 나눈 뒤 그녀는,

"공군원수인 다우딩 경(卿)을 만나보시는 게 어떻습니까?"

하고 말했다.

"무엇 때문에 말입니까?"

"전 그 분을 전혀 모릅니다만……"
그녀는 말하길, 죽은 아내의 이야기를 간단히 기술하고, 그 문제에 대해 원수의 저서(著書) 가운데서 어떤 책을 읽었으면 좋겠느냐고 원수에게 물어보는 게 어떻겠느냐는 것이었다.

마침내 나는 그녀의 권고를 따르기로 했다.

그날 밤, 나는 원수(元帥)에게 편지를 썼다. 얼마후 나는 곧 원수에게서 친절한 답장을 받았다. 그의 클럽에서 차를 마시며 이야기를 나누고 싶다는 초대의 뜻이 씌여 있었다.

얼마후 그와 만난 결과 나의 생각이 바뀌고 말았다. 나는 결코 사람이 죽은 뒤에도 영혼이 존속한다는 진리나, 현실계(現實界)와 영계(靈界) 사이에 통신을 한다는 가능성을 믿은 건 아니지만, 그녀의 뒤를 좇아 자살하려던 생각을 버리고 심령현상의 온갖 면을 깊이 연구하여 영계와 통신할 수 있다는 증거가 될 만한 모든 요건들을 분석하는 일을 하고자 결심했다.

다우딩 경(卿)의 말에 의하면,
"단 한가지 사건만으로는 당신을 믿게 할수는 없어요. 그러나 그러는 동안에 반박할 수 없는 많은 증거가 쌓이게 되어 마침내 믿지 않을 수 없게 될게요."
하고 그는 말했다.

몇개월이 지나서, 아내와 영계통신을 할 수 있게 되자 나는,
"어째서, 당신은 하필이면 최초의 심령현상을 연구하는 실마리로 다우딩 원수를 택한 거요?"
하고 물어보았다. 그러자 그녀는,
"심령현상을 연구하는 전문가들로부터 이야기를 들어도

제2장 어둠 속을 방황하다   31

당신은 틀림없이 귀를 기울이지 않으셨을 거예요. 그러나 영국의 공군에서 이름을 떨친 원수의 의견이라면, 틀림없이 당신의 마음을 움직일 것이고, 그 무렵에 당신이 생각하고 계시던 자살할 결심을 돌리게 할 수 있는 사람은 그 분밖에는 없다고 생각했기 때문이예요."
　하고 대답하는 것이었다.
　실제로 다우딩 경은 내 마음 속에 품고 있는 자살이라는 행위가 영혼에게 얼마나 위험한 행동인가 하는 어떤 개념을 내 마음에 심어 주었다.
　만약 먼저 영계로 떠난 사랑하는 사람의 혼과 곧 하나가 되겠다는 일념으로 스스로의 목숨을 끊는다면 그 사람은 오히려 자기의 목적을 배반하는 꼴이 된다.
　죽으면 같이 있을 수 있다는 처음의 예상과는 반대로 자살한 사람의 영혼에게는 기나 긴 집행유예기간이 부여되고 그 동안에 그가 지상에다 남기고 온 체험을 끝까지 다 하지 않으면 안되므로, 당연히 배당된 지상생활의 코오스를 보내는 것보다도 사랑하는 사람과 다시 맺어지는 날이 늦어지는 것이다.
　'재생(再生)'을 믿는 어느 심령학자의 주장에 의하면, 자살한 사람의 영혼은 사랑하는 사람과의 재회가 이루어지기 전에(그것은 아마 70년 또는 80년 동안) 지상생활에 봉사하고 이바지하기 위해, 육체를 지니고 지상에 재생하지 않으면 안된다고 말하고 있다.

## 제3장 빛의 실체

　나는 자살의 결과가 궁극적으로 어떻게 되느냐 하는 것에 대한 학설(學說)을 완전히는 받아들일 수 없었으나, 자살을 하는 것에 자신의 혼(魂)의 운명을 걸기에는 너무나 무모하다는 것을 알게 되었다. 하지만 이따금 죽음의 유혹이 강렬하게 나를 유혹했다.
　최근에도 1월의 어느 날, 한 줌의 재가 되어 묻혀 있는 나의 사랑하는 사람을 찾아갔다. 이때에 다시금 나의 감정은 견딜 수 없는 슬픔에 싸였다.
　또한 다우딩 경과 영계통신(靈界通信)의 이야기를 했을 때 내 마음 속에 심어진 희망은 순식간에 송두리째 뽑혔다.
　이 마지막 안식처에서 돌아서자, 모든 것들이 끝났다는 느낌이 들었다. 이 작은 뼈 항아리에서 도대체 무엇이 남아서 나온단 말인가? 이곳에서 이렇게 그녀의 육체가 재로 된 것을 보면서 어찌 그녀가 어디고 머나 먼 공간 저쪽에 살아 있다고 생각할 수 있겠는가?
　그런 일은 모두 이성으로서 판단할 수 없는 일이다. 나의 이 같은 고질적인 불가지론(不可知論)을 깨버리기 위해서는 뚜렷한 증거가 굉장히 많이 제시되어야 한다.
　이런 일을 나는 자문자답하면서 사무실로 돌아왔다. 나의 이성은 분명히 만사가 끝났음을 알려 주었다. 하지만 내 마음은 다우딩 경의 말이 옳고 내가 잘못 생각하고 있다고 속삭인다.

그는 이렇게 말했다.——그것은 우주의 자연적인 법칙이다. 생명은 존재한다. 우리가 '죽음'이라고 부르는 것은 단지 한 '곳'에서 다른 '곳'으로 이동하는 것이며, '육체'라는 옷을 벗고 에테르와 같은 '영계(靈界)'를 입는다는 것이며, 또한 영체가 보다 진실하며 영속적인 몸인 것이다.

다우딩 경은 우리가 이미 낡은 옷을 기꺼이 바꿔입는 것과 같다고 비유했다. 나는 그 말을 듣자 순간적으로 그것이 옳다고 느꼈다. 하지만 그와 헤어지자 나의 끈질긴 회의가 다시금 나를 짓누르기 시작했다.

그런데 지금에 와서는, 오직 하나 추구해야 할 뚜렷한 길이 있었다. 스스로에게 부과된 연구에 일직선으로 돌진하는 것과 함께 정상적인 그날 그날의 근무에 충실함으로써 영적으로나 현실적으로나 생활의 균형을 유지해야만 되겠다는 것이었다.

나의 최초의 연구 제목은 '접신학(接神學)'과 '생명(生命)의 존속(存續)', '심령과학(心靈科學)' 등에 관한 옛날 문헌을 연구할 것. 특히 그 방면의 훌륭한 강연회에 출석할 것, 또한 강령회에 참가하는 일이었다.

나는 이른바 강령회에서 일어나는 일에 관해서는 전혀 알지 못했었다. 나중에 안 바에 의하면, 영국 내에만 1만이 넘는 강령회가 있다는 것이다. 여기서도 다우딩 경은 내게 주의를 주었다.

"이런 종류의 모임에 자신의 이익만을 얻으려고 가까이 가서는 안됩니다. 자연히 공덕(功德)을 얻게 되긴 하겠지만,

당신의 연구 자체를 주로 하여 인류에게 봉사하는 셈치고 연구해야만 해요."

이윽고 그는 심령치료 그룹은, 그 방면의 연구를 하는데 좋은 기회를 준다는 말도 덧붙여 가르쳐 주었다. 그는 이 단계에서는 어떤 개인적인 강령회에 가더라도 영매(靈媒)와 개인적인 문제를 의논해서는 안된다고 말했다.

이 말은 나와 같은 성격의 소유자에게는 매우 적절한 충고였다. 우선 심령치료라는 것은 심령과학 가운데서도 가장 흥미가 적은 부문이었고 둘째로, 나는 항상 직업적인 영매에 대해 몹시 편견을 품고 있었다.

다행히 나는 훌륭한 생활태도를 갖고 종교적인 마음을 지닌 점에서 우리의 모범이 될 만한 최고급의 영매들과 만날 수 있었다.

또한 이들 영매는── 남자도 있고, 여자도 있었으나── 마치 래디오가 수천 마일 떨어진 먼 곳에서 오는 전파를 에테르의 파장에 실어 운반할 수 있듯이, 현실계(現實界)와 영계(靈界)를 맺어 주는 수신기가 되어 주는 사람이었다.

나는 자료를 순차적으로 정확하게 수집했다. 그것은 영시현상(靈視現象)과 영청현상(靈廳現象)의 초보적인 실험을 비롯하여 직접담화현상(直接談話現象) 및 물질화현상(物質化現象)에 이르기까지 각 단계의 현상을 정확히 모은 것이다.

내가 최초로 수집한 실험기록의 토막은 '원격염사치료(遠隔念思治療)' 그룹에서 수집한 것이었는데, 나는 적어도 이 그룹에 가면, 그 방면에 좀 치우친 많은 사람들과 만날 수 있으리라고 생각했었는데 가서 보니까 예상과는 전혀 다르다는 것을 알았다.

## 제3장 빛의 실체

나는 그 협회 본부의 작은 방에 안내되었다. 그곳에서는 심령회의의 모임이 열리고 있었다. 그곳은 보통 거실 만한 넓이였다.

내가 그곳에 도착했을 때는, 난로를 중심으로 남녀 15명이 의자에 앉아 있었다. 그들은 모두 일상생활에서 일어나는 일에 대해 서로 이야기를 나누고 있었다. 아무도 심령문제에 대해서는 전혀 이야기를 하고 있지 않았다.

나는 단지 한 방문객으로서 소개되었다. 아무도 내가 어떤 사람인가 물으려고도 하지 않았다. 이름을 묻는 사람조차 없었다.

다우딩 경은 그 회합에 나를 소개했을 뿐 회에서 내가 할 일에 대해서는 아무 것도 말하지 않았다. 모여 있는 사람들은 나의 직업이나 개인적인 사건, 최근에 아내를 잃었다는 것 따위는 전혀 알고 있지 않다는 걸 알았다.

내가 갔던 거의 모든 강령회는, 그 회가 시작되기 전에 모여 있는 사람들이 '주기도문'을 외웠었는데, 이 회도 역시 '주기도문'으로 시작했다. [다만 다른 것은 '우리를 시험에 들지 말게 하옵시고'라는 곳을 새로운 번역에 따라 '우리가 유혹을 당할 때 우리를 버리시지 마옵시고'라고 외우는 것이었다.] 그런 다음에 이 회의 찬송가 책 속에서 그 영(靈)을 부르는 노래의 1절을 부른다. 그 다음에 '쾌유의 찬송'이라는 노래를 부른다.

회원은 그때 치료를 필요로 하는 친구나 친척이름을 병명과 함께 말한다. 또한 잠시 동안 이들 위에 '거룩하신 치료가 있으시옵소서' 하며 정신을 집중시켜서 생각하는 것이다.

그 다음에는 영매인 난 매켄지 부인의 기도가 있었다. 그것은 '거룩한 치료의 빛의 기적'이 아픈 사람에게 주어지기를 바라는 짧은 기도였다.

이윽고 영매는 인도하는 영에게 몸을 맡기고 트랜스 상태로 들어갔다. 그녀의 눈은 감겨지고 의자에 앉은 채 약간 영동(靈動)하기 시작했다.

나는 물끄러미 그녀를 바라보며 관찰했다. 그녀는 호흡이 매우 깊어진 것 외에는, 완전히 무의식상태가 되었다는 증후가 각 방면에 나타나고 있었다.

몇 분 뒤에 그녀의 입술이 움직이더니, 자신의 목소리와는 전혀 닮지도 않은 극히 낮은 목소리로,

"인사드리겠습니다."

하고 말했다. 모든 사람들이 그 말에 대답하여,

"인사드리겠습니다, 러닝 워터 스승이시여."

하고 말했다. 나중에 안 일이지만, 난 매켄지 부인의 지도령(指導靈)은 이 이상한 이름으로 불리워지고 있었고, 그들의 말에 의하면 수백년 전에 죽은——아니 영계에 옮아 간 영혼이며, 지금은 영계에 있는 사람들과 현실계에서, 난 매켄지 부인과 같은 영매를 매개로 하여 그가 접촉할 수 있는 지상의 사람들 모두의 지도령으로서 일하고 있었다.

내가 그의 역할을 이해하는 데는 오랜 시간이 걸렸다. '어찌하여 우리가 지도령에게 인도를 받지 않으면 안되는 걸까?' 나는 처음에는 그런 일이 이상하게 여겨져서 전혀 있을 수 없는 일로 생각했었다.

나는 지도령이 필요한 까닭을 알고 싶었다. 모든 사람이 설명하는 바에 의하면 누구에게나 '지도령'이 있어서 그 사람의 지상생활 행동에 영향을 준다는 것이다.

이를테면 나와 같은 저술가는 역시 생전에 저술가였던 지도령이 함께 있어서 자기가 책임지고 지상생활을 하는 사람

에게 영감을 주기도 하고, 글자 그대로 인도를 하는 것이다.
 영매가 트랜스 상태로 들어가자 러닝 워터의 영은 그 영매의 입을 통해 능숙하게 짧은 말을 했다. 그것은 예지나 아름다움에 있어 지금까지 내가 들은 어떤 교회의 목사 설교보다도 뛰어난 것이란 감명을 받았다.
 회가 끝날 무렵, 매켄지 부인은 내가 있는 쪽을 돌아다보고 말했다.
 "당신이 앉아 있는 의자 뒤에 아릿다운 부인이 서서, 당신 어깨에 손을 얹고 계십니다. 손의 감촉을 느낄 수 있습니까?"
 "아니요."
 하고 나는 대답했다. 한동안 나는 어이가 없었다.
 "어떤 모습의 부인입니까? 자세히 말해 주십시오."
 영매는 그 부인의 밤색 눈동자, 흑갈색의 머리, 매우 작은 발, 늘 즐겨 입던 하늘색 상의, 한 가닥의 실로 짠 목도리 등을 자세하게 설명함으로써 그것이 바로 아내의 모든 것과 일치되었다.
 또한 영매가 말하기를,
 "그 부인은 나에게 금반지와 작은 얼굴 사진에 대해서 말씀하시는데, 당신은 그것이 무엇을 뜻하는지 아십니까?"
 분명히 나는 그 일이라면 알고 있었다. 아내의 결혼반지를 한쪽 주머니에, 또 다른 주머니에는 아내의 사진을 넣고 다니고 있었으니 말이다. 일시적이긴 하지만, 나의 회의적인 마음은 몹시 흔들릴 수밖에 없었다.
 나는 이 모임에서 무엇인가 복잡한 감정에 싸여서 돌아왔다. 결국 이와 같은 현상에 무슨 진리의 기초가 있다는 걸까? 그날 밤 나는 강한 신념에 사로잡혔다. 또한 늦게 집으로 돌아오기까지 그런 상태가 계속되었다.
 그날 밤 나는 이상하게 혼(魂)이 흥분한 느낌이었다. ──
하지만 이 느낌은 실로 일시적인 것에 지나지 않았다. 밤이
새고 차디찬 새벽 빛이 비쳐 들자 나는 환상에서 깨어나 현
실로 돌아온 듯한 느낌으로 잠이 깨었다.
 어제 저녁, 얼핏 보아 사후존속(死後存續)의 실증처럼 보
이던 경험은 쉽게 물질적인 설명도 할 수 있는 것이 아닐까?
──이런 일이 나 자신의 희망적인 해석을 반박하기라도 하
듯 마음에 떠올랐다.
 나는 곰곰히 생각한 뒤에 이와 같은 결론에 도달한 것이
다. 즉, 뛰어난 영시능력자(靈視能力者)는 어떤 염파(念波)
의 감응(感應)에 의해[이렇게 나는 멋대로 추측했다] 내 마
음 속에 그토록 선명하게 끊임없이 생각나게 하는 아내의 모
습을 비슷하게 상상해서 그려 낼 수 있는 것이 아닌가.
 또, 금반지나 작은 사진을 알아맞춘 일도 저 영매가 내 주
머니 속을 투시한 것이 틀림없다. 나는 저 회장에서 일어난
모든 사건과 현상을 되도록 반대로 해석해서 사후존속의 현
상을 긍정적으로 받아들이려는 나의 열렬한 욕구때문에 자
칫 잘못하면 맹신적으로 믿고 마는 위험을 피하려고 결심한
것이다.
 앞뒤 사정을 곰곰히 생각한 후, 약 3주일 뒤에 이 특수능력
을 지닌 영매를 초대하고 사적인 강령회를 개최하기로 결심
했다. 이 영매는 하여튼 내게는 매력 있는 존재였다.
 이 부인이 높은 인격과 따뜻한 동정과 또한 오랫동안 심령
실험의 경험이 있는 부인이라는 걸 나는 곧 알 수 있었기 때
문이다.
 그 당시는 자기만의 사적인 최초의 심령실험에 난 매켄지

부인과 같은 훌륭한 영매를 만났던 게 얼마나 다행한 일인가를 알지 못했었다.
 나의 편견은 극히 일부분은 사라졌다지만, 그래도 많은 편견을 간직한 채 그날 저녁 첼시에 있는 부인의 집을 찾아갔다. 그때의 심경은 어느 정도 회의적이면서도 '무슨 일이 일어날지도 모른다'는 막연한 희망도 섞여 있었고 경우에 따라서는 사후존속을 증명하는 증거로서 비교적 나에게도 인정될 수 있는, 어떤 메시지를 얻을지도 모르리라는 덧없는 희망도 품고 있었던 것이다.
 나는 마음 속으로 전형적인 영매실험회(靈媒實驗會)의 광경을—직업 영매가 깊은 트랜스 상태로 어두운 방의 테이블을 향해 앉아 있는 광경을—생각하고 갔다. 그런데 사실은 전혀 달랐다.
 아늑하고 환한 빛이 비치는 속에 난로 앞에는 폭신한 의자가 놓여 있고, 그곳에 편히 앉아서 마치 옛친구를 방문한 것처럼, 부인과 평범하게 이야기를 나누었다.
 그때였다. 극히 자연스럽게 어떤 일이 일어난 것이다. 의자에 앉아서 이야기를 하는 도중에 갑자기 나는 아내가 우리들과 함께 있다는 것을 느꼈다.— 현실적으로 그곳 의자에 앉아 있는 것으로 느껴졌다.
 우리가 이야기를 나누고 있는 동안 그 느낌은 더욱 더 강렬해졌다. 또한 우리는 정말 세 사람이 앉아서 지난 날의 옛이야기를 나누고 있다는 생각이 들었다. 나중에 안 일이지만 그것은 사실이었다.
 매켄지 부인은, 아내가 그곳에 와 있는 것을 바로 앞에서 느낀다는 나의 말을 조용히 긍정했다. 또한 그녀의 복장이나 모습, 머리의 정확한 색깔, 또는 작은 개인적인 여러 가지 특징에 이르기까지 정확하고도 자세히 설명했다.

그녀가 갑자기 영계로 떠났을 때의 자세한 일(크리스마스 전후의 사정)과 갑자기 병에 걸린 원인과 매장을 하지 않고 화장을 해준 데 대해 감사하다는 아내의 말들을 전해 주었다.

이야기는 이윽고 우리들의 27년간에 걸친 결혼생활 가운데 뚜렷한 사건들에 관해 대충 펼쳐졌다.

매켄지 부인은 말했다.

"무슨 뜻인지 내게는 알 수 없습니다만, 당신의 부인은 지금 저에게 반짝반짝 빛나는 사랑의 동그라미를 만들어서 보여 주셨습니다. 저는 그것이 그녀의 결혼을 상징하는 것이라고 생각할 수밖에 없습니다. 그 결혼반지 안쪽에는 매우 뚜렷이 1922라는 글씨가 보입니다."

1922라는 것은 우리가 결혼한 해였다. 나는 그때 그녀의 한 벌뿐인 멋진 외출복이며, 우리가 신혼여행으로 갔던 곳 등, 그토록 두 사람이 좋아했던 코르시니 호수의 벼랑 위에서 바라다 보던 푸른 하늘 따위가 머리에 떠올랐다.

그때 매켄지 부인은 우리가 런던에 가 있던 때의 저택이 '둘레에 온통 큰 나무가 있어서…' 마치 도시와 시골을 혼합한 듯한, 나무 숲 속에 있었다는, 마치 영시(靈視)가 제대로 안되는 듯한 이야기를 시작했다.

하지만 이것은 우리가 살던 햄프스테드의 집을 정확하게 묘사한 것이었다. 그도 그럴 것이 그 집은 마당이 큰 떡깔나무 숲에 이어져 있어서, 런던 시가의 집으로서는 가장 시골 냄새를 풍기는 곳에 있었다.

그 다음에 부인은 우리가 두 대전(大戰)이 있었던 동안에 겪은 온갖 변화 있는 운명과 시련에 대해서 복습하듯 말해

제3장 빛의 실체   41

주었는데, 놀랄 정도로 자세하게 맞추었다. 하지만 1940년의 이야기로 접어들자 부인은,
"아무래도 다음에 일어나는 일은 경우에 맞지 않는 것 같습니다만, 당신은 부인의 일을 전부 올바르게 이해하고 계신가요?"
하고 묻는 것이었다.
그것은 내가 육군에 소집되어 지방 부락에 주둔해 있으면서 아내와 동거생활을 하고 있었다——군복무를 하고 계시다면 어떻게 부인과 함께 살고 계셨을까요?——는 것이었다. 설령 영감이 혼란된 듯이 보인다고 하여도 그것은 정확하게 맞춘 셈이다.
내가 이미 전에 설명하였듯이 나는 동부사령부 관하의 참모로서 영외 거주가 허락되고 있었으므로 가구 및 집기가 달린 셋집을 빌려 쓰고 있었다. 또한 1940년 2월이 되자, 아내는 그곳에 와서 함께 생활했다.
이렇듯 무엇이나 정확히 맞췄음에도 불구하고 다음 항목에 와서는 나와 부인은 한 가지 사실을 놓고 그 진위를 둘러싸고 논쟁을 하게 되었다.
즉 1944년 가을 '짧은 기간' 나의 아내가 병이 났었다고 부인은 말하는 것이었으나, 나는 대전중에 아내는 한 번도 병이 난 일이 없었고 완전히 건강했다고 주장했다.
하지만 부인은 어디까지나 '분명히 병이 났었다'고 주장했다. 그러는 동안에 갑자기 나의 머리 속에 어떤 사건이 번쩍하며 떠올랐다. 그것은 그 해 9월의 일이었다. 아내는 물건을 사러 나갔다가 갑자기 병이 생긴 일이 있었다.
내가 밤중에 집에 돌아와 보니 아내는 비참한 모습으로 병고에 시달리고 있었다. 나는 서둘러 아내를 의사에게 보냈

다. 하지만 병이 2, 3일만에 나았으므로, 그 일은 나의 기억 속에서 사라졌던 것이다. 내 마음 속에서 사라진 것을 알아 맞춘 사실이 모든 영매의 '알아맞춤'을 정신감응(精神感應)이라고 주장하려는 지식인들의 의혹을 부정할 수 있는 한 가지 자료가 된다고 여기고, 나는 매우 인상 깊게 느꼈다.

그 심령회가 끝날 무렵에 또 하나의 실증이 나타났다. —— 더우기 이 경우는 나의 마음 속에서 완전히 사라졌다고는 할 수 없으나, 매켄지 부인이,

"당신의 부인은 어째서 그렇듯 둥근 화환에 대해서 마음을 쓰고 계셨었나요? 무슨 특별한 뜻이라도 있습니까?"

하고 물었다. 나는,

"아내는 생전에 그냥 묶은 꽃다발을 좋아하지 않았으므로 장례식 때는 목에 거는 식의 둥근 화환을 사용했습니다."

하고 대답했다.

이윽고 아내의 친구들 이름, 그것은 살아 있는 이도 죽은 이도 있지만 정확히 맞췄었다. 그 회가 끝날 무렵에 앞으로 나는 어디서 살 것이며, 먼저 번 집에서 사는 게 좋은가? 잠시 그 집에서 떠나 있는 게 좋은가? 하고 물어보았다. 아내의 영은 잠시 그 집에서 떠나 있는 편이 좋겠다고 말했다.

부인과 만나고 돌아오는 길에 내 마음은 가벼워지고 약간 흥분된 기분이었다. 지금까지 심령회에서 일어난 모든 사건은 사실로서 정확히 맞춰진 것이지 우연히 하나 둘 맞춘 것이 아니라는 확신이 생긴 탓이었다.

돌아오는 길에 나는 싱싱한 장미꽃 두 송이를 받았다. —— 그것은 아내가 좋아하던 봄꽃이었다. —— 나는 그날 밤 침실 테이블 위의 액자에 넣어 둔 그녀의 사진 옆에 꽃을 놓았다. 그 꽃은 3주일 동안이나, 싱싱하게 살아 있었다.

이토록 즐거운 분위기 속에서 최초의 심령실험이 초보적인 연구임에도 불구하고 많은 확증적 결과를 얻었다는 것은 나의 미래의 행동 과정을 크게 지배했음은 말할 것도 없다.

나는 이와 같은 심령실험을 단 한 사람의 영매에게만 한할 것인가? 그렇지 않으면 될 수 있는 한 많은 기회를 만들어 그것을 여러 면에서 연구를 해 볼 것인가 하고 생각했다.

나는 후자를 선택하기로 했다. 그 뒤 몇개월은 유명한 영매를 되도록 많이 찾아가서 어느 영매가 가장 잘 아내와 나와의 영적 파동(靈的波動)의 파장이 잘 맞는가를 시험하는 계획을 꾸몄던 것이다. 왜냐하면 최고의 영매가 반드시 나의 특수한 요구에 가장 적합한 것이 아니라고 생각했기 때문이다.

심령현상에 대해 알려고 하는 많은 유족들게 빠지기 쉬운 하나의 유혹은, 그것이 즐겁다는 이유로 너무 자주 강령회를 찾는다는 것이다. 이것은 피하지 않으면 안된다. 처음 단계에서 이런 일을 하면 원래의 목적을 잃고 말기 때문이다.

되도록 자주 사랑하는 혼과 접촉해 보겠다는 나의 성급한 요구를 만족시키려는 충동을 느끼면 느낄수록, 나는 영적인 생활과 물질적인 생활의 균형을 유지해야만 했다. 영에 대한 일에만 빠지면 안된다는 슬기로운 속삭임을 중히 여긴 탓이다. 그런 탓으로 나는 1주일에 한 번만 강령회에 참석하는 날로 정했다.

한편, 또 실생활의 한 순간일지라도 유용한 일로 채우기 위해 평상시에 활동을 배로 늘리기로 했다. 아내와 몹시 친했던 어떤 친구는 내가 경험담을 말하자 매우 흥미를 갖고 들었고 이 실증으로 나의 완고한 회의론이 이미 뚜렷이 극복되었다고 생각한 사람도 있었으나, 결코 그런 건 아니었다.

실증은 둘이나 셋으로는 부족한 것이다. 많은 실증이 쌓이고 쌓여야 내가 바라는 백 퍼센트의 믿음이 이루어지는 것이었다.

## 제4장 다른 세계

2월의 어느 토요일 날, 나는 홀로 시골길에 산책을 나갔다. 어쩌면 그 산책 길에서 아내와 함께 걷는다는 기분을 맛볼 수 있을지도 모른다고 생각했기 때문이다. 허나 그것은 완전히 실패였다. 또한 그것은 나의 마음에 쓴 잔을 안겨 주었을 따름이었다.

시골길을 걷고 있으려니, 장미꽃들이 피어 있는 것이 우선 눈에 띄었다. 항상 나는 그 꽃을 보면 꺾곤 했으나, 도저히 그 날은 꽃을 꺾을 수 없었다. 그것을 바라보는 일조차도 나로서는 견딜 수 없었다.

이 사랑스러운 작은 꽃들이 너무나도 나의 아내를 회상시켰으므로 차마 볼 수 없었던 것이다. 이 꽃을 보았더라면 아내는 얼마나 기뻐했을까. 1년 전만 해도 다시 장미꽃이 피면 이곳에 산책을 옵시다——하고 이야기를 했었는데…….

바로 지금 장미꽃은 1년 전의 모습대로 피어 있지 않은가. 하지만 아내는 이미 내 옆에는 없는 것이다.

그 뒤 몇주일 동안 나는 야릇하게도 모든 것에 무관심해졌고 더 이상 나를 가슴 아프게 만들 것은 아무 것도 없으니까, 무엇이건 올 테면 와 봐라——하는 이상한 감정으로 하루 하루를 보내고 있었다. 어쩌면 나의 안에 있던 모든 감정이 그녀와 함께 어디론가 가 버린 것만 같았다.
　어느날 저녁, 나는 아는 사람 한분을 만나기 위해 외출했는데, 그는 성격이 좀 특이한 분으로 우리 부부에게 각별한 호감을 갖고 있었고 근래에는 가끔 '외로우실 텐데 우리 집에 오셔서 바둑이라도 두는 게 어때요?' 하고 전화로 자주 초청해 준 노부인이었다.
　그날 저녁에 갑자기 나는 그 부인을 방문하고 싶은 이상한 충동에 사로잡혔다. 그녀는 내가 찾아 준 것을 매우 기뻐했다. 우리는 아내의 죽음에 대해서는 아무 말도 하지 않았다. 막상 내가 작별인사를 하고 돌아가려니까, 그 부인이 갑자기,
　"죽음이란 없다는 것을 나는 알았습니다. 지상에서의 일을 마친 뒤, 당신은 부인과 영계에서 하나가 될 것입니다."
　라고 말했다. 그 말이 매우 나에게는 좋게 들렸다. 그리고는,
　"정말! 머지 않아 나는 부인을 만날 수 있으리라고 생각합니다."
　노부인은 마치 함께 차를 마시러 가까운 장래에 아내를 방문하려는 듯한 말투로 말하는 것이었다. 그 뒤 3주일이 지나자 그녀는 영계로 옮아 갔다. 이 일로 미루어 생각하면, 틀림없이 아내와 노부인은 지금 영계에서 만나고 있을 게 분명했다.
　나는 1주일에 한 번 수요일 밤에, 매켄지 부인의 심령집회에 출석하는 일을 계속하고 있었다. 나는 부인의 지도령이, 자칭(自稱)하는 실제의 인물인지 아닌지 그때는 믿지 않았으나, 그 지도령이 말하는 놀랄만한 이야기에 깊은 흥미와 어떤 기쁨을 느낄 수 있었다.

그 심령집회에 가게 된 지 2,3주일이 지났을 무렵이었는데 그 지도령은 갑자기 나 있는 쪽을 돌아보고,
"당신은 대단히 치병능력(治病能力)을 지니고 있는데 본인도 느끼고 있습니까?"
하고 물었다.
"아니요."
라고 나는 대답했다. 또한,
"만약에 그런 능력이 제게 있다고 하더라도, 지금에 와서는 아무런 도움도 되지 않습니다."
"도움이 되지 않다니요?"
그는 조용한 말 투로 말했다.
"당신은 앞으로 많은 사람들의 괴로움을 덜어 주고 기쁨을 안겨 줄 역할을 할 사람입니다."
나는 지도령이 영매를 통해 나타나는 과정을 관찰하는데 매우 흥미를 느끼고 있었으므로 정신을 집중하여 바라보고 있었다.
영매의 두 눈은 꼭 감겨져 있었다. 눈알은 밖에서 보면 위쪽으로 치져 있고 트랜스 상태에서 깨어나서 눈알이 정상 위치로 돌아와 초점을 맞출 때까지 외계가 보이지 않는 것 같았다.
트랜스 상태가 되어 있는 동안, 계속 그녀의 표정은 몹시 변해 있었다. 또한 그녀의 음성은 분명히 같은 소리이면서도 다른 말투와 억양을 갖고 있었다.
그녀는 트랜스 상태로 접어들면 그녀를 매체(媒體)로 삼아 현실세계와 교류하는 영계의 여러 영들이 그녀의 발성기관을 사용하여 이야기하고 어떤 경우에는 일시적으로 그녀의 몸에 빙의된다고 설명했다.

나는 아무래도 이 설명이 마음에 걸렸다.──특히 초기 무렵에는 더욱 그랬었지만──나는 그 놀랄 만한, 지도령의 강렬한 설득력과 설교에 이르러서는 깊이 감명을 받지 않을수 없었으므로 나는 그 심령집회가 있을 때마다 규칙적으로 가기로 결심했다.

그런데 온갖 인종(人種)으로부터 오는 지도령이 각기 다른 언어가 어떻게 해서 영매로부터 우리에게 알아들을 수 있는 말이 되어 전해지는 것인가 하는 문제는 사실 처음의 나로서는 이해할 수 없는 일이었다. 하지만 내가 설명을 들은 바에 의하면 그 내막은 다음과 같다.

우리가 지상에서 알고 있는 언어의 장벽은 영계에 있어서는 문제가 되지 않는다는 것이다. 영계에 있어서 영과 영의 대화는──또한 영계와 우리의 세계와의 통화도──상념(想念)으로 이루어지는 것이다. 지도령이 해야 할 일은 오직 상념을 전하기만 하면 되는 것이다. 그렇게 하면 그 상념대로의 뜻이 영매의 목소리가 되고 말이 되어서 표현되는 것이다.

'러닝 워터(流水聖師)'라는 이름으로 불리는 이 부인 특유의 지도령은 수백년 전에 영계로 옮아 간 영혼이라고 한다. 그는 영계에서도 수많은 영들로부터 존경을 받고 있으며 아울러, 지상에서도 나를 포함한 수많은 사람들이 그의 훌륭한 지도와 조언에 대하여 감사하고 있는 것이다.

사실 나는 오랫동안 이 일을 이해할 수 없었으며, 그와 같은 러닝 워터라는 영(靈)이 실제로 있다는 것조차 인정할 수가 없을 정도였다. 하지만, 다우딩 경이 내게 친절하게도 주의를 해 주었듯이, 내가 이 사실을 궁극적으로 이해할 수 있으려면 경험과 실증이 쌓이고 쌓여야만 되는 것이었다.

러닝 워터는 병을 고치는 것이 그의 중요한 역할이지만 지상에서 생활하고 있었을 때에는 북부에 사는 아메리카 인디언이었다. 나는 어째서 아메리카 인디언 종족이 그토록 많이 지도령이 되었느냐고 질문했다.

그의 대답에 의하면, 그들은 지상생활을 보내는 동안에 속세에 물들지 않고 자연과 비슷한 생활을 했으므로 '절대적 능력자'와 보다 잘 조화되는 영파(靈波)를 가지고 있었기 때문이라고 말했다.

또한 그들은 육체적 인간이었을 때 영적으로 보다 높은 수준으로 발달했으므로 특히 스스로, 이 지상에서 괴로와 하고 있는 많은 형제자매를 구해 주기 위하여 지상으로 돌아와 그 지도령이 되었다고 말했다.

그 후에 알게 된 일이지만, 어째서 러닝 워터가 매켄지 부인을 영매로 삼고 일하게 되었는가 하는 이유를 나는 알게 되었다. 까닭인즉 이 부인의 영은 극히 높은 발달을 이루고 있어서 인류를 구제할 사명을 수행하는 데 매개체(媒介體)가 될 수 있다는 것이었다.

또한 내 아내의 영이, 영계에서 어떻게 치밀하게 준비를 하여 나를 이 두 사람── 한 사람은 영계의, 또 한 사람은 현실계의 인물──에게 가까이 하게 하였는지를 지금에 와서야 알게 된 것이다. 하지만 처음에는 나는, 스스로가 이런 행운을 잡았음에도 그것을 이해하지를 못하고 의심만 했었다.

실제로 나는 '그대에게는 병을 고칠 능력이 있다'고 지도령으로부터 암시를 받고도 조금도 그 사실을 인지(認知)하지 못했다. 사실 지도령의 말을 들으면 곧 한쪽 귀로 흘러 버리듯, 내 마음에서 떠나버리고 아무런 인상도 남기지 않았던 것이다. 하지만 마침내 몇 주일 뒤에 그 사실이 표면에 나타날 만한 사건이 발생했다.

설령 내게 그와 같은 치병능력이 있다 하더라도, 그런 일은 사실 나에게 아무 흥미도 주지 못했다. 나는 그때 생각으로 그런 치병(治病)능력은 내가 사랑하는 사람의 생명을 구하기 위해서만 이용해야 되는 것이지 그 외에는 쓸모가 없었다.

또한 내가 일하는 동안, 내 전신에서 솟아 나고 있는 유일한 희망은 다시 한번 사랑하는 그녀의 얼굴을 보고 저 친근하고 잊을 수 없는 음성을 듣고 싶다는 일이었다. 이 희망은 날로 더해 갈 뿐이었다.

3월 초에 나는 영국의 서부에 있는 어느 귀부인에게서 극히 친절한 초대장을 받았다. 이 귀부인은 1년 전에 돌연 비극적으로 남편을 잃었다.

내가 사랑하는 아내를 잃었다는 말을 듣고 갑자기 나를 만나고 싶어졌다는 것이다. 둘이 모두 비슷한 경우였다. 그녀는 나와 마찬가지로 오로지 그 남편에게만 열렬한 사랑을 바친 것이다.

18세에 남편과 결혼하여, 32년 동안 행복한 생활을 보내고 있었는데 별안간 남편을 영계로 빼앗긴 것이다. 나는 그곳에 가기로 했다. 가 보니 그녀는 매우 비참한 모습이었다.

두 사람은 그날 밤 오래도록 이야기를 나누었다. 그 일은 분명히 두 사람에게 위안이 되었다. 두 사람의 마음 속에는 뜻하지 않게도 같은 생각이 깃들어 있었던 것이다.──그것은 우리의 지상 생활에서 해방되는 일이 빨라질 수 있는 방법은 없을까 하는 것이었다.

나는 내가 알고 있는 대로의 일을 말했다. 그녀는 자기 자신의 믿음도 같은 점에 있다고 동의했다. 지상생활을 단축시키려는 어떤 방법일지라도──설령 그것이 식사를 하지 않는다는 완만한 자살일지라도──영계에 있어서의 생활에, 어떤 중대한 위험을 범하는 결과가 된다는 것에 서로 의견이 일치되었다.

그녀는 나처럼 과감하게 영계와의 통신을 꾀하지를 못했다. 그녀의 천주교 신앙이 얼마간 그 계획을 방해했던 것이다. 하지만 영계의 남편과 이야기를 나눠 보겠다는 희망은 서로의 절실한 소원이었다. 나는 그녀를 설득시켜서 심령집회에 억지로 나오게 할 생각은 별로 없었다.

이윽고 그녀는 나의 생각을 어느 정도 받아들인듯 했다. 그리고 그녀가 얼마 전에 체험한 이상한 사건에 대해 말하기 시작했다.

얼마 전에, 그녀는 죽은 남편의 재산관계에서 생긴 어느 상업상의 문제에 관해 어떻게 결론을 내려야 좋을지 몰라서, 괴로워 하고 있었다. 그러던 어느 날 밤 7시 경, 그녀는 서재에 혼자 앉아 마음 속으로 그 일에 대한 복잡한 문제를 어떻게 해결할 것인가 몹시 고민하고 있었다.

그때 그녀는 갑자기 무슨 기척이 나서 쳐다보니 그곳에는 그녀의 남편이 서 있는 것이었다. 그녀는 곧 그것을 꿈이 아닌가 하고 생각했다. 하지만 그것은 심령현상에 흔히 있는 암흑 속의 현상이 아니라 대낮의 환한 속에서 영의 물질화현상(物質化現象)를 보는 놀랄 만큼 드문 체험이었다.

"무엇을 당신은 그렇게 걱정하고 있소?"

하고 그 남편의 영은 늘 듣던 목소리로 물어보았다. 그녀가 그 질문에 대답하자, 그는 그녀가 고민하고 있는 사건에 대해 어떻게 하면 좋은가를 자세히 가르쳐 주었다.

다음 날이 되자 그녀는 남편의 영이 가르쳐준 대로 실행해 보았다. 그 결과 어려운 문제는 너무도 쉽게 해결되었다. 그 전에도 그 뒤에도 그녀가 심령현상을 체험한 것은 유일하게 이것 한 번뿐이었다.
 바로 그 주일에, 나는 런던으로 돌아가는 길에 비로소 영시현상(靈視現象)의 공개실험장에 출석했다.
 그 영시현상의 공개실험회에서 나타난 영매의 인상은 별로 좋지 않았다. 청중은 자기들이 받은 영(靈)으로부터의 메시지를 너무나 손쉽게 맹신하는 경향을 보여 주었다.
 이런 종류의 공개실험은 다분히 선전효과를 노린 것이어서——그런 것은 어느 정도 허용되지 않으면 안될지 모르나——이 실험회 및 그 뒤에 내가 보러 간 여러 차례의 실험회에서 내가 받은 인상은 그곳에는 이따금 의식적으로 쇼의 출현자가 하는 듯한, 관객을 기쁘게 하는 무대효과를 노린 점이, 이 신성한 심령실험을 더럽히는 것같아 견딜 수 없었다.
 이와 같은 실험회에는, 진정으로 영의 실제를 알고, 혼의 위로를 얻으려고 생각하고 온 사람도 많이 있지만, 오락이나 신기한 구경거리로 온 사람도 많이 있음은 의심할 여지가 없다.
 실제로 이와 같은 공개심령회라는 것은 거의가 버라어티 쇼로 잘못 알려지는 경향이 있는 것으로서 관중 속에서 누군가 무대에 올라가 주빈이 되고 그 영매와 대화를 나눈다.——나 자신도 처음 기회에는 그 일을 했던 것이다——그 영매는 광대처럼 되도록 많은 웃음 소리가 객석에서 나올 것에 관심을 갖고 있는 듯, 영계에서 오는 메시지를 농담으로 재미있게 꾸며서 말하기 시작했다.
 이와 같은 유머 영매를 매개로 해서라도 사랑하는 이의 영혼과 접촉을 해 보려고 하는 사람은 슬픈 소식을 구하는 게 아니라, 일종의 위로를 얻으려고 하는 것이다. 그것은 결코 어떤 종류의 희극적인 것이라도 좋다는 들뜬 마음이 아니라는 것을 나는 누구보다도 잘 알고 있다.

그와 반대되는 경우로, 나는 어느 일요일 저녁 런던시 브름스베리가의 빅토리아 홀에서 열리는 심령실험회에 간 일이 있었다. 공개실험회이긴 했으나, 사이비 영매들의 조작된 분위기는 전혀 없었다. 그것은 내가 생각하기에, 그 실험이 일종의 종교적인 의식으로 행해진 탓일 것이다.

죽은 사람의 이름을 부르면, 영매는 곧 그 사람의 생전의 모습이나 복장을 정확하게 투시해서 알아맞춘다. 그것은 최고의 수준에 달하는 성적이었다. 제3자로서 입장한 나에게 그것은 영의 존재를 인정하는데 한 걸음 전진을 약속해 주는 것이었다. 만약 이렇게 공개실험회가 행해진다면 심령주의에 대한 편견을 제거하는 데 크게 도움이 될 게 틀림없었다.

내가 실험한 강령실험회(降靈實驗會)의 처음 집회는 다섯 사람의 부인과 세 사람의 남성[그 가운데에는 나도 포함되어 있다]을 포함한 여덟 명의 모임이었다. 나는 영매와 단 둘이서 모인 집회에서 얻는 것과 같은 좋은 결과를 얻으리라고는 생각도 하지 않았다.

하지만, 몇 사람이 모이는 그룹에서 열리는 심령실험회에 참석하는 일은, 여러 가지 방법으로 넓은 범위의 여러 영매로부터 얻을 수 있는 여러 사항을 비교하고 저울질하여 연구하기 위해 내가 선택한 방법으로서는 더 진행된 것이었다.

이 그룹에서 다른 일곱 사람은 각각 교대로 갖가지 영계통신을 받았다. 더구나 이 사람들은 나타나는 통신을 전부 그대로 믿고 받아들였지만 내가 보기에 그 대부분은 막연한 성질일 뿐, 실증적인 가치가 있는 것이 아니란 생각이 문득 떠올랐다.
  강령회가 끝날 무렵, 나는 이 영매가 나에 대해서 완전히 잊은 게 아닌가 하고 생각하기 시작했다. 그런데 마침내 그녀는 내가 있는 곳을 뒤돌아다 보았다.
  그때, 나는 다른 영매에게서 받은 것보다 더 확고한 성질의 것을 이 영매에게서 받았음을 고백하지 않을 수 없다.
  그녀는 아주 정확히 아내의 모습이 눈에 보이듯이 자세히 말하기 시작했다. 내가 그토록 좋아하던 그녀가 즐겨 입던 드레스며, 죽음의 원인이 된 병의 성질과 결혼반지나, 내 침실에 있는 아내의 사진 따위를 모두 정확히 맞추었다.
  그녀는 나의 신문기자로서의 일도 모두 알아 맞추었는데, 특히 이 영매가 올바른 영매라는 실증은 내가 연말에 일 때문에 해외로 출장을 가지 않으면 안된다는 뜻의 예언을 한 일이었다.
  나는 그 무렵에 중요한 일을 런던에서 하고 있었기 때문에 해외로 가지 않으면 안될 일이 없었으므로, 그런 일은 좀처럼 있을 수 없다고 항변했다. 그럼에도 불구하고, 9월이 되자 (그로부터 6개월뒤) 나는 신문사의 공무로 이탈리아로 여행을 하지 않으면 안되게 되었다.
  내가 다음에 어느 영매에 대해서 한 실험은 미리 그 영매가 그 회에서 할 계획과 예정된 항목 이외의 일이었으며, 영매를 시험해 보는 일이었다. 그것으로 그 영매가 현재 인정받고 있는 수준보다 어느 정도 성적이 나쁜지 얼마나 순수성을 잃고 있는지를 판단하는 것이었다.
  나는 이 강령실험회에 극도의 비판정신으로 참석했으나, 편견에는 사로잡히지 않으려고 노력했다. 하지만 결과적으로 그것은 영매에게 불리한 조건을 주는 태도인 동시에 좋은 결과를 가져오려는 영매의 노력의 효과를 말소시키는 일이 된다는 것을 알았다.
 그 영매는 100 퍼센트 정직하다는 것을 나는 인정했으나, 실험회 그 자체는 전체적으로 불쾌한 인상을 내게 주었다. 방은 음침하고 지저분한 느낌이었다.——이것은 영매가 능력을 발휘하는데 좋은 조건이 되지 못한다.
 만일 실험회에 모인 사람들에게서 심령현상에 협력하는 분위기를 얻고 싶으면 오히려 아름다운 꽃이나 색채로 장식된 안정되고 조화를 이룬 방에서 실험하는 것이 훨씬 더 바람직하다.
 그 영매는 '주르'라는 이름의 지도령에게 지배되어 곧 깊은 트랜스 상태로 들어갔다. 그 지도령은 쉴새없이 쇠소리를 크게 내며 내게 말을 걸었다.
 이런 시끄러운 상태에서는, 설령 아내의 영이 그곳에 와 있다 하더라도 불쾌해서 나타나지 않을 거라고 생각했다.
 더구나 그곳에 만약 아내의 영이 나타난다면 그것은 그녀가 얼마나 온갖 기회를 통해서 나와의 통화를 바라고 있는가 하는 증거일 것이다.
 나는 이와 같은 편견을 갖고 있었는데도, 이 영매에게서 어떤 뚜렷한 실증을 얻었음을 정직하게 고백해야만 하겠다. 영매가 그때 말한 소식의 대부분은 사소한 사건이었으나, 나중에 안 바에 의하면 그 사소한 사건야말로 오히려 나중에 영이 존재한다는 강력한 확증을 제공하는 것이었다.
 이를테면, 아내의 발은 매우 작은 편이어서 항상 3사이즈의 구두를 신고 있었다는 것, 영계로 가기 직전에 그 구두를 고치러 보냈으나 구두방에서 가져온 것을 보지 못하고 죽었다는 것, 벽난로 위에 있는 시계가 지금도 잘 맞지 않는 일,

식탁 위에 있는 그릇에서 과일을 집어 먹었을 때의 즐거웠던 일 따위를 통털어서 매우 정확하게 이야기한 것이다.

또한, 우리 가정의 방들 모습이며 어디에 어떤 가구가 놓여 있고, 커튼과 융단의 색의 배합에 이르기까지 극히 자세히 말했다. 그런데 회가 끝날 무렵, 가장 분명한 증거로 인정될 만한 일이 생겼다.

지도령은 아내의 임종 직후에 생긴 '소동'에 대하여 아내의 영이 말하기 시작했다고 했다. 그 일은 우리들에게는 중요한 일이었으나 병원 당국은 무심하게 잊고 있던 한 물건에 대한 것이었다.

사실 아내의 말대로 그런 큰 소동이 있었던 것은 사실이다. 우리는 아내의 시체를 '안식의 교회당'으로 옮겨갔을 때 아내의 손가락에서 우리의 결혼반지가 자취를 감춘 것을 알았다. 이 사실은 죽은 아내의 육체가 알 까닭이 없었다. 그 사건을 아내의 영혼이 말하기 시작했으므로 영혼이 존속한다는 틀림없는 증거라고 말하지 않을 수 없다.

그때 담당자들은 소동을 벌여 교회당과 병원 사이를 몇 번씩이나 왕복해서 빈틈없이 찾았는데 마침내 아내의 병실 침대 속에서 반지가 나왔던 것이다.

또한 영혼이 존속한다는 증거가 또 하나 나타났다. 그녀의 영이 지도령에게 이렇게 말하고 있다고 영매가 전했다. 우리가 어렸을 때부터 함께 보낸 27년 동안에 찍은 사진을 내가 정리해서 새로 구입한 앨범에 정리해 두 사람의 생활 역사를 정돈 기록하려고 순서대로 붙이고 있는 걸 영계에서 보고 그건 정말 좋은 생각이며 정말 기뻤다고 말한다는 것이었다.

이 강령회에서, 비로소 그녀는 자신의 음악적 소질에 대해 말했다. 영계에 가서도 역시 음악공부를 계속하고 있다는 것

이었다. 지도령의 말에 의하면 그녀는 훌륭한 피아니스트이
며 그녀는 음악에 대한 사랑과 소질을 지니고 있어서 생전에
는 영계에 대한 지식이 전혀 없었음에도 불구하고, 지금 영
계에서 영격(靈格)이 진보하는 데 많은 도움이 되고 있다는
것이었다.

심령현상 연구를 하는 전문가 또는 아는 사람들에게 내가
최근까지 기록한 대략의 메모를 보여 주었더니 누구나 이만
큼 체험을 쌓았으면, 이제는 영계가 존속한다는 데 대해 의
심할 여지가 없다는 의견이었다.

웬만한 사람이었다면 이제 의심을 품지 않아도 좋을 터였
으나, 나는 까다롭고 분석하기를 즐기는 성격이어서 보다 깊
이 탐구하고 몇 달 더 걸려서라도 확고한 증거를 수집하지
않으면 충분히 영계의 존재를 확인하고 안심할 경지에 이를
수 없었다.

내가 심령문제를 연구하기 시작했을 때, 친지들과 동료들
이 나의 이 새로운 연구 소식을 듣고 어떤 반응을 보일까 하
는 게 궁금했었다.

우리는 꽤 넓은 분야에서 친구를 사귀고 있었는데 내가 아
는 한, 그 중의 한 사람도 심령연구에 흥미를 보여 준 사람은
고사하고 그 문제를 화제로 삼는 사람조차 없었다. 그러므로
이들 친구들과 만나 내 연구의 결과를 서서히 간단하게 소개
해 줌에 따라 그들의 흥미가 차츰 높아지고 마침내 최근의
강령회에서는 어떤 현상이 있었으며, 아내의 영으로부터 어
떤 새로운 소식이 없었느냐고 열심히 묻는 것을 본다는 일은
흥미있는 일이었다.

내가 거의 무의식적으로 뿌린 영계에 대한 지식의 씨앗이
많은 방향으로, 또한 내가 사는 프리트가(街)의 완고한 사람

들 사이에까지 뿌리를 내리려 하고 있었다.
 실제로 친구들 사이에는 이 방면의 흥미가 점차 높아가고 있었다. 어느 날 나는 현실계와 유계(幽界)와의 통신이 가능하다는 사실을 어째서 그렇게 믿어 주었느냐고 친구에게 그 까닭을 묻자, 내가 실증만을 찾는 유물론적인 성격이어서 그와 같은 상상의 세계를 긍정하기에는 전혀 맞지 않는 사나이임에도 불구하고, 그것을 진심으로 설득하므로 그것을 인정할 수 밖에 없었다고 대답하는 것이었다.

## 제5장 영혼의 치료

  다음 주에, 나는 매우 놀랍고 흥미있는 경험을 함으로써 지금까지 쌓아 올린 실증에 더욱 큰 것을 더하게 되었다.
  나는 사우드 런던에 있는 친구 집을 방문했다. 그곳에서 나는 비로소 그 친구가 심령미술가라는 것을 알았다. 심령현상을 일으키지 않을 때, 그는 한 가닥의 미술적인 선도 그릴 수 없는 사나이인데도, 그가 켄버스 앞에 앉아서 타계(他界)의 영(靈)이 인도하는 대로 손을 맡기면, 그 손이 자유롭게 움직여서 참으로 아름다운 사람의 얼굴과 어깨를 많이 그리는 것을 볼 수 있었다.
  그려진 인물은 머리에 헝겊을 많이 감은 인도의 추장이나 이집트인, 중국인 따위였으며, 그 특징 있는 용모는 모두가 숙련된 미술가의 붓으로 그려진 것으로 생각되었다. 하지만 그 붓의 속도가 극히 빠르며 몇 분만에 그리고 만다.
  그의 말에 의하면 그것을 그리는 화가의 일부는 그 자신의 수호령이고 나머지는 친구의 수호령이라고 한다.
  이 아름다운 그림을 보고 나는 놀라지 않을 수 없었다. 전혀 그림에 재주가 없는 그가 지금까지 들어보지도 못한 심령능력을 갖고 있어서 이렇듯 훌륭한 그림을 그리다니……. 나중에 곰곰히 생각해 보았으나, 이렇게 그림을 그릴 수 있는 것은, 역시 순수하게 그가 영계에 있는 어느 미술가의 영에 의해 지배를 받는다고 밖에는 달리 생각할 수 없었다.

그 뒤, 어느 날 나는 심령화(心靈畵)를 그리는 직업영매를 찾은 일이 있었다. 두 시간에 걸쳐 친구와 나는 그 영매의 손이 지도령이 시키는 대로 영계로 간 사람들의 머리에서 어깨까지의 모습을 그리는 것을 보았다.

어느 단계에 이르자, 그 영매는 그림붓을 내던지고 그의 한 손가락을 물감 속에 담그더니, 청사진 종이 위에 물감을 문질러댔다. 그리고 2,3분이 지나도 청사진 종이 위에 나타난 것이 흰 물감 덩어리에 지나지 않더니 말리고 나자, 종이 위에 수많은 작은 얼굴이 나타나는 것이었다.

그 속에는 결혼식 때의 베일을 쓴 부인의 모습도 있고, 멀리에는 수도원의 승려의 얼굴이 있는가 하면 가까이에는 남자의 옆얼굴이 있는 식이었다. 말리는 대로 그림에 나타나는 모습을 보는 것은 사진을 현상할 때, 인물의 모습이 서서히 떠오르는 것을 보듯이 매우 흥미 깊은 것이었다.

나는 심령력(心靈力)을 키우기 위해 수련을 쌓는 강령회의 여러 모임에 대해 연구를 거듭했다. 그 중에는 심령치료 그룹도 있고, 투시(透視) 그룹도 있었으며, 영청(靈聽) 그룹·진혼귀신적(鎭魂鬼神的)인 그룹도 있었다. 그리고 강령회 때마다 영매에 의해 실험되고 그 결과를 교환 비교하여 증명하고 진실성을 실험하는 것이었다. 이들 강령회에는 극히 평범한 일상생활에서부터, 마치 멜로 드라마와 같은 상태를 연출하는 것에 이르기까지 천차만별이었으나, 늘 남성 영매가 여성 영매보다 성적이 뒤떨어지는 것은 이상한 일이었다.

그것은 여성에게 천부적으로 영시 능력이 더 있고 심령계의 진동을 보다 민감하게 감응하기 쉬운 소질이 있음을 나타내는 것이라고 생각했다. 그래서 실제로 이런 심령실험에서 진정 아내가 영계에서 통신을 보내고 있다면, 여성의 영매가 남성의 영매보다 한층 더 여성의 영감(靈感)을 받아들이기 쉽다고도 해석할 수 있다.

나는 이 연구를 시작한뒤 부터 많은 우수한 영매와 접촉하게 되었다. 하지만 그 중에는 이따금 우수한 영매이면서도 그 능력에 차이가 있어서 능력이 아주 쇠퇴했을 때는 영매능력이 있는지 어쩐지 의심스러운 정도의 사람들도 만났었다.

나는 이런 종류의 영매를 '대담영매(對談靈媒)'라고 이름붙이기로 했다.

이런 종류의 영매는 마주 앉은 상대방으로부터 유도해 내는 것에 따라 결과가 좋아지기도 하고 나빠지기도 한다. 나는 4명이 그룹을 이루고 있는 이런 종류의 강령회에 가서 극히 주의 깊게 그들이 대화하는 광경을 관찰해 보았는데, 영매의 입에서 나오는 말은 그 마주 앉은 사람이 무심히 말한 중에서 힌트를 얻는다는 걸 알았다.

나를 제외한 세 사람을 그 회답으로 만족시킨 듯한 성적을 올린 뒤, 영매는 마침내 내가 있는 쪽을 돌아다보았다.

나는 자신이 무심코 하는 말에서 자료 제공이 되지 않도록 그녀가 묻는 것에 대해서는 오직 예, 아니요만 대답하기로 결심하고 그녀와 마주 앉았다. 다음에 적은 것은 그때의 대화를 적은 데서 발췌한 것이다.

　영매 : 당신은 최근에 누구를 잃으셨죠?
　나 : 예.
　영매 : (나의 결혼반지를 슬쩍 보고) 부인에게 이야기가
　　　　하고 싶으시죠? 그렇죠?

나 : 예.
영매 : 그렇죠. 부인은 지금 당신과 함께 있습니다. 부인은 내게 당신의 일에 대해서 말해 줍니다. 부인을 잃은 뒤 당신은 마음 놓고 일에 열중할 수 없지만 당신은 일에 열중해야만 되는 게 아닐까요?
나 : 예.
영매 : 몹시 머리를 쓰시는 일이죠? 그렇죠?
나 : 예.
영매 : 당신의 주위에 많은 종이가 흩어져 있는 게 보입니다. 당신은 법률 관계 일에 종사하고 계십니까?
나 : 아니오.
영매 : 오, 오, 틀립니까? 그럼 회계사(會計士)의 일을 보시는군요.
나 : 틀립니다.
영매 : 오! 하지만 당신은 그 신변에 흩어진 종이에 무얼 쓰시는 거죠?
나 : 그렇습니다.
영매 : 그래 그래! 이제 나도 보다 똑똑히 알았습니다. 당신은 저술가(著述家)시군요!
나 : 그렇습니다.
영매 : 그렇지. 나는 당신이 종이가 흩어져 있는 속에 앉아 계신 모습을 보았습니다. 하지만 처음 순간 그 종이와 당신이 어떤 관계가 있나 하는 걸 생각해 낼 수 없었습니다. 당신은 책을 쓰셨죠?
나 : 그렇습니다.
영매 : 또한 여러 가지 기사(記事)를?
나 : 물론 그렇습니다.

영매 : 당신의 부인은, 당신이 장차 더 많이 쓰실 거라고
　　　말하고 있습니다
　　　（이런 방식으로 계속되는 것이다.）

　나의 연구가 이런 단계에까지 진행될 무렵의 일이었다. 나는 아주 우연한 기회에 심령주의 운동 중 가장 좋은면 가운데 하나와 접촉할 기회를 얻었다. 그것은 심령치료의 영역에 속하는 것이었다.
　어느 날, 아침 뜻밖에 메리레본심령협회의 서기장으로부터 나의 사무실로 전화가 걸려 왔다. 전화의 내용은 다음과 같았다. 목요일 밤에 개최되는 심령치료의 모임에 손님으로 초대받은 부인이 갑자기 병에 걸려서 입원을 했으므로, 가능하면 그 부인 대신 손님으로 나와 주지 않겠느냐는 것이었다.
　나는 심령실험을 하나라도 더 경험하고 싶은 마음이 간절하였으므로 기꺼이 승낙했다.
　그날 저녁, 나는 몹시 흥미 깊게 심령치료를 받으러 온 사람들의 타입을 자세히 관찰했다. 그 그룹에는 온갖 종류, 온갖 계급의 사람들이 모여 있었다.
　나는 서류철 안에 있는, 수백 명의 병력(病歷) 기록 카드를 주의 깊게 보았다. 심령치료에 의지하려는 사람들의 질병 종류가 이토록 많다는 걸 안건 새로운 지식이었다. 치료일수는 환자에 따라 각각 달랐으며, 그 장단(長短)은 환자 각자의 책임에 있었다.
　3주일 동안 나는 이 심령치료 그룹의 초령자(超靈者)의 대리를 보던 중 입원중인 그녀는 자기가 속하는 심령치료 그룹에 의한 원격치료로 경과가 많이 좋아졌다는 말을 들었다.

그녀는 다음 주가 되자 다시 돌아와서 내가 대리로 하던 일을 보게 되었다.

나는 이 심령치료 그룹과 헤어졌고 이런 훌륭한 사람들과 접촉할 수 없게 된 것을 매우 섭섭하게 생각했다. 그런데 며칠 뒤, 어느 개인적인 강령회 석상에서 이 문제가 영매의 입을 통해 나왔는데 매주 그 심령치료 그룹의 회합에 출석하는 일을 그만두어서는 안되며 심령치료 그룹의 일원이 되어야만 한다고 하는 것이었다. 까닭인즉, 나 자신이 극히 강한 심령치료 능력을 갖고 있기 때문이라고 말하는 것이었다.

나는 어떤 확증을 잡기 전에는 이 말을 순수하게 받아들일 만한 이해력을 갖지 못했다. 솔직히 말해서 나는 극히 의심스러운 생각이 들었다. 하지만 나는 그 순간 이런 것을 생각해 냈다. 즉, 원격치료를 하던 최초의 모임에 지도령이 나타나자마자 내가 있는 곳을 돌아다보며 한 말이 생각났다.

"나의 친구여! 당신은 훌륭한 치료 능력을 가지고 있소. 장차 그 방향으로 귀중한 일을 많이 하실 겁니다."

이 말은 내 마음을 뚫고 지나가서 그냥 흘러가 버려서 그 후로는 깨끗이 잊고 있었는데, 그것을 나는 방금 생각해 낸 것이다.

매주 우리 강령회에서 모임이 있는 마지막 주에 있었던 것인데, 전혀 다른 지도령이 나타나 나에게 심령치료 능력이 있다고 단언하는 것이었다. 그래도 나는 그것이 진실인가를 의심하였다. 그러자 이 두번째의 지도령이 덧붙여 말했다.

"당신의 부인이 앓고 있을 때 부인은 가끔 당신이 침대 옆에 와주면 곧 기분이 몹시 좋아진다고 말한 일이 있었지요?"

듣고 보니 분명히 그랬었지만, 나는 그 일 자체를 별로 마음에 두지 않았었다. 앓는 아내의 곁에 남편이 와 준다는 일

제5장 영혼의 치료 65

이 아내에게 기쁨을 주는 건 지극히 자연스러운 일이라고 생각했기 때문이다. 하지만 지도령은 다시 강조해서 말했다.
"다른 사람들도 당신이 병상을 위문했을 때 역시 같은 말을 한 사람이 있지요?"
이것도 역시 사실이라고 인정할 수밖에 없었다. 지도령이 설명하기를 나는 무의식적으로 환자에 대해 심령치료적인 파동을 보내고 있었다는 것이다.
이 최종적인 확증도 내가 믿을 수는 없었으나, 내가 사람을 서로 바꾸어서 실험해 보는 방법으로 그 진부(眞否)를 확인해 보려고 시도했더니 어느 경우에나 최초의 지도령으로부터의 말이 진실임이 증명되었다.
마침내 나는 이 문제를 우리 심령치료 그룹의 지도자인 앨버트 덴튼씨에게 의논해 보았다. 그는 자신의 지도령에게 의논해 보기로 하고, 다음 주에 그 결과를 알려주기도 했다.
다음 주에 가 보니 역시 치병능력이 있음이 틀림없다는 게 확인된 모양이었다. 또 한 사람의 지도령도 지금까지 한 말은 모두 진실이라고 말하고 그것을 지지했다. 그 결과 나는 덴튼을 지도자로 거룩한 일을 하고 있는 심령치료 그룹 속에서도 심령치료 능력자로서 특권 있는 위치에 앉게 되었다.
나는 실험기간 동안, 무엇보다도 먼저 병치료를 해 보려고 생각했다. 그리고 만약에 무슨 효과가 있다면 내 눈으로 직접 확인하기 위해 나에게 배당된 환자를 돌보기로 했다. 따라서 나는 이 심령치료 그룹의 경험자와 협력하여 약 4개월 동안 심령치료를 해 보았다. 그 결과는 극히 확실하여 스스로도 자신감을 갖게 되었다.
나는 마침내 개별적으로 심령치료실을 하나 맡았고 나에게 배당된 환자를 단독으로 치료할 것을 승낙했다. 치료를 거듭함에 따라, 환자의 용태가 순조롭게 개선되는 것을 보는 일은 정말 감격할 만한 일이었다.

하지만 나는 심령치료의 전모에 대해 더욱 충분한 연구를 하고 싶었다. 그 이유는, 만일 달리 해석할 방법이 없었다면 이 훌륭한 치료 성적은 지상의 심령치료자를 통해 영계의 의사가 치료를 하는 셈이 되고, 개인의 영이 육체가 죽은 뒤에도 존속한다는 극히 뚜렷한 증거를 제공하는 것이 되기 때문이다.. 나의 최초의 해석은 이런 것이었다.──육체는 마음으로 지배될 수 있다는 것임을 어느 정도 알고 있었으므로 병이 완치되는 것은 심리적인 것이라고 해석했다.

이것은 신경성 질환을 고치는데 가장 잘 설명할 수 있는 사고방식이었는데, 여러 가지 기능적인 질환이 생기고, 외과적인 질환까지도 영적으로 수술되는 실례(實例)에 접하고는 당황해 버리고 말았다.

그래서 나는 학설에 대해 선입관을 갖고 있는 것을 많이 수정할 필요를 느꼈다. 지금까지 나는 질병인 경우, 물질적인 의료만이 사람이 의지할 수 있는 유일한 구원이며, 건강을 회복시키는 데 바람직한 것이라고 늘 주장해 왔다.

그외의 여러가지 치료는, 일종의 사기나 일종의 광상(狂想)에 지나지 않는 것이므로 건전한 사람으로서는 인정할 수 없는 것이라고 배척해 왔었다.

그 뒤, 몇개월 사이에 전문의로부터 회복될 가망이 없다는 많은 환자에 대하여 연구하였는데, 어떤 환자는 완치된지 불과 몇 주일밖에 살지 않은 예도 있으나 살아있는 동안은 심령치료에 의해 완전히 건강을 회복하고 있었다.

내가 연구한 환자는 영적인 치료를 받기 전과 받은 뒤에 의학적인 진단을 받는 점에 주안점을 두었으므로 조금도 의

심할 여지 없이 승인을 얻을 수 있었다. 오직 이 조건에 있어서만, 나는 자신의 연구성과를 확신과 성실성을 가지고 세계에 제공할 수 있었다.

이제 그 실례로서 지도령인 러닝 워터 스승의 도움을 받아 놀라운 성과를 올리고 있는 난 매켄지의 현저한 실증을 통해 나 자신이 직접 확인한 것을 몇 가지 들기로 한다.

첫째는 유명한 런던의 실업가 딸인 경우다. 그녀는 중증인 신장질환(腎臟疾患)에 걸려 병세가 날로 악화되고 있었다. 의사는 길어도 앞으로 9개월 밖에 못 산다고 선언했다. 그래서 마지막 방법으로 영적인 치료를 시도하려고 했다. 때마침 아버지는 며칠 뒤 사업상의 일로, 몇주일 동안 해외에 가야만 했었다.

그가 2주만에 귀국하여 기차 정거장에 마중나온 딸의 모습을 보니 아주 건강해졌고 이렇듯 건강해 보이는 딸을 본 일이 없다면서 기뻐서 어쩔줄을 몰라했다. 그 뒤 그녀는 결혼하여 해외에서 생활하고 있다고 한다.

두번째 경우는 학위를 가진 유명한 사람으로 얼마 전에 의사로부터 죽음의 선고를 받은 사람이다. 그의 병은 수술이 불가능한 폐 속에 생긴 종양으로 오래 살아야 앞으로 8개월이라고 했다.

그런데 우연한 기회에 그는 영적인 치료를 받은 친구의 이야기를 들었다. 다소의 의문점은 있었으나, 그는 마침내 몇차례 치료를 받기로 했다. 그런데 몇주일 뒤에 그는 직장으로 돌아갈 수 있었다. 그의 말에 의하면, 그는 퇴원후 의사의 진찰을 받고 자기 몸의 상태를 검사받았다.

의사는 도저히 같은 사람이라고는 생각되지 않는다고 말했다고 한다. 그는 지금 프랑스에 살고 있고, 정부의 요직에서 일하고 있다.

세번째 경우는 보른호름씨병에 걸린 부인인데, 이 병은 흉부(胸部)와 복부(腹部)의 근육이 침범을 당해 매우 곤란을 느낀다. 장본인은 국가에 등록된 숙련 간호원이었으므로 그 일을 계속할 수 없는 걸 몹시 걱정했다. 이 부인으로부터 나는 그녀가 받은 심령치료에 대해 생생한 보고를 받을 수 있었다. 그 가운데──

"내(그녀의 말이다)가 심령치료 시술자에게서 심령치료를 받는 동안, 실제로 열선(熱線)이 방사되는 듯한 느낌이었습니다(이것은 치료의 방사능). 그 열도는 차츰 높아져서 가슴과 등이 타는 듯 했습니다. 이윽고 얼굴이나 온 몸에 시원한 바람이 불어오는 느낌이었고 몇 분 뒤 내 몸은 말할 수 없이 편안해지면서, 조용히 평화스럽게 아무런 고통도 느끼지 않고 숨을 쉴수 있게 되었습니다. 지금의 나는 완전히 건강을 회복했습니다."

네번째는 일포드에 사는 어느 신사의 경우이다. 그는 심한 탈저(脫疽) 때문에 다리가 침범되어 의사는 며칠 안으로 다리의 절단수술이 필요하다고 진단했다. 9개월 동안이나 그는 통증으로 잠을 이룰 수 없었다.

절단수술을 받기로 된 사흘 전에 그는 이 심령치료 그룹의 한 회합에 출석하여 곧 심령치료를 받았다. 그 결과 그는 그날 밤 집으로 돌아가 비로소 통증을 느끼지 않고 평화스럽게 잠을 이룰 수 있었다.

또한 사흘이 지나자 증상은 놀랄 만큼 좋아졌고 2,3개월이 지나자, 그는 정상적으로 일을 할 수 있었다. 내가 그를 만났을 때 그는 자기 집의 정원에서 꽃을 손보고 있었다.

다섯번째의 경우는 종일 서서 수공업에 종사하는 중노동

자로서 회복될 가능성이 없다고 선고받은 동맥경화증 환자였다. 병원의 진단에 의하면 앞으로는 걸음도 걸을 수 없고 영원히 앉은뱅이로 생애를 보낼 수밖에 없다는 것이었다. 그때가 바로 내가 환자를 만나기 12개월 전이었는데 심령치료를 받은 결과 내가 만났을 때는 원기왕성하게 되었다.

여섯번째는 특히 흥미있는 경우이다. 미들랜드에서 온 사나이인데, 심장의 위쪽을 종양이 압박하는, 치료가 극히 곤란한 중증환자였다. 시간마다 복용하라고 처방된 약제가 그에게는 아무 효과도 없었다.

치료에 절망한 그는 유명한 심령치료가의 한 사람을 불렀다. 이 중증에 대하여 심령치료를 한 첫날의 결과는 그 종양이 터진 것이었다.

그 뒤로 그는 회복되기 시작했다. 다음 날, 의사가 진찰하러 왔다가 회복된 증상에 놀라 그 시술자를 만나고 싶다고 말했다. 시술자가 심령치료의 자세한 내용을 의사에게 제공하자, 의사는 매우 감동하고 치료가 어려운 환자가 있으면 이 시술자에게 환자를 보내게 되었다.

일곱번째의 경우는 의료의 전문가와 관련이 있으므로 더욱 흥미있는 실례가 된다. 환자의 아버지는 정형외과의 의사인데, 그 딸이 척주횡만곡증(脊柱橫彎曲症)인데도 완치가 불가능했다. 어느 친구가 아버지에게도 알리지 않고 수백 마일이나 떨어진 런던 러셀가의 메리레본 하우스 심령치료센터에 그 딸을 데리고 간 것이다. 그리고 척주에 대한 영적치료가 시작되었다.

치료를 거듭함에 따라서 딸의 굽었던 척주가 조금씩 펴지기 시작하여 그녀는 다른 건강한 아이들과 함께 걷고 뛰며, 돌아다닐 수 있게 되었다.

처음 치료를 한 뒤 얼마후 아버지는 그 사실을 알게 되었다. 또한 그는 심령치료의 현장을 목격하기 위하여 런던으로 왔다. 그는 유명한 성형수술 전문가여서 자연히 그런 문제에 대해서는 가혹하게 비평해 오던 터였다. 하지만 그가 그곳에서 치료하는 현장을 목격하고는 실제로 자기의 딸이 나았다고 고백하지 않을 수 없었다.

내가 목격한 가장 눈에 띄게 치유된 것은 나와 아주 친한 부인의 경우이다. 그녀는 전쟁중, 외무성의 어떤 중요한 지위에 있었는데 1945년 봄, 어떤 사고로 척추에 중대한 장해를 입었다.

치료비를 아끼지 않고 의사들과 의논도 했으나, X선 진단에서, 척주의 횡부경화(橫部硬化) 및 악성염좌(惡性捻挫)로 나타났다. 걸으려면 심한 통증을 느끼므로 절개수술을 하든지 그렇지 않으면 6개월간 깁스를 하고 침대에 누워 있을 수밖에 없다는 선고를 받았다.

그녀는 나중 방법을 택하기로 정하고 6개월간, 석고틀 속에 누워 있기로 했다. 그런데 6개월이 지나고 나니 완전히 걸을 수 없게 되었다. 또한 더 고통스러워지고 더욱 쇠약해질 따름이었다.

의사들은 치료를 단념했다. 그녀는 주치의를 불러 사실을 말해 달라고 부탁했다. 의사는 잠시 망설인 끝에 일종의 마비상태가 진행되고 있고 마침내 전신으로 퍼질 것이 틀림없다고 선언했다.

그녀는 의사의 말을 듣고 냉정히 생각해 보았다. 살아 있는 것이 자신이나 주위 사람들에게 다만 짐이 될 뿐이라면, 그런 존재를 말살시키고 자신과 주위 사람들에게서 그 짐을 덜어 주는 것이 도덕적으로 옳은 일이라고 생각했다. 그날 밤, 마침내 그녀는 수면제를 치사량보다 더 먹어 버리기로 결심했다.

여기서 강조하지 않으면 안될 일은 그녀는 결코 심령능력자가 아니었고 심령현상에 관해서 한 번도 연구한 일이 없었다는 점이다. 또한 환각이나 영시현상(靈視現象)의 경험이 한 번도 없었던 것이다.

하지만 그녀가 수면제를 막 먹으려는 순간, 누군가 자기 머리 맡에서 똑똑한 목소리로,

"이 순간부터 너는 나아진다."

고 하는 말을 들었다.

그녀는 곧 깊은 잠에 빠졌다. 그녀는 다음 날 아침에, 어제 밤에 있었던 일을 생각해 보았으나 꿈을 꾸었으려니 하고만 생각했다. 또한 자기가 들을 수 있는 큰 소리로,

"만약 그것이 사실이라면!"

하고 말했다. 이윽고 그녀가 침대에 쓰러지자,

"그것은 꿈이 아니다. 너는 나아가고 있다. 잘 들어요, 일어나요. 그리고 러셀가(街) 42번지의 러닝 워터 선생님을 찾아가시오."

라는 같은 목소리로 말하는 소리를 들었다. 지팡이를 짚고 간신이 자동차에 올라 아직 들은 일도 없는 목소리가 가르쳐 준 번지를 향해 갔다. 그곳에 가니 바로 심령치료인을 만날 수 있었다.

그의 지도령이라는 이는 약 1500년 전, 지상생활에서 떠나 영이 된 북아메리카의 인디언 추장인데, 지금은 러닝 워터라는 이름으로 표면에 나와 있는 사람이었다. 곧 병세에 대한 영진(靈診)이 있었고, 지금까지의 병에 대해 정확히 진찰했다.

또한 그의 두 손이 곧바로 쑥 뻗치더니 환자 위에서 딱 멈추었다. 1주일 동안의 영적인 치료가 계속되었으나 극히 짧은 시일안에 그녀는 지팡이 없이 아무 고통도 느끼지 않고 걸을 수 있게 되었다.

그녀의 병은 일시적으로만 나은 것이 아니었다. 이 기사는 병이 나은 지 4년 뒤에 쓴 것이지만, 지금 그녀는 센트럴 런던에 있는 화이트 홀의 내무부에서 근무하고 있다.

일반적으로 앞서와 같은 예들은 거의 믿을 수 없는 일 같으나, 조금이라도 종교의 원리를 받아들일 만한 마음의 준비가 되어 있는 사람이라면 이런 일은 모두 불합리한 것이 아니라는 걸 인정할 수 있을 것이다.

'모든 일에 불가능이 없는' 전지전능의 근원인 신으로 부터 병을 고치는 능력이 오고 하느님이 목적을 이루기 위한 도구로서 그 일에 특히 가장 적합한 어떤 소질을 갖춘 사람들을 골라서 쓴다는 것을 믿는 일은 조금도 어렵지 않다. 심령연구 가운데, 가장 흥미있는 방면의 연구를 더욱 깊이 연구함에 따라 나는 영적인 치료라는 것이 영국 전지역, 아니 온 세계에서 널리 행해지고 있다는 것을 발견하고 놀랐다.

영국에서는 런던과 온 나라 안의 도시마다 수많은 영적 치료센터가 있어서 전력을 다해 활동하고 있고 병자의 고통을 없애 주고 거의 믿을 수 없을 정도의 치유 성적을 올리고 있다.

## 제6장 꿈속의 방황

내가 심령치료에 몰두하고 있을 때, S라는 사람과 알게 됨으로써 나는 또 다른 방면의 심령연구를 할 수 있는 좋은 기회를 얻게 되었다.

내가 만난 영매 가운데도 유능한 영매가 많이 있었다. 그 중의 한 사람이 그 뒤 내 집에 모여 심령연구회를 시작하지 않겠느냐고 하면서 협력해 주었다.

그는 매우 명랑한 중국인의 영혼을 자기의 지도령으로 삼고 있었으나, 이 지도령으로부터 예지에 가득찬 말이 수없이 흘러 나와 매우 적절하고 건실한 인생의 조언을 주곤 했다.

나는 이 지도령과 어떤 문제에 대해 가장 흥미있는 문답을 주고 받았다. 나의 회의사상(懷疑思想)은 이미 그 무렵에 각 방면에서 수집한 많은 실증과 여러 장소에서 만난 경험으로 많이 흔들렸다고는 하지만, 내가 품고 있는 의문들이 결코 문득 사라진 것은 아니었다. 아마 이 끈질긴 의문은 보다 더 객관성을 지닌, 보다 압도적인 실증이 나오기 전에는 사라지지 않을 것이다.

나의 마음 속에는 사후(死後) 영혼의 존재를 가정하지 않더라도, 이상능력이 있는 인간의 잠재의식이 지금까지 내가 경험한 것과 같은 신비현상을 일으킬 수 있는 가능성이 있는 게 아닐까?
 또한, 이들 심령현상은 그것으로 설명할 수 있는 것이 아닐까 하는 의문이 지금까지도 남아 있었다.
 이 중국인의 영이라는 지도령은 아직도 내 마음 속에 깊이 뿌리박힌 불신(不信)을 알고 있었다. 또한 나의 이론적으로 파고 드는 태도에 동정도 하고 동시에 매우 흥미도 느끼고 있었다.
 어떤 기회에 나는 너무 열중하여 이 지도령과 논쟁을 벌이고 있음을 깨달았다. 그래서 사과하는 말을 하였더니 그(지도령)는 껄껄 웃으며, 곧 다음과 같이 말했다.
 "아니, 뭐 사과할 것까지는 없어. 우리는 당신들처럼 이론적인 것을 듣는 게 즐겁다네. 우리가 그 말에 대하여 화를 내고 있다고는 생각하지 말게. 나는 더 당신이 반박하는 걸 듣고 싶은 걸."
 이런 이유로 몇 달 동안은 영계로부터의 통로를 통해 생명에 관한 기초적인 진리나 우주에 존재하는 자연법(自然法)──심령계의 법칙도 포함한다──의 많은 것을 배울 수 있는 기회를 얻었었다.
 나에게 유혼현상(遊魂現象)의 문제를 최초로 소개해 준 이는 바로 이 영매였다. 또한 나는 유체(幽體)를 육체에서 유리연장(遊離延長)시켜서 유계(幽界)를 돌아다니는 문제를 과학적으로 연구하기 시작했다.
 잠자는 동안에 보는 극히 선명한 기억을 지닌 꿈의 문제는 별도로 치더라도, 나는 그때까지 수면상태란 어떤 것인가 하는 문제를 분석해 보려고 생각한 일은 별로 없었다.
 나는 이 중국인의 영과의 문답을 통하여 잠을 자는 동안은, 우리의 영혼은 육체에서 빠져 나가 혼(魂)이 유계로 여행을 한다.──때로는 타계(他界 : 죽은 사람이 가는 영계)로 여행하기도 하지만──즉 우리 자신이 속해 있는 유계(幽界)로 여행한다는 것을 알게 되었다.

어느 영능력자는 자기의 의지로서 자기의 유체를 육체에서 떨어져 나가게 하고 유계로 여행을 시켜 육체가 잠자는 동안 유체가 한 행동과 그 환경을 의식적으로 회상할 수 있다. 내 친구의 한 사람은 자기의 유체를 뜻대로 원하는 곳에 어디든지 유혼(遊魂)시킬 수 있고 잠에서 깨면 그가 유혼 중에 방문한 특수한 시간에, 그의 친지들이 어디서 무엇을 하였는지 자세히 말하고 그 정확성을 체크할 수 있는 사람이 있었다.

하지만 잠자는 동안에 생기는 유혼현상은 결코 단순한 관광여행이 아니라 목적을 가지고 이루어지는 것이다. 다시 말해서 우리의 영혼은 영계를 여행하는 동안, 영계의 친구와 함께 병든 사람을 고치고 육체에서 이탈한 뒤, 아직까지도 '혼미마취(昏迷痲醉)된 상태'로 떠돌고 있는 영혼을 구해 주는 일을 한다.

또한 우리는 이 유혼현상으로 유계에 있는 우리의 사랑하는 사람들과 잠자는 동안에 다시 만날 기회를 얻게 되는데, 그것은 대개 깨어난 뒤에는 기억에 남지 않는것이 일반적이다. 하지만 그것이 둘 사이에서는 서로 기억이 희미해지지 않는 효과를 주는 것이고 그 회상이 우리의 잠재의식층에 저장되며 우리가 마침내 영계로 옮겨갈 때가 됐을 때 그 기억이 선명하게 떠오르도록 준비되는 것이다.

수면상태와 이른바 '죽음'의 상태가 다른 점은 우리의 육체와 영혼을 이은 영선(靈線)이 끊어지지 않았거나 끊어졌거나 하는 차이에 있다.

수면상태에서는 이 영선으로 영혼이 육체와 연결되어 있으므로 각성상태(覺醒狀態)로 돌아가려는 순간에 영혼이 육체로 돌아올 수 있는 것이다.

처음에 나는, 각성 뒤의 기억이 실제로 유계를 여행했을 때 경험한 기억인지, 또는 단순한 꿈인지를 구별하는 데 곤란을 느꼈다. 하지만 결국 나는 양쪽의 구별을 알아낼 수 있게 되었다.

단순한 꿈의 상태였다면 그 기억은 항상 엉망이어서 통일이 없고, 잠이 깨었을 때 기억이 사라지고 만다. 그런데 그것이 유계를 여행한 기억일 경우에는 혼란이 없고, 자세한 것까지 똑똑하게 인상에 남아 있어 오랫동안 지워지는 일이 없다.

나는 심령연구를 시작한 처음 2년 동안에 불과 여섯 번밖에 그와 같이 똑똑한 유계여행의 경험을 가진 바가 없다. 그 기억은 실로 어젯밤에 일어난 일을 회상하듯이 똑똑히 지금도 기억할 수 있다.

잠을 자는 동안, 나의 영혼이 아내의 영혼과 유계에서 만날 수 있었다는 것이 아내의 영혼에 대단한 기쁨을 주었다는 것을 나는 곧 알았다. 그것은 그녀가 나와 떨어져서 홀로 영계로 갔을 때의 쓸쓸한 생각을 달래 주는데 매우 도움이 되었다는 것이었다.

우리가 영계로 옮겨가자마자 성격이나 심정이 완전히 바뀐다고 생각하는 것은 어리석은 일이다. 우리가 영계로 옮겨가도 영계라는 환경에 완전히 동화되기까지는 현실세계에 있는 것과 마찬가지로 동경이나 애수를 느끼고 속세의 즐거움에 마음이 이끌린다는 것은 당연한 일이다. 영계에 있는 여러 영들도 현실세계에 남겨진 가족들과 같은 애수와 고립

감을 느낄 수밖에 없는 것이다.

　나는 유혼현상에 의해 영계에 있는 나의 아내와 만났던 밤의 생생한 인상을, 잠이 깬 뒤에도 처음에는 그저 꿈이려니 하고 생각했었다. 이 영계에서 처음 만났을 때의 인상이 너무 선명해서, 잠에서 깬 몇분 동안은 실제로 자기가 영계로 옮겨가서 실제로 아내와 함께 방금 산책을 한 것이 아니었나 하고 의아해 하면서, 가만히 침상에서 그 일을 생각했던 것이다. 그리고 말할 수 없는 기쁨으로 그녀와 만났던 것이다. 나는 그때(그 뒤에, 영계에서 두번째로 아내와 만났을 때도 그랬었지만),

"오, 사랑스러운 그대여. 난 다시는 당신을 영원히 만날 수 없으리라고 생각했소!"

　내가 이렇게 말하자 아내는,

"그런 일은 절대로 없어요. 저는 결코 당신에게서 떨어지지 않아요."

　하고 대답했다. 그러자 우리 두 사람이 걷고 있는 모습이 의식 속에서 몽롱해진 것을 느꼈다. 이윽고 나는 잠이 깬 것이다.

　나는 여러 차례 만났던 일을 회상할 때마다 되풀이 되는 광경에 보통 꿈이라면 똑같은 광경이 되풀이 된다는 것은 도저히 있을 수 없다고 생각하지 않을 수 없었다.

　장소는 전에 본 곳과 같았으나 때로는 색채가 조금 바뀌거나 경치에 다소의 변화가 있었지만, 필요한 모양과 전경(全景)은 항상 꼭 같았다.

　그래도 나는 잠을 자는 동안, 인간의 영혼이 영계나 유계로 여행을 해서 사랑하는 사람과 다시 만날 수 있다는 학설이 진실이라고는 확신할 수 없었다.

나는 많은 다른 영매의 지도령에 대하여 이 문제에 대한 의견을 물었으나, 모두 이 영계여행의 진실성을 긍정하는 점에서 일치했다.

마침내 어느 날 밤, 이 같은 즐거운 '꿈'이 다시 나에게 찾아왔다. 그것은 그녀가 살아 있을 때인 4월의 아침에 그녀와 함께 거닐고 있던 기억과 마찬가지로 생각하면 분명히 생생하게 생각날 수 있는 것이었다. 전에 만났던 때와 마찬가지로 기뻐 어쩔줄 모르면서 눈과 눈이 마주치자, 나는 그녀의 팔을 잡고 말했다.

"언제나 이렇게 당신에게 오지만 당신을 만나자마자 잠이 깨면, 그것이 단순한 꿈이고 나는 역시 영원히 당신을 잃었다는 무서운 현실에 맞부딪치오. 하지만 지금은 정말 이것이 현실이라는 생각이 드오. 당신의 입으로 지금 이것은 꿈이 아닌 현실이라고 말해주오!"

"여보 저를 믿어 주세요. 이것은 꿈이 아닙니다. 정말 우리는 만나고 있어요."

하고 그녀는 말했다. 엄숙하면서도 열정적인 말투였다(그녀는 말할 것도 없이 진실을 말하고 있었던 것이다. 그것은 내가 말하는 현실과는 다소 뜻이 다르긴 하지만……).

"그렇다면"

하고 나는 말했다.

"나는 당신의 어깨에 매달려 가겠오. 이젠 영원히 당신을 놓치지 않겠소."

이윽고 나는 몸이 몹시 경련을 일으킨 듯한 생각이 들면서 각성상태로 돌아왔다. 그러나 평소 때에 느껴 본 일이 없는 현기증이 나서 잠시 나는 침대 위에서 움직일 수가 없었다.

그 뒤 몇개월이 지나, 아내의 영혼과 직접 담화현상으로 들어가게 되었을 때 영계에서 만난 일에 관해 이야기했다. 그랬더니 아내의 영은 이렇게 말하는 것이었다.
"여보, 어느 날 밤이었어요. 당신이 나를 잡고 놓아 주지 않으셔서, 모두 야단법석을 떨고 간신이 당신의 영혼을 먼저대로 육체로 데려다 놓은 일이 있었어요."
그랬었군! 하지만 영계의 사람들이 야단법석을 피우고 나의 영혼을 육체로 데려다 주지 않았던들 나는 지금보다 더 행복했으리라고 생각한다.
이 문제에 관해서는 아직도 나를 당황하게 만드는 점이 남아 있다. 자주 나는 이 아름다운 영의 나라에서 아내와 함께 산책을 하던 일을 생각할 수 있으나 산책하는 도중에 아내의 몸이 갑자기 내 팔 속에서 쓰러지고 그때마다 나는 아내가 갑자기 병이 나서 쓰러졌다는 실감이 나는 것이었다.
생각해 보니 이것은 매우 모순된 이야기인데, 만약 내가 잠을 자는 동안에 그녀와 함께 유계를 거닐고 있는 것이었다면, 어째서 그녀는 유계에서 실제로 병에 걸리는 것일까?
하지만, 얼핏 보아 불합리하게 생각되는 사건은 그 뒤 아내의 영혼과 직접 담화하는 현상이 생긴 기회에 그 이유가 해명되었다. 그녀는, 말할 것도 없이 병에 걸린 것이 아니었다. 그녀가 병이 나서 쓰러진 듯한 느낌은, 내가 눈을 뜰 무렵에 나의 혼이 그녀의 영혼과 헤어져서 육체로 돌아가는 데 저항을 하는 탓으로, 그것을 억지로 육체에 복귀시키는 것에 대한 갑작스런 충격이 의식면에 반사되어 느끼는 것이라고 했다.
이 설명은 수면과 각성(覺醒)과의 경계선을 지날 때, 우리의 잠재의식면에 번득이는 애매모호하고 무의미한 꿈의 원인을 설명하는 것으로서는 뚜렷한 논리적 설명이라고 생각된다.
 내가 여러 다른 지도령들과 문답을 나눈 것을 종합해 보면, 어쨌든 나와 같이 유계를 여행한 기록을 지니고 올 수 있었던 경우는 특히 다행한 편이고, 거의 모든 경우는 그와 같은 기억이 남지 않는 것이 보통이라고 한다.
 만약 우리가 잠을 자는 동안에 체험한 상태를 자세히 현실계로 가져올 수 있다면, 인류를 위하여 커다란 복이 된다는 것을 나는 지금도 믿지 않을 수 없다.
 그 이유는, 우리에게 한층 넓게 생명의 시야를 열어 주게 됨과 동시에 언젠가는 가야 할 곳인 영계에 대한 보다 더 자세한 지식을 공급해 주기 때문이다.
 내가 제공한 이들 논의에 대한 반론은 극히 빈약한 근거밖에 없는 것으로 생각되었다. 주요한 논점은 이곳으로 돌아오는 것이 아닐까? 즉, 유계를 떠돌아다닌 기억이 너무나 즐거워서 그 기억이 남아 있다면 지상에서 현세의 물질적인 생활에 대한 흥미를 잃을 염려가 있다는 것이다.
 이 문제에 관해 내가 의논한 사람들 대부분의 일치된 의견은, 잠을 자는 동안 유계를 여행한 기억은 오히려 지상생활의 의의를 분명히 하고 생활에 자극을 주는 것이 된다는 것이다.
 만약 사람들이 잠을 자는 동안, 유계를 찾았을 때의 기억을 너무 생생하게 회상할 수 있다면 이 지상생활에 있어서 한층 불만을 느낄지도 모른다. 대부분의 경우, 수면중의 유혼현상(遊魂現象)은 우리 자신이 속하는 영권(靈圈)으로 갈 뿐이며 보다 높은 영혼의 세계로 가는 것은 아니다.
 나는 이 유혼현상의 경험에 대해, 유용한 교차증명(交叉證明)을 얻을 수 있었던 경우를 생각해 볼 수 있다. 그 중의 하나는, 심령현상 문제에 대하여 다만 편지만으로 통신을 교환해온 북 잉글랜드에 사는 부인에 관한 경우이다.

그녀는 남편과 어머니와 자식들을, 그리고 형제들을 3년 동안 모조리 잃고 말할 수 없는 비통에 잠겨 있었다. 그녀는 '꿈 속에서' 아직 한번도 본 일이 없는 방에서 그녀의 남편과 함께 있는 우리 부부를 만났다고 했다. 더우기 그 방은 나의 집안의 방 중 하나라는 것을 알게 되었다고 했다.

그 방에서 세 사람은 의자에 앉아 나의 아내가 피아노를 연주하는 것을 듣고 있었다고 한다. 그 뒤 6개월이 지나자 그녀는 런던으로 찾아왔다. 나는 이 부인을 나의 집에서 베풀어지는 강령회에 초대했다. 우리가 강령회를 개최하고 있는 방으로 그녀가 들어온 순간, 그녀는

"전 이 방을 전부터 알고 있었어요!"

하고 소리쳤다. 그리고 그녀는 그 방이 전에 자기가 꿈에서 본 방과 꼭같다는 것을 알게 되었다(다만, 피아노만은 다른 곳으로 가져 갔으므로 그 방에는 없었다). 이것은 그녀가 죽은 남편의 영과 함께 유계를 여행하여 우리 부부를 만났다는 좋은 증거가 된다.

유계여행에 관한 나의 흥미는 급속히 커질 따름이었다. 따라서 새로운 질문이 자꾸 나왔다. 그런 이유로 해서 그 무렵 내가 직접 담화를 하게 됐을 경우에 나타난 아내의 영에게 다음과 같이 물어보았다.

"이것은 오히려, 그다지 중대한 문제가 아닌 것처럼 들릴지 모르겠지만……육체가 잠을 자는 동안, 우리가 이 유계로 나타날 때 나의 영은 어떤 옷을 입고 오지? 이를테면, 나는 잠옷을 입고 오나?"

그녀는 대답했다.

"아녜요. 그런 건 정말 쑥스러운 질문이 아닐까요? 당신은 잠옷을 입은 채 침대에서 나오실 수 있죠. 하지만 당신의 유체는 이곳에 오실 때 그 주위의 상태에 가장 적합한 어떤 옷이라도 입으시게 됩니다. 이를테면, 당신이 나와 가아든 파아티에서 만나시게 될 때는, 그에 어울리는 우리 동료들이 입는 조화된 옷을 입고 오실 수도 있습니다. 만약 당신이 저와 함께 보다 낮은 영권(靈圈)의 영들을 구하기 위해 오실 때는, 임시로 그곳에 알맞는 옷을 입으시게 됩니다. 아무 준비도 없이 금방 유계로 와서(갑작스러운 죽음의 경우) 안개가 낀 듯이 어둑컴컴한 세계를 방황하고 있는 영혼을 구하기 위해서는, 가장 눈에 익은 그 영혼들의 옷과 가장 비슷한 옷을 입으시게 됩니다. 또한 우리 유체의 밀도(密度)를 진하게 하고 지상의 육체 농도와 비슷하게 할 수도 있습니다. 제가 제 유체의 파장을 낮추는 동안, 당신은 저보다 먼저 가시지 않으면 안됩니다. 만약 제가 그와 같은 낮은 영권의 영혼들 앞에 늘 입는 옷을 입고 나타난다면 그 영혼들은 너무 눈이 부셔서 가까이 가기를 망설이고 구제할 도리가 없게 될 것입니다."

그 뒤에 알게 된바에 의하면, 나는 흔히 잠을 자는 동안 아내의 영에게 불려서 낮은 영혼들이 있는 곳으로 그녀를 도와 구제(병치료도 포함함)하러 갔었다는 것이다. 그녀는 아무래도 불의의 사고로——특히 비행기 사고로——갑자기 유계로 와서 자기가 어디 와 있는지 알지 못하는 영혼들을 구제하는 일에 관계하고 있는듯 했다. 하지만 그런 이상한 일을 당한 건 단 한 번뿐이었다. 우리 집에서 모인 강령회에서 있었던 일인데 모임이 끝날 무렵 사회자는 이렇게 말했다.

"매우 안된 일이지만. 직접 담화현상으로 들어간 여러분의 정신집중을 여기서 일단 중단해 주셔야 하겠습니다. 그 대신 여러분의 기도와 사념(思念)을, 몇 시간 전에 영계로 떠난 영혼으로 매우 불쌍한 상태에 놓인 조난자(遭難者)를 위해 정신을 집중시켜 주셨으면 합니다. 이 조난자는 오늘 아침 평상시와 마찬가지로 건강하고 유쾌하게 집에서 나왔습니다. 그런데 정오 무렵, 갑자기 탑승기가 추락한 것입니다. 병원으로 옮겨졌을 때는 광란상태(狂亂狀態)여서 정신병자 수용소에 수용할 수밖에 없었습니다. 이런 상태로 몇 시간 뒤에 그는 운명했는데 그러한 육체의 상태를 유계로 그대로 가져 간 것입니다."

이 조난자의 아내의 영이 우리에게 그를 구해 달라고 부탁했다는 것이다. 그래서 그날 밤 나는 아내와 둘이서 상처 입은 조난자의 유체(幽體)를 조용한 물가로 치료하기 위해 데려 갔다는 것이다. 다음 날 수호령의 보고에 의하면 그날 밤 우리의 구령 활동(救靈活動)은 좋은 결과를 얻어, 그의 영은 현재 건강하고 유쾌한 상태에 있게 되었는데, 만약에 그렇지 않았던들 그의 영은 꽤 오랜 시간 동안 어둠의 세계를 방황하지 않으면 안되었으리라고 한다.

지금의 나는, 나의 육체가 잠을 자는 동안 나의 영혼이 유계로 가서 구령활동에 종사했을 때는 설령 잠이 깬 뒤 아무 것도 의식에 남아 있지 않더라도 잠이 깬 최초의 몇분 동안은 침대에서 나오는 것조차 곤란할 정도로 피곤한 느낌이 들기때문에 그 일을 알게 되었다.

실제로 그것은 '유계의 밤 다음에 오는 아침이었다. 더구나 그 특징은 반 시간 쯤 지나면' 피곤이 사라지고 평소 때의 건강을 되찾는 것이었다.

나는 거의 대부분의 밤, 잠을 자는 동안에 영계에 있는 아내를 방문하고 있다는 많은 확증이 될만한 보고를 받았지만 나의 모든 꿈이 결코 유계여행의 꿈만은 아니라는 것도 분명히 말할 수 있다.

그 꿈 가운데에는 예언적인 꿈(특수한 목적을 지니고 주어지는 것)과, 과거를 회상하는 꿈, 또는 상징적인 꿈 같은 것이 군데군데 섞여 있다.

이들 꿈 가운데 처음에 든 두가지 형태의 꿈은 우리의 의식이 시간과 공간에서 해방됐을 때 꾸는 꿈이다.

매우 선명한 상징적인 꿈을 나는 심령연구를 시작한 처음 해의 연구가 거의 끝났을 무렵에 경험한 일이 있다. 다행히 나는 전에 나와 꼭 같은 처지에 놓인 매우 인상이 좋은 부인과 알게 되었다.

그 부인은 조금 전에 내가 죽은 아내를 잊지 못하고 있는 것과 마찬가지로 지극히 애착을 느끼고 있는 남편을 잃은 사람이었다. 경우가 매우 비슷했으므로 곧 친구가 되었다.

그 뒤 우리는 아내의 영과 그녀의 남편의 영이 영계에서 두 사람을 접촉시키려고 애를 많이 썼었다는 걸 알았다.

생각해 보니 마침 그 무렵, 나는 끝없이 외로운 세계에 빠져 완전히 절망상태에 빠져 있었다. 그 외로움은 심령연구에서 영혼이 존속된다는 것에 관해 차츰 뛰어난 많은 증거가 얻어짐에 따라, 그와 반비례하여 더욱 커질 따름이었다.

그와 같은 외로움에 사로잡힐 이유는 아마 두 가지가 있다고 생각된다. 하나는 아직도 나는 영혼이 존속해서 잠을 자는 동안에 사랑하는 사람의 영혼과 정말 만나고 있다는 것을 분명하게 믿지 못한다는 점이다.

매주 말에, 내가 연구하여 얻은 사항에 대하여 그것을 분석해 보지만, 지금까지 얻은 증거는 오히려 환경에 의하여 좌우되는 경향이 있어 확실한 증거라고는 말할 수 없다.
 그것은 또한 과학적인 견지에서 본다면, 실증이라고 인정될 만한 요소가 결여되어 있어서 앞으로 더 기대해 보아야 할 성질의 것이었다.
 또 하나의 이유는, 그 외로움이 아내를 잃은 처음 1년 동안의 축적된 강렬한 외로움의 결과로 빚어진 것이 분명했다. 이 외로움에서 간신히 도망칠 수 있게 된 다음에 다음과 같은 생생한 인상 깊은 꿈을 꾸게 되었다.
 나는 어떤 다른 고장의 거리에 있는 시장 같은 곳에 있었다. 그곳은 매우 혼잡하여 사람들 틈에서 꼼짝 못할 것 같은 생각이 들었다. 그래서 사방을 둘러보니, 그 시장은 세 곳이 높은 담으로 둘러 싸여 있었는데 가장 높은 곳은 세 곳이 회랑(回廊)으로 되어 있었다.
 그 회랑에서 내가 있는 곳을 향해 손을 흔들며 신호를 보내고 있는 부인이 있음을 겨우 발견했다. 그녀가 나의 친구라는 걸 알았다. 어쩐지 위기를 피해 그곳으로 올라오라고 하는 것처럼 생각되었다.
 각 빌딩 끝에는 극히 좁은 철계단이 있었다. 나는 그것을 올라가기 시작했다. 하지만 반쯤 올라갔을 무렵, 높은 곳으로 올라가면 현기증을 느끼는 버릇이 있었으므로 더 이상 올라갈 수 없었다.
 나는 내려갈 수밖에 없었다. 그때 나는 빌딩 다른 끝에 걸려 있는 계단을 보았는데 나의 친구는 그 계단 꼭대기까지 올라가서 나를 손짓해 부르고 있었다. 그래서 나는 다른 계단에 가까이 가서 그것을 올라가기 시작했다. 현기증은 더욱 심해지고, 그것을 이겨내기가 더욱 곤란해졌지만 나는 계속 올라가기 시작했다.

높이 올라감에 따라 그녀의 환영하고 있는 얼굴이 똑똑히 보였으므로 나는 용기를 내어 올라갔다. 그녀는 나에게 손을 내밀었다. 그리고 나의 겨드랑 밑에 두 손을 밀어넣듯이 하고 회랑 위에 있는 그녀의 옆자리로 끌어올려 주었다.

그때 나는 그녀 앞에 하계(下界)의 온갖 위험에서 벗어나 평화스런 기분으로 있을 수 있었다: 며칠이 지나지 않아 나는 이 꿈의 상징적인 의의를 깨달았다.(주 : 레스터씨의 영혼이 보다 높은 계급의 영혼이 사는 보다 높은 영계로 여행하기 위한 훈련을 받은 것이다.)

또 한 가지 이상하게 인상이 뚜렷한 상징적인 꿈을 꾼 것을 쓰고자 한다. 나는 잠이 들자 곧 건물이 많이 선 아름다운 마을에 내 자신이 있음을 알게 되었다. 나의 마음 속에서 어떤 목소리가 들려왔다. 그 목소리는,

"여기서 아내와 만나기로 되어 있다."

이렇게 말하는 것이었다. 나는 그녀가 어느 길로 올 것인가를 생각하며 마을 어구에 서 있으려니까, 아름다운 공원 입구에 큰 건물이 있고 그 건물 현관에 수위인 듯한 사나이가 서서 나를 손짓하고 있는 것이 보였다. 나는 그 사나이가 있는 곳으로 걸어갔다. 그는 내가 묻기도 전에,

"부인을 찾아가시는 길이죠? 그렇다면 이 공원을 지나서 길 끝까지 곧바로 가시면 흰 옷을 입은 부인들(주 : 흰빛의 고급령(高級靈)을 상징)을 만나실 겁니다. 부인께선 그곳에서 당신을 기다리고 계십니다."

내가 이 수위의 지시에 따라 공원지대를 가로질러 가자 길은 내가 언젠가 본 일이 있는 밤나무 숲 속으로 뻗어 있었다. 그 길은 여러 곳으로 갈라져 있었으므로, 나는 어느 길을 가

제6장 꿈속의 방황    87

야 좋을지 망설이기 시작했다.
　그때 나는 한 사나이가 그 옆에서 그림을 그리고 있는 것을 보았다. 그가 나를 쳐다보았을 때 나는 그의 모습이 얼마나 아름답고 황금빛 수염이 어찌나 멋있는지 그만 넋을 잃고 말았다. 나는 조심스럽게 그 사람에게,
　"이 길로 가면 되겠습니까?"
　하고 물었다. 그러자 그 사람은,
　"당신이 지금 가고 있는 길을 곧바로 가시오. 그러면 부인이 기다리고 계신 집으로 갈 수 있습니다."
　하고 말하는 것이다.
　그 꿈에서는 목적하는 곳에 가지 못하고 잠이 깼으나, 잠이 깨자 이루 말할 수 없이 황홀하고 평화스러운 감정에 잠겨 있었다.
　아마 나의 가장 멋진 유계여행 중의 하나는 아내가 영계로 옮겨간 지 21개월 쯤 뒤의 일어났다. 몇달 동안, 나는 잠이 깬 뒤에는 꿈을 꾼 것을 기억할 수 없었다. 하지만 이때만은 잠이 깬 뒤에도 생생하게 자세한 것까지 기억이 있었다. 나는 런던의 도시버스를 탔다. 차장이,
　"나는, 심령현상에 흥미를 느끼고 있어서 가까운 장래에 골더 그린 버스광장에 있는 유계대회당(幽界大會堂)에서 개최되는 제전(祭典)에 참석하겠다고 신청을 했습니다."
　하고 말하는 것이었다. 그의 말은 나를 몹시 놀라게 했으나, 곧 버스 종점에 도착했다. 종점에 있는 광장은 늘 버스가 넓은 면적을 차지하고 있었으나, 놀랍게도 그곳에는 거대한 교회 건물이 서 있었다.
　교회당 안으로 들어가니, 그곳에는 우리 강령회에 모이는 친구 몇 명이 이미 와 있었다. 그 안에는 영매인 하드위크 부

인도 와 있었다.
 나는 이 부인과 그녀의 남편이 앉아 있는 옆 의자에 앉아서 즐비한 자리를 구석구석 둘러보고 가장 위쪽을 살펴보았다. 하드위크 부인은,
 "이곳에서 4천명의 모임이 있었대요."
 하고 내게 속삭였다. 그때 웅장한 음악이 울려퍼졌다. 제전이 시작된 모양이었다. 여기서 부터 주위에서 무슨 일이 일어났었는지 나의 의식에는 남아 있지 않았지만 이윽고 하드위크 부인이 내게 기대듯이 하고,
 "제전이 방금 끝났어요. 다른 사람들이 다 나가기 전에 옆문으로 나갑시다. 이건 특별한 까닭이 있는 겁니다."
 하고 속삭였다.
 나는 부인의 말을 따랐다. 어느덧 나는 큰 길로 나왔다. 이상하게도 그곳에는 골목이 전혀 없었다. 자세히 보니 나의 아내가 그녀가 좋아하던 옷을 입고 내가 있는 곳으로 다가오고 있었다. 나는 기뻐서 어쩔 줄을 몰라 멍청이 있었다.
 우리는 서로 기쁨에 넘쳐 인사를 나누었다. 이윽고 그는 나의 몇 걸음 앞에서 걸음을 멈췄다.
 "여보, 우리는 지상의 영권(靈圈)에서 만나고 있어서, 실제로 둘이 만져 보는 일은 어렵다는 걸 나는 알고 있소. 우리는 지금까지 자주 만져 보려고 애쓰다가 막상 그럴 순간에 실패했었지. 이번에야말로, 둘이 노력해 봅시다. 서서히 내게 다가와 봐요. 되도록 당신의 손을 내 쪽으로 뻗어봐요. 그 손 끝을 잡고 끌어당겨 보고 싶소."
 하고 나는 말했다.
 그녀는 다가와서 손을 뻗쳤다. 내가 그 손 끝을 잡으려는 순간, 그녀의 몸이 빙그르르 돌아버려 아무래도 나는 그녀의

손 끝을 잡을 수 없었다. 몇 차례나 그녀는 내게로 가까이 왔다. 그리고 두 사람의 몸이 거의 닿게 되려는 일도 여러 번 있었으나 내가 그녀의 손을 잡으려면 그녀는 뒤쪽으로 미끄러지는 것이었다.

나는 자기 육체에 혼이 돌아오기 전에 이번에야말로 제대로 그녀와 직접 닿아 보겠다고 결심했다.

"천천히 해 봐요. 서두르지 말고. 될 수 있으면 조금 앞으로 몸을 굽히고 당신의 손가락 끝이 더 가까이 오게 해 봐요."

하고 나는 말했다. 그녀는 그대로 했다. 나는 있는 힘을 다하여 그녀의 손 끝을 잡았다. 그리고 나는 그녀의 손을 내 쪽으로 끌어당기고 차츰 그녀의 온 몸을 끌어당겼다. 마침내 나는 아내를 나의 두 팔로 끌어안았다. 이것이 내가 체험한 유계여행 가운데서 가장 멋지고 가장 선명한 인상의 하나라고 생각한다.

## 제7장 처음 나눈 아내와의 대화

지금까지 나는, 영계의 영혼으로부터 직접 담화하는 체험을 가진 일은 없었다. 그런데 나에게 최초로 개인적인 체험으로 직접 담화현상이 예기치 못한 곳에서 일어났다.

나의 직업은 신문기자였으므로 어느 날 밤, 《잔다크》의 시사회에 초대되어 런던 영화관에 기사를 취재하러 간 일이 있었다. 영화관 안은 만원이어서 자리마다 손님이 가득찼으나 이상하게 내가 앉아 있는 옆자리만은 비었는데 아무도 앉으려고 하지 않았다.

우리 부부는 함께 영화를 보러 간 일은 별로 없었지만 어쩌다 가면 아내는 반드시 내 왼쪽에 앉곤 했었다. 아내가 앉아야 했을 자리만이 비어 있다는 우연의 일치가 좀 마음에 걸렸으나 나는 곧 화면의 변화와 잔다크의 영적이고 신비적인 경험에 넋을 잃고 보고 있었다.

잔다크의 영(靈)의 소리를 듣는 장면에 이르자, 갑자기 빈 자리에 얹어 놓은 내 손에 살짝 닿는 것이 있어서 깜짝 놀라 그 쪽을 보았다. 설령 누군가 내 손을 만져야 할 이유가 있더라도 다른 자리에서는 손이 닿을 수 없는 거리에 내 손은 놓여 있었다.

세차례 되풀이 하여 내 손을 만졌으므로 나는 그때 아내의 영이 그곳에 나타나 내게 직접 닿는 일에 성공했다는 인상을 받았다. 이윽고 그 손의 감촉은 내 얼굴로 올라와서 마침내 내 이마 위 머리를 만지작거렸고 그때는 머리를 가르는 그녀의 손이 가볍게 내 피부에 닿는 것을 분명히 느낄 수 있었다.

나는 부활제가 있은 지 한참만에 최후의 그룹 강령회에 출석했다. 내 차례가 되자 영매인 에디슨 클레멘트 부인은 아내가 지금 살고 있는 켄싱턴의 가정에서 곧 공개하지 말고 단독으로 강령회를 계획하라, 그리고 그것은 직접 담화현상을 위한 강령회가 되리라는 메시지를 알려왔다는 것을 전했다(이 일은 3개월 뒤에 이루어졌다).

그녀는 현상(現狀)을 나타내려면 음악에 의한 필요로 진동이 바람직하며, 그러기 위해서는 우리가 가지고 있는 축음기를 가져 오라고 제안했다. 그 축음기를 가져올 때, 처가집에서 어떤 판을 가져왔으면 좋겠다는 것이었다(아내는 레코드판의 이름을 말했다).

나는 그 판에 있는 노래를 한 번도 들은 적이 없었다. 알고 보니 장인, 장모도 잘 생각이 나지 않는다는 것이었다. 하지만 레코드판이 꽂힌 선반을 뒤져 보니 아내가 지정한 판이 나왔다.

또 한 가지 증거가 되는 것은 아내의 영이, 친정집 부엌의 융단을 새로 샀다고 말한 것이다. 그것이 사실인지 아닌지 나는 짐작이 가지 않았다. 다음 일요일에 처가집을 찾아가니 강령회가 있던 날 오후, 장모가 부엌 융단의 찢어진 곳에 발이 걸려 넘어졌으므로 새 융단을 다음날로 사러 보냈다는 것이었다.

그 강령회에서 전혀 내가 모르던 일, 따라서 어떤 형식으로나 내 마음 속에 존재하지 않는 것을 아내의 영은 알아맞춘 셈이다.

 4월 이후, 나는 강령회의 연구를 비공개로 하며, 개인적인 것만으로 정했다. 그리고 6월의 지극히 더운 날 오후, 나는 유명한 영매인 에스텔 로버트 부인과 강령회를 주최하기 위하여 이이셔로 떠났다.

 이 강령회는 대낮에 커어튼을 치지 않고 햇빛이 흘러들어 오는 환한 방 안에서 행한다는 것이어서 나는 매우 기뻤다.

 로버트 부인은 곧 아내의 모습을 세밀히 묘사하듯이 말하기 시작했다. 그리고 아내의 영이 내가 이 방에 들어왔을 때 함께 들어왔다고 말했다. 여기서 비로소 그녀는 아내의 이름을 한 자 한자 철자를 알아맞췄다. 또한 내 이름을 불러서 말을 거는 것이었다.

 나는 몇 달 동안이나 이런 일이 있기를 끈기 있게 기다렸었다. 하지만 이름의 교차증명이 얼마나 곤란한가를 알았으므로 그것을 강제로 하게 하지는 않았었다.

 그녀는 이윽고 영계에서 아내와 함께 있는, 우리와 극히 친한 친구들 중의 몇 명에 대하여 말하기 시작했다. 이 사람들의 영은 지상에 아직 살아 있는 두 친구에게 애정어린 말을 보냈는데 놀랍게도 그녀는 그때 그 사람들의 이름의 철자를 말했었다.

 이윽고 그녀는 우리 가정에 관하여 자세한 것을 말했다. 내가 근래 다우딩 경의 저서 《Lychgate》를 읽고 있다는 것을 말하고 아내도 함께 나를 통해 그 책을 읽고 있으며, 다같이 흥미를 느끼고 있다고 말했다.

 로버트 부인은 아내의 영이 영계로 간 지 아직 얼마 안되었는데도 굉장한 진보를 하고 있으며, 이는 주로 그녀의 예술가적인 소질과 음악적인 능력에 원인이 있다고 말했다.

## 제7장 처음 나눈 아내와의 대화

8월로 접어들자, 나는 아내의 영과 직접담화하는 일을 비로소 성취할 수 있었다. 나는 앞서 말한 영매 엘시 하드위크 부인이 있는 곳으로 갔다. 그리고 영매의 지도령과 몇분 동안 이야기를 나누고 있었는데 어느 틈에 아내의 영이 나타나 완전히 영매를 지배했다.(주 : 이 직접담화는 물리적 심령현상에 있어서 공중에서 영의 목소리가 직접 들려오는 직접 발성음 현상이 아니라 지금까지 영매의 지배령이 '당신의 부인이 이렇게 말했습니다.'하고 말로 전하던 것을 이번에는 영매의 입을 통하여 아내의 영이 직접 말하기 시작한 것을 말함.)

처음에 그녀는 내게 기대듯이하고 극히 친근한 태도로 내 손을 꼭 잡았다. 이윽고 잦아드는 소리로 말하기 시작했다.
"여보, 이것이 믿을 수 없는 일 같죠? 그렇죠? 우리는 이런 일을 할 수 있으리라고는 지금까지 생각해본 일도 없었어요. 그렇죠? 이 세계로 돌아와서 당신에게 직접 말을 할 수 있다니!"

그녀의 놀라움과 꿈이 아닌가 하고 의아해 하는 느낌은, 나 역시 마찬가지였다.

이윽고 나는 두 사람의 이야기를 필기해 놓고 싶으니까, 내 오른 손을 놓아 달라고 부탁해야만 했다. 그녀의 영이 빙의된 영매인 엘시 부인의 손은 몹시 아쉬운 듯이 겨우 나의 오른손을 놓아 주었다.

내가 처음으로 가장 분명하게 물어본 것은, 그녀가 지금 행복하냐는 것이었다. 그러자, 그녀는 환경이 허락하는 한도 안에서는 행복하게 생활하고 있다는 뜻을 터놓고 대답했으나,
"저는 이곳에 있어도 당신이 저에게 와 주시지 않는 한 정

말 행복하다고는 할 수 없습니다. 그렇게 아쉽게 헤어지고만 걸요."
 이렇게 말하더니, 이어서 눈물어린 목소리로,
 "헤어져서 가고 싶지 않아요. 헤어지기 싫단 말이예요. 당신 곁에 오기 위해서 얼마나 노력했는지 몰라요."
 하고 설득하는 것이었다.
 그 다음에 나는 영계에 있어서의 그녀의 일과 생활태도에 대해서, 아무 것이라도 좋으니까 내게 말해 줄 수 없겠느냐고 물었다.
 "물론 말하겠어요, 여보."
 하고 그녀는 말했다.
 그녀는 자기가 영계에 와서도 음악공부를 계속하고 있다는 것과 다른 영혼들에게 피아노를 가르치고 있다고 말했다. 영계에는 현세에서 피아노를 배우기를 간절히 원했으나 뜻을 이루지 못하고 죽은 탓으로 영계로 가자마자, 더욱 그 방향으로 더 진보하고 싶어하는 사람들이 많이 있다는 것이었다. 그런 사람들이 아내의 새로운 제자가 됐다고 한다. 이런 말을 함으로써 그녀가 진짜 그녀라는 실증이 될 만한 보고를 했다.
 그녀는 생전에 왕실음악학교에서 피아노과 교수로 있었다. 그때 그녀는 두세 곳의 수도원을 방문하고 몇 사람의 승려에게 음악을 가르친 일이 있었다. 지금 그 수도원의 승려 가운데 한 사람——이 사람이 약 25년 전에, 아내를 극진히 좋아했던 것은 나도 알고 있다——이 현재 영계에서 아내의 영을 만난 것은 매우 기쁜 일이었다고 한다. 영매에게 실려 있는 아내의 영은 그 수도원의 이름을 말했는데 그것은 옳았다.

다음에 그녀는 영매의 입을 통하여 내가 지금 쓰고 있는 새 각본에 대해 이야기를 시작했다. 그 극 속에 모처럼 이 각본을 써도 이것을 읽어 줄 아내가 없으니, 이 일에 아무 흥미도 느끼지 않는다고 원고지 빈 곳에 써 넣었다.

그녀는 그와 같은 점과 그 밖의 것에 대하여 나와 의논하였다. 그녀는 몹시 이 일을 반박했다. 그리고 지금도 그녀는 내가 쓰는 한 마디 한 마디를 읽을 수 있다고 말했다. 오직 다른 것은, 그녀가 생전에 하던 것처럼 내 저서에 대하여 나와 직접 말할 수 없을 따름이라는 것뿐이다.

하지만 가장 눈에 띄는 사건이 이 강령회가 끝날 즈음에 생겼다. 내가 "안녕!"

하고 말하자, 그녀는

"그렇게 말하면 안돼요."

하고 말했다. 영매의 손은 내 두 팔목을 잡고 아래 위로 크게 흔들었다. 그것은 아내의 특수한 몸짓으로 몹시 감격했을 때 하는 동작이었다.

이야기를 하는 동안 그녀가 말한 중에 흥미있는 일은 내가 그녀에게 묻고 싶다고 생각하고 전부터 많은 질문을 써 두었다는 것을 그녀가 알고 있던 일이었다. 그리고 그녀는,

"매우 좋은 생각이다. 까닭인즉, 그녀는 미리 그것을 읽을 수 있고 잠시 생각하지 않으면 대답할 수 없는 문제의 대답을 준비할 수 있으며 많이 말할 수 없는, 귀한 시간을 절약할 수 있기 때문이다."

라고 말한 것이었다. 그 뒤 나는 항상 이 실천 방법을 채용하기로 했다.

강령(降靈) 실험이 횟수를 거듭함에 따라 차츰 나를 번거롭게 만든 일은, 에테르계(주 : 영계의 아랫층에 해당됨)에

있는 떠돌이영이 섞여들어서 본인의 영인 듯이 영매에게 나타날 위험이 있다는 것이었다.

　당시의 대화를 필기한 것 중, 발췌한 부분을 예로 들겠으니, 이 방면에서 생기는 여러 문제에 대하여 이해하기 바란다.

　　물음 : 약간 마음에 걸리는 일이 있는데, 당신과 말하고 있는 동안에 다른 사람이 끼어들 위험성이 있다고 생각하는데…….
　　대답 : 그것이 우리 영계에 있는 사람의 일인가요?
　　물음 : 그렇소. 당신이 있는 곳에서 그런 일이 일어날 수 있소?
　　대답 : 네, 일어날 수 있죠. 저와 당신 사이에서는 별로 일어나지 않지만, 저는 지금 그 까닭을 설명할 수 없어요. 하지만 지금은 오직 그렇다고만 믿고 계세요. 저의 경우는 그러니까요.
　　물음 : 거의 늘 그렇소? 오직 그런 거겠지요?
　　대답 : 늘 속임을 당할 가능성은 있어요, 하지만 그런 일이 일어날 때에는 제가 아니까 다음에 당신께 그 일을 알려드리죠. 당신도 다른 영이 간섭해 왔을 경우에는 알게 될 것입니다. 그럴 경우에는 말을 더듬거리고 사실에 맞지 않는 것을 말합니다. 하지만 우리의 대화에는 그런 일이 생기리라는 걱정은 하실 필요가 없습니다.
　　물음 : 그럼 나에 관한 한 안심해도 좋겠군. 하지만 사랑하는 사람의 영혼과의 접촉을 간절히 바라고 있는 다른 많은 사람에 대해서는 어떻소? 영계 쪽에서 떠돌

이 영의 간섭을 막을 수는 없소?
대답 : 늘 막을 수는 없었어요. 나중에 간섭이 있었다는 걸 알 수는 있지만, 항상 그 즉시 알수는 없죠. 말해 두지만, 간섭해 오는 떠돌이영은 악령(惡靈)은 아니예요. 오히려 영계에 의지할 수 있는 실마리를 아직 확고하게 잡지 못하고 현세의 사람에게도 밀접한 유대가 없는 외로운 영혼이죠. 그래서 다른 영혼의 이름을 사칭해서 당신들이 보내는 애정의 얼마만이라도 받고 싶어서 오는 겁니다. 때로는 그들이 장난꾼이어서 장난을 걸어 올 경우도 있죠.
물음 : 어떤 종류의 심령현상이 이런 위장된 영의 장난을 받기 쉽소? 지배령이 영언(靈言)·직접담화·물질화 현상…… 이들 가운데?
대답 : 지배령의 영혼현상인 경우, 가끔 다른 영의 간섭을 받으면서도 본인이 알지 못하는 경우가 있어요. 하지만 그럴 경우, 잠시 이야기의 본론에서 벗어나므로 당신은 아 그렇구나 하고 알게 될 것입니다. 물질화 현상에서 잘못이 개입될 경우는 육체 때문입니다. 영매 자신이 바라는 영혼이 나타나지 않으면, 마치 나타난듯이 속임수를 쓰는 겁니다. 자동기술(自動記述)현상에서는 떠돌이영의 간섭을 받는 일이 흔히 있죠.
물음 : 위자반(盤) 같은 경우는 어떻소?
대답 : 그것은 가장 초보적인 방법이예요. 어느 경우나 떠돌이 영이 간섭할 기회는 많아요. 하지만 이 경우에는 엉터리 글씨를 만들어 냈다면, 떠돌이영의 간섭이라고 당신도 알 수 있습니다. 그러면 곧 그것을

중단해야만 됩니다.

이 대답은, 영계에 있는 사랑하는 사람과 교신하기를 원하고 영계통신을 시작하는 많은 사람들을 혼란에 빠뜨리기 쉬운 문제에 대하여 아주 분명하고 정확한 판단을 주었으리라고 생각한다.

다음은, 심령문제에 흥미를 갖는 사람이 항상 생각하는 문제인, 언젠가는 우리 모두가 영계로 가서 우리 가정이 불가사의한, '영(靈)의 나라'가 되리라는 것으로 화제를 옮겼다.

영의 나라의 상태는 어떨까? 어떻게 그들은 생활하며 어떤 일을 하고 있을까? 지상의 우리의 생활과 비교하면 어떻게 될까? 다음에 이에 관한 아내의 영과의 대화를 인용해 보기로 한다.

물음 : 영계에서 당신들의 생활상태에 관하여 내게 말해도 괜찮겠소?
대답 : 물론이죠. 어째서 그런……?
물음 : 그럼 말해 주오. 영계에도 우리의 세계에서 보는 것과 같은 시골 경치가 있소?
대답 : 네 있어요. 언덕도 있고 골짜기도 있고 강도 바다도 있죠. 나무도 꽃도 풀도 있지만 더 아름답죠. 저는 이 세계의 꽃향기와 빛이 얼마나 아름다운지 도저히 당신께 설명할 수 없어요.
물음 : 평소 때와 같이 당신들 영혼은 조용히 들을 건너 산책을 할 수도 있소?
대답 : 물론이죠. 그 경치의 대부분은 그리운 데본의 경치와 별로 다를 바가 없습니다.

물음 : 그것 참 멋있는데! 데본의 이야기가 나왔으니 말이지 내가 영계에 갔을 때 그 그리운 곳을 당신과 함께 다시 한번 찾아갈 수 없을까 하고 생각했었는데 그렇게 할 수 있을까?
대답 : 할 수 있죠. 같이 가요, 네? 우리들 영도 영계 이외의 세계를 방문해선 안 된다는 법은 없어요. 지상의 그리운 곳을 어디든지 함께 갈 수 있어요.
물음 : 당신은 아직 그렇게 한 일이 없소?
대답 : 네 저는 당신이 오실 때까지 기다리고 있는 걸요.
물음 : 저런, 아주 친절한데. 나는 아직 영계의 사물이 이 세계의 것처럼 현실로 구체적으로 느낄 수 있다는 걸 분명히 이해할 수 없구료.
대답 : 잘 들어보세요. 여보, 당신은 우리 영혼이란 것이 가스같은 잡을 수 없는 존재로 공간을 떠돌고 있는 이상한 존재라는 생각을 고칠 수 없는 모양이군요. 저는 그렇게 흔들거리는 존재가 아니예요.
물음 : 그렇다면 내가 영계로 갔을 때, 이 지상에 있었을 때처럼 당신의 몸을 껴안고 싶을 경우 그렇게 할 수 있다는 거요?
대답 : 물론이죠. 바보 같으셔라!(아내는 자주 친애하는 뜻을 표현할 때 이런 말을 썼었다.) 꼭 안아 주세요! 비교해서 말하자면 당신이야말로 그림자 같은 존재랍니다. 그러므로 저는 현실계의 벽이건 무엇이건 뚫고 이 세계로 돌아와서 이곳을 걸어다닐 수 있답니다. 현실계의 물질은 단단해 보여도 결코 단단하지 않아요.
물음 : 영계의 건물은 어떻소?

대답 : 지상의 건물과 꼭 같아요. 우리의 집, 교회, 학교……… 등이 모두 있습니다.
물음 : 전에 당신은 우리들의 집이 영계에 있고 내가 오기를 기다린다고 했는데 나는 그것을 액면 그대로 믿을 수 없소……
대답 : 제 말이 틀림이 없어요. 이 영계에는 실제로 우리의 지상의 집과 꼭같은 것을 갖고 있어요. 가구 하나하나도 아주 똑같아요. 아주 낯익은 우리의 방도 그렇구요.
물음 : 당신의 말은 실제로 영계에도 현실적으로 방이 있고 가구가 있다는 거요?
대답 : 물론이죠. 아주 그대로라고 해도 좋아요. 벽에 걸려 있는 그림도 사진도 벽난로 위의 장식품도…….
물음 : 하지만 그런 것은 믿을 수 없소!
대답 : 아뇨. 영계라는 곳이 얼마나 현실적인가 하는 것을 이해하신다면 믿지 못하실 것도 없어요. 그것은 극히 자연스러운 일이죠. 우리가 영계로 가는 일을 '귀유(歸幽)'한다고 말하는 것은 정말 그곳에 집이 있어서 돌아가기 때문이죠. 만약 우리가 자신이 살던 가정이 영계에 없다면 이곳에 왔을 때 갑자기 모르는 다른 곳에 온 것 같아서 아주 쩔쩔 맨답니다.
물음 : 그렇다면 당신은 그 방 안에 버티고 앉아 있는 거요?
대답 : 버티고 앉아 있다니 당치도 않아요. 전 바쁜 걸요.
물음 : 그렇다면 조금도 쉬지 않는다는 거요?
대답 : 언제고 자기가 쉬고 싶을 때 우리들 영은 쉴 수 있답니다. 우리는 책을 끼고 강물이 흐르는 옆에 와

서, 그곳에 앉아서 책을 읽을 수도 있습니다. 아름다운 '안식의 동산(Garden of Rest)' 가서 거닐 수도 있습니다. 하지만 우리는 육체적인 휴식이라는 것이 필요 없습니다. 아시겠어요?

물음 : 하지만 어쨌든 잠은 자겠지?

대답 : 아뇨. 저는 조금도 잠을 필요로 하지 않습니다. 이곳에 와서 처음부터 전 잠을 잔 일이 없습니다. 하지만 이곳에 온 영혼 가운데에는 오랫동안 잠을 자고 있는 이도 있습니다. 그것은 그 사람들이 어떤 상태에서 왔느냐에 따라 각각 달라요. 그것은 그 사람의 영계에 있어서의 생활은, 지상생활이 어떠했었느냐 하는 것으로 정해집니다. 어머, 당신은 오늘 굉장히 많이 필기하셨네요.

물음 : 너무 많았나?

대답 : 아녜요. 그건 좋은 생각이라고 여겨요. 단 1분이라도 헛되게 보내셔선 안되니까요.

물음 : 좀더 우리끼리의 문제를 말하고 싶은데, 끝으로 물어 볼 일이 있소. 영계로 간 뒤 그 영혼이 사랑하는 가족과 통신하려고 시도하기까지의 기간에 대해서는 의견이 구구한 것 같은데, 어떻소?

대답 : 그건 영계로 옮겨올 때의 상태에 따릅니다. 당신이 이 방에 들어오셨을 때 엇갈려서 이 방에서 나간 젊은 미망인이 있던 것을 아시죠?

물음 : 힐끗 본 것 같은데, 별로 눈여겨 보지 않았소. 그건 왜 묻소?

대답 : 그 분의 남편이 공중사고(空中事故)로 3주일 전에 죽었어요. 그 남편의 영혼이 오늘 오후 부인에게 통

　　　　신하여 왔습니다.――아주 똑똑히. 이렇게 빠른 것
　　　　은 그 사람이 너무 갑자기 영계로 간 탓입니다.
　　물음 : 그런 것으로 차이가 생기나?
　　대답 : 그래요. 제가 영계로 가서 아주 짧은 시일 안에 당
　　　　신과 연결이 될 수 있던 것도 제 자신이 그토록 갑
　　　　자기 갔기때문이예요.

　이런 종류의 나의 세 번째의 직접담화는 10월이 끝날 무렵
에 생겼다. 강령(降靈)이 시작되자, 그녀(아내의 영)는 우선
내가 앓고 있다고 몹시 걱정하는 뜻을 나타냈다.
　"그런 어리석은 일이 어데 있어? 난 이렇게 건강한데."
　하고 나는 부정했다. 그런데 이틀이 지나자 나는 아주 심
한 유행성감기에 걸려서 자리에 눕고 말았다. 그리고 간신이
폐염에 걸릴 것을 면했던 것이다.(註 : 이미 영의 세계에서
그의 유체(幽體)에 병이 났으므로 육체에 그것이 나타난 것
은 2일 뒤임을 나타내고 있다.)
　이번의 직접담화에서 내가 취급한 것은, 유족들의 슬픔이
저승으로 간 영과 접촉의 장벽을 이루고, 또한 영의 영적인
진보를 방해한다는 문제였다.
　그녀가 이 문제에 대해서 준 회답은 나를 위로해 주었듯이
다른 많은 유족들을 위로해 주리라고 믿으므로 다음에 그것
을 수록하기로 한다.

　　물음 : 내 곁을 떠난 뒤 내가 너무 슬퍼하는 것이 좋지 않
　　　　다고 말하지만, 슬퍼하지 않으려고 노력을 해도 좀
　　　　처럼 잘 되지 않는구료.
　　대답 : 하지만 만약 당신이 조금도 슬퍼하지 않는다면 부

자연스럽지 않나요? 시간은 최고의 명의(名醫)라는 속담도 있지만, 당신의 경우에는 그런 속담이 적합하지 않아요. 시간이 지나도 조금도 슬픔이 사라지지 않죠?

물음 : 슬픔이 사라진 척해도 소용이 없다오. 당신은 나의 마음을 알고 있을 것이오. 그런데 내가 관심을 갖는 것은 그런 나의 내부 감정이 당신의 혼이 진보하는 데 방해가 된다는 말을 들었다는데 있소.

대답 : 그런 말을 믿어선 안 돼요. 당신의 슬픔이 나의 혼이 진보하는 걸 방해하는 일은 없어요. 영매를 통해서 당신에게 통신하는 것을 한층 곤란하게 만든 것은 사실이죠. 특히 헤어져서 바로는, 당신의 슬픔이 도저히 뚫을 수 없는 장벽이 된 것만은 사실이죠. 하지만 그것은 저희에게는 장벽이 될 수 없었어요. 우리 둘은 함께가 아니고는 도저히 행복할 수 없다고 늘 얘기했었죠. 그렇죠? 하지만 영혼의 진보라는 문제에 관하여 잘들어주세요. 부탁이예요! 저의 진보도 당신의 진보도 당신이 지금하고 계시듯 세계에 대하여 명랑한 표정으로 당신의 하루하루의 일을 충실히 하시는 한, 조금도 방해를 받거나 하지 않아요. 하지만 만약 당신이 지쳐서 초조해 하며 구석에 처박혀 계시거나 하면, 그야말로 우리 두 사람에게 곤란한 문제가 생길 겁니다.

물음 : 이제야 겨우 안심이 되었소. 사실 나는 나의 슬픔이 어떤 형태로 당신의 영혼의 진보를 방해하지나 않을까, 또 그것이 두 사람을 빠뜨리는 함정이 되지나 않을까 하고 걱정했었소.

대답 : 당신의 슬픔을 강령회에까지 지니고 오셔선 안 됩니다. 하지만 지금까지 당신은 어느 강령회에서나 당신의 감정을 완전히 지배하고 지극히 강령에 동조한 정신파동(精神波動)을 일으켜 주셔서 매우 도움이 되었어요.
물음 : 그렇다면 가장 소중한 것은 실제로 강령회에서의 나의 마음의 상태라는 게 되겠군.
대답 : 그렇죠. 이따금 당신은 내부의 긴장을 억제하지 못하실 때가 있어요. 저만은 당신의 내부감정이 얼마나 끓어오르는지 알고 있어요. 하지만 당신이 지상생활에서 해방되기까지는, 모든 정신적인 고통에서 벗어나기를 기대하는 건 불합리해요

그녀는 짐이라는 이름을 가진 사람에게 내가 영체(靈體)로서 만난 일이 있다는 것을 말하기 시작했다. 나는 짐이라는 사람을 모른다. 절대로 만난 일이 없다고 주장했다. 하지만 그녀는 그 짐이라는 사람의 영이,
"직접담화현상을 일으키는 강령회에서 트럼펫을 가지고 나를 구해 주러 왔습니다."
라고 말하는 것이었다.
그런데 몇주일이 지나자, 나는 이 짐과 내가 맺어진 관계를 알 수 있었다. 그는 내가 앞서 말한 상징적인 꿈을 내게 불어 넣어 준 부인의 남편이었다.
그녀의 말에 의하면 그녀(아내의 영)는 나의 주의를 끌기 …… 위하여 밤에 나타나서 랩 소리(呌音 : 영이 찾아와 똑똑 똑 하고 두드리는 소리)를 낸 일이 있었다고 하는데 나는 한

번도 그 소리를 들은 일이 없다.
 나 자신에게 영매적인 소질이 없어서 직접 영계의 실증을 잡을 수 없는 것이 유감스럽다고 내가 말하자, 그녀는 냉랭한 투로,
 "가령 당신이 영청(靈廳)을 할 수 있어서 직접 영의 음성을 들으실지라도 당신이라면 틀림없이 그것은 환각이었다고 생각하실 겁니다."
 고 말하는 것이었다.
 또한 그녀는 곧 그녀의 영광(靈光)을 나에게 직접 보여주고 싶다고 말했다. 나는 별로 영광을 보기를 원하지는 않았으나 그 몇 주일 뒤의 어느 날 밤, 집에서 심령실험을 하고 있으려니까, 극히 분명히——약 2분 동안이었으나—— 작은 계란 만한 영광이 갑자기 방 안에 나타나서 공중에 춤추며, 침대와 양복장 주위를 떠다니는 것을 보았다.
 이 영광은 그 실험회에 모여 있던 다섯 사람 모두가 객관적으로 볼 수 있었으므로, 그 현상에 대한 물질적인 설명은 들을 수 없었다.
 나는 아내 마졸리가, 영계에 살아 있다는 확증을 얻기 위해 그녀의 영과 접촉하려는 노력을 계속함에 따라서, 나는 더한층 직접발성음현상(直接發聲音現象)이 생기는 강령회를 열기를 간절히 원했다.
 아마 내가 너무 기대를 크게 가졌던 모양이었다. 하여튼 나는 최초로 내가 시도한 직접발성음현상에는 실패했다. 그 강령회에서 우리는 어둠 속에 앉아 있었다. 두 개의 메가폰을 회장에 들여와서 바닥에 놓았다. 광선은 모처럼 영계와 파장을 맞춘 에테르 파동을 파괴시킨다고 하기때문에 이런 종류의 심령실험에는 방안을 캄캄하게 할 필요가 있다고 했

다.
 메가폰은 영계에서 들리는 소리를 확대시킬 목적으로 사용된다는 것이다. 영매에게 빙의되어 지배령이 개회인사를 말하자, 이윽고 두 개의 메가폰이 바닥에서 공중으로 떠올라 천장 높이까지 오르더니 빙글빙글 돌았다.
 메가폰에는 야광물감을 칠했고 테이프로 그 둘레를 감았으므로 도는 상태가 어둠 속에서도 뚜렷이 빛나 보였다. 이윽고 그 중 한 개의 메가폰이 내 옆 사람 앞에까지 이르자 공중에 떠 있는 채로 이야기를 시작했다. 하지만 그 음성은 너무도 쉰 목소리였고 분명하지 않아서 무슨 뜻인지 알 수가 없었다.
 그 뒤에 들은 바에 의하면, 메가폰에서 나오는 영혼이 직접 발성하는 음성은 연습을 거듭함에 따라 서서히 개선되었다. 그도 그럴 것이 직접발성음현상에서, 영계의 혼이 와서 이야기하는 것은 영매의 엑토프라즘을 물질화 하여 발성에 적합한 구강(口腔)·인후(咽喉)·혀 따위를 만들어서 그것을 마스크처럼 영혼이 씀으로써 일시적으로 육체에 머무른 것 같은 상태를 나타내고 그것을 통하여 이야기를 하는 것이므로, 최초의 실험에서는 몹시 곤란을 느끼는 것이 당연하다.
 이 직접발성음현상의 강령회에서는 나는 아무 통신도 받을 수 없었다. 하지만 두번째로 내가 참가했을 때에는 20분이 지나자, 메가폰이 나의 바로 앞으로 떠왔다. 억누른 듯한 속삭임 소리가 들렸는데, 그것은 도저히 그녀의 목소리라고 인정할 수는 없었다. 하지만 마졸리라는 아내의 이름을 분명히 들을 수 있었다.
 발성이 익숙하지 못해서 몹시 힘들며 말을 똑똑히 발음할

수 없는 게 못내 아쉽다고 했다. 이윽고,
"이렇게 당신 가까이에 있어요. 아시겠어요!"
하고 말했다. 그러자 메가폰은 앞으로 움직이기 시작해서 내 얼굴에 거의 닿을 것만 같았다. 그곳에서 아주 잠깐 2분 동안 그녀는 정말 그녀 자신이 말하고 있다는 것을 증명하려고 노력하는 것처럼 생각되었다.

첫번째, 두번째 실험을 마친 다음, 나는 다음과 같은 결론에 이르렀다. 순수한 직접발성음현상은 아마 가장 유력한 영계의 통신방법이겠지만, 아직도 개발중이므로 대개의 경우 그 목적을 완전히 수행하기란 불가능하다.

실제로 경험이 풍부한 심령실험에 익숙한 사람 가운데에도 어떤 요소가 직접발성음현상의 완전한 성공을 방해하는지, 아직 충분히 이해되고 있지 않는 것 같았다.

## 제8장 또 다른 만남

　나는 이런 종류의 영매 입을 통한 '직접담화'나 '직접발성음현상'에 참석하는 한편으로 다른 종류의 영계통신의 회합에도 참석해 연구를 진행시켰다. 이들은 비슷한 심령연구회합 중에서는 좀 초보적으로 생각되는 회합이었다.
　하지만 그 회합에서 세 사람의 다른 지도령이 나와서 아내의 영을 어떤 영매들 사이에 넣지 않고 무엇인가 내게 통신하기를 바랄 때 이용하기 좋은 '영계와의 통화방법'을 추천했다.
　그 방법이란, 텀블러(주 : 손을 가볍게 대고 있으면 회전하거나 기울어져서 ABC의 글씨판을 가리키며 담화를 엮어간다)와 알파벳 스물 여섯 자를 쓰는 것이다.
　내가 큰 소리로,
　"혹시 내게 말하고 싶은 영이 있는 게 아닙니까?"
　하고 말하자, 텀블러가 흔들리며 한 자 한 자 알파벳을 가리키고, 마침내 아내의 이름을 엮었다.
　다른 어떤 영계통신 방법에서도 그것이 진실인지 아닌지를 확인해 볼 필요가 있었다. 그래서 나는 이 경우에도 실제로 아내의 영이 와 있는데 다른 영이 아내의 인격을 가장해서 나타나는 게 아닌가 하는 것을 확인하기 위하여 질문을 했다.
 또한 여기에 정확히 답변을 했을 때 나는 다시 여러 가지 질문을 하고 그 답을 얻었다. 그렇게 하여 나는 좋은 성적을 얻을 수 있었다.
 아내의 영은 최근에 영계로 간 몇 사람의 친구 이름을 자진해서 말하고 그들의 영혼이 지금 그녀와 함께 영계에서 생활하고 있다고 했다.
 그때 나는 그녀의 영혼이 혹시 영계에서 우리의 근친에 속하지 않는 사람으로 나 자신이 예상할 수 없는 다른 사람을 만났느냐고 물어보고 싶은 생각이 들었다.
 그러자 아내의 영은 '세이모어 힉스'라는 이름을 엮었다.
 세이모어 힉스란 우리 두 사람이 그의 연기에 감탄하던 배우였으므로, 그녀가 영계에서 이 배우를 만났다면, 그녀의 기쁨은 대단한 것이었으리라고 여겼다. 그녀는 또한, 세이모어는
 "저 심령실험이 있었던 날 밤의 모임에 참석한 한 사람이었다."
 고 덧붙여 말하는 것이었다.
 문답을 계속하는 동안, 그녀는 런던의 수도원 이름을 말하고 그곳에서 그녀의 옛 친구 한 사람이 영계로 와 있다고 말했다. 또한 아내의 영이 가장 잘 조종할 수 있다고 생각되는 영매의 이름을 말하기도 하고 지난 주에 내게 편지를 보낸 친구의 이름과 내가 심령치료를 할 경우에 작용하는 지배령의 이름을 들기도 했다.
 또한 내가 아내의 생일선물로 보낸 그리운 추억이 깃든 목걸이를 보관하는데 대한 주의를 주기도 하고, 그 밖에 이 영계통신의 여러 가지 정확한 증거가 될 만한 사항을 이야기했

다.
 그녀는 또한 내 집에서 개최하는 강령회에 늘 참석하는 회원의 이름과 내가 머지 않아 이탈리아를 여행할 때 방문할 곳의 이름을 말하고, 아직 내가 가 보지 않아서 모르는 어느 거리의 이름도 함께 말했다.
 실제로 이 실험방법은, 자기 자신의 잠재의식이 섞이는 게 약점인 것이다. 내가 믿는 바에 의하면, 질문하는 사람이 회답에 나타나는 사물을 알고 있다면 그 상념이 텀블러의 운동에 지배적인 영향을 준다고 한다.
 그 까닭으로 나는 그 뒤 그 방법에 의한 실험에서 나 스스로 어떻게 대답해야 좋을지 모르는 질문에, 화제를 한정하기로 했다. 그렇지 않으면 나는 친구와 함께 실험을 함에 있어 자기 자신은 텀블러가 어느 방향으로 움직여서 글씨를 엮어 나가는 가를 보지 않기로 하고 나 자신의 생각이 텀블러에 미치지 않도록 노력했다.
 이 방법을 쓸 경우, 내가 했듯이 다행히 백 퍼센트의 성공을 거둘 수 있을지도 모른다. 하지만, 이 텀블러를 쓸 경우 떠돌이영이 본인의 영이라고 사칭하여 나타나기 쉬운 방법인 것이다.
 내가 아는 예인데, 영계의 남편에게서 오는 통신으로 여겨지는 아내에게 보내는 메시지를 매주 반복적으로 엮었지만, 결국은 그 통신은 그녀가 결혼하기 전에 그녀의 남편과 같이 그녀를 얻으려고 경쟁한 어느 사나이의 영혼이 지금도 낮은 유계를 헤매면서 실연당한 복수를 하기 위해 그런 메시지를 보내오고 있음을 알았다.
 복수하기 위하여 보낸 메시지를 사용한 탓으로 그녀는 거의 파멸의 경지에 몰리게 되었다. 하지만 그녀의 남편의 영혼은 영계측에서 이와 같은 가면의 작자가 '남편의 영'을 사칭하여 통신하고 있는 데 대하여 아무 것도 모르고 있었다.
　이런 일은 우리 자신이 영계에 갈 때까지는 우리를 계속 매혹시키는 많은 신비적인 현상의 하나라고 말하지 않으면 안된다.
　만약 영계통신을 받아들이는 사람이 내가 했듯이, 통신할 때 당사자인 남편이 아니고서는 도저히 대답할 수 없는, 확인하는 질문을 하거나 충분한 주의를 기울인다면, 그와 같은 가면의 영혼에게 속는 일은 없었을 것이다. 이 경우에 주의하지 않으면 안될 것은 강령회가 있을 때마다 다른 질문으로 확인하는 일이 절대 필요하다.
　이와 같은 영계통신을 하는 동안 여름이 지나고 가을이 왔다. 이윽고 겨울이 다가와서 아내의 1주기도 얼마 남지 않았다. 지금까지와 마찬가지로 매달 내 집에서 하는 강령실험은 서서히, 그리고 확실히 진보되었다.
　우리가 직접 발성음현상의 심령회에서 어떤 결과를 얻게 되기까지는 몇 년이 걸리는 일도 있다고 자주 들어 왔었다. 그런 탓으로 이 3개월 동안에 얻어진 사소한 진보에 대해서도 실망하지 않았다.
　우리는 방 안에 심령의 영풍이 부는 것을 느낄 수가 있었고, 하얀 증기와 같은 구름(분명히 엑토플라즘이다.)이 메가폰에서 이따금 올라가는 게 보이기도 하고 우리의 머리나 얼굴에 가벼운 영적인 감촉을 느끼기도 하며 메가폰의 위쪽에서 천장 높이로 희미하게 색깔을 띈 빛이 비치는 걸 볼 수도 있었으며,──또한 마침 크리스마스 바로 전에는──우리 일동은 모두, 방 안 전체에 떠도는 강렬한 향기의 물결을 느끼고 이상하게 생각하기도 했다.

저 슬픈 아내의 죽은 날인 크리스마스날이 되기 바로 전의 일이었다. 나는 다행히 그 무렵 런던에 와 있던 알프렛 레이너라는 호주 사람을 영매로 하여 가족만의 강령회를 개최할 수 있었다.

또한 이것은 남성의 영매를 써서 좋은 결과를 얻는 최초의 경험이 되었다. 아내의 영은 몇분이 지날까 말까 하는 사이에 그 영매를 통해 나타나서 내 쪽에서 아무 것도 그 문제에 대하여 이야기를 하지 않았는데도, 그리고 영매 자신이 내 이름에 대하여 예비지식이 없는데도, 우리 가정에서 개최한 강령회에 관해 말하기 시작한 것이다. 또한 그 이야기 속에서 한 가지 흥미있는 문제가 그때에 전개되었다.

그것은 직접발성음현상을 일으키기를 원할 경우, 아주 어둡게 만들어 놓지 않으면 안 되는가 하는 문제에 관해서였다. 오스트레일리아에서는 실제로 직접발성음현상이 흔히 밝은 방안에서 더구나 대낮에 그 일이 행해졌다고 한다.

영매 레이너의 수호령이 하는 말에 의하면, 아내는 늘 빛을 좋아했지만(이것은 사실이었다), 그녀는 강령회의 암실에 들어오는 것을 그다지 주저하지는 않았다. 더구나 그것은 영인 그녀에게는 암실도 그다지 어둡게 느껴지지 않는 모양이었지만, 그녀는 적어도 지금 하고 있듯이 자택에서 영을 부를 때만은 광선이 있는 속에서 해줬으면 좋겠으며 그러기 위해서는 물질적인 힘에 저항하기 위하여 그 뒤 암실로 우리들이 들어가 있지 않으면 안된다고 말하는 것이었다.

그리고 그녀는 내가 그때 썼던 푸른 빛(광선 : 심령치료에 쓰는 색깔로 붉은 색보다 높은 영적 파동을 끌어들일 수 있다.) 대신 붉은 빛을 써 주기 바란다는 것이었다.

다음 주부터 우리는 그녀의 희망대로 붉은 등을 키기로 했

다. 그러자 몇 차례 개최한 자택에서의 심령심험회에 나타난 각종 지도령이,
"방의 분위기가 매우 좋다. 이 방의 파장은 극히 높은 심령적인 가치가 있다."
고 말하게 되었다.
실험실의 빛의 문제가 끝나자 지도령은 그가 보았다는 후광(後光)의 색채가 교착(交錯)되는 문제에 관하여 아주 열심히 말하기 시작했다.
그는 색채가 어떻게 영계를 지배하고 있는가를 말했다.
또한 아내의 영의 후광과 나의 후광의 빛이 완전히 교착 융합되어 보기 드문 아름다움을 나타내고 있는 것을 본 순간, 그는 완전히 매혹당했었다고 말하는 것이었다.──이렇듯 둘의 분위기가 완전히 교착 융합하여 아름다운 모습을 나타내는 것은 정신적으로나 영적으로 두 사람의 영혼이 최대한도로 완전히 조화된 것을 뜻한다고 말했다.
이 호주인의 영매가 인도하는 심령실험회에서 나는 내가 심령치료를 할 때 협력해 주는 몇 사람의 치병령(治病靈)의 이름을 들었다.──한 사람은 한터라는 이름의 영국인 의사의 영이고, 또 한 사람은 피에르 모앗세노우라는 이름의 박사로서 내가 영적인 진단을 내릴 때 나를 도우러 오며, 또 한 사람은 옛 북아메리카 인디언 의사로 레드 스트림이라는 이름의 영이었다.
내가 그토록 두려워했던 슬픈 주간인 크리스마스가 다가오자, 영매인 난 매켄지 부인으로부터, 그들 부처와(물론, 그의 지배령인 러닝 워터도 함께) 크리스마스를 함께 지내지 않겠느냐는 초대장이 왔다.
우리는 난로를 에워싸고 크리스마스의 밤을, 바로 12개 월

전, 사랑하는 이의 생명을 구하려고 필사적인 노력을 거듭했던 그 무렵의 일을 나는 생각하고 있었다. 매캔지 부인은 서서히 입신상태가 되었다. 나는 지도령인 러닝 워터씨와 단 둘이서 다른 영을 개입시키지 않고 비로소 친히 대화를 나눌 수 있었다.

처음에는 일반적인, 개인적으로 관심 있는 문제를 조금 다루었으나, 이윽고 러닝 워터씨는 나를 축복해 주었다. 잠시 침묵이 계속되었으므로 그가 떠난 것으로 나는 생각했었다. 그러자 잠시 후 그의 목소리가 다시 들려왔다. 그 음성은 몹시 부드럽고 정숙하게 말했다.

"자 이리 앉으세요, 사랑스러운 부인!"

어느 부인을 정중하게 안내하는 듯한 목소리였다. 나는 놀라움과 기쁨에 몸둘 바를 몰랐다. 까닭인즉 그곳에 아내의 영이 나타나서 영매를 통하여 잠시 옆에 있는 의자에 앉아 말하듯이 내게 자연스럽게 말하기 시작했기 때문이다.

그 이야기 가운데 그녀가 영계로 옮겨간 1주기(週忌)의 기념할 만한 시간에, 내가 잠들고 있는 동안 러닝 워터씨가 나의 영을 영계로 데리고 가서 아내의 영과 함께 지낼 수 있게 되어 있다고 말했다. 그런데 그 일이 실제로 일어난 것이다.

평소 때 같으면 나는 자리에 누워 한 시간쯤 잠든 후 잠시 잠이 깨곤 한다. 그런 다음에도 대개 한 시간 만큼씩 사이를 두고 잠이 깼다가는 다시 잠이 들곤 한다. 그런데 이번 크리스마스 밤은 오후 11시에 자리에 누웠으나 이내 깊히 잠이 들어 버리고 다음 날 아침 9시가 되도록 잠이 깨지 않았었다.

나중에 들은 바에 의하면, 나의 영혼은 10시간 동안이나 육체에서 벗어나 영계를 여행하여 아내와 함께 있었다고 한다. 매우 유감스러운 것은 잠이 깬 뒤 아무래도 그당시 영계에서의 상태를 기억해 낼 수 없는 일이었다.

또 한 가지 크리스마스 때의 체험으로 나에게 가장 인상 깊었던 일이 있었다. 그것은 실로 영매의 집으로, 영계에서 어린이들에게 베푼 파티 광경이었다.

우리는 15명 정도가 빌딩 맨 윗층의 방에 모여 있었으며 방 가운데에 매우 큰 크리스마스 트리가 세워져 있었다. 그 나무는 거의 천장까지 닿았었고 가지마다 수없이 아름다운 꼬마 전구와 갖가지 선물이 매달려 있었다.

영매는 방의 한쪽 끝에 앉아 있었고 참석자들은 벽을 따라 방을 에워싸듯이 앉아 있었다. 평소때와 같이 기도를 올리고 회의가 시작되었다. 그런데 개회를 하자마자 즉각 영적 현상이 나타났다. 우리는 무엇보다 먼저 우리 얼굴 위에 아주 강한 영풍(靈風)이 불어오는 것을 느꼈다. 동시에 아이들 목소리가 영계에서 들리면서 자박자박하는 발자욱 소리가 들려왔다.

크리스마스 트리가 흔들리기 시작했다. 또한 어린이들은 나무 가지마다 매달린 선물을 잡아뜯기 시작하면서 거의 우리 바로 앞에 있는 크래커를 잡아당기기 시작했다.

어느 영아(靈兒)는 내가 있는 곳으로 자기가 딴 크래커를 가지고 와서 함께 선물을 따자고 했다. 나는 그 영아(여자 아이)와 함께 그 한쪽 끝을 잡아당겼으나 크래커의 다른 끝에 눈에 보이지 않는 누군가가 매달려 있는 듯한 반응이 와서 이상한 느낌이 들었다. 이윽고 마루바닥 위에는 선물 포장지가 공중에서 퍼졌으므로 찢어진 종이로 가득찼다.

그리고 어떤 크리스마스 파아티에서나 흔히 볼 수 있는 어린이들의 기쁨에 넘친 흥분된 목소리가 매우 자연스럽게 높아지는 것을 누구나 들을 수 있었다.

얼마후, 크리스마스 트리 그 자체가 공중으로 들어올려지더니 방 저쪽까지 운반되었다. 다음에는 몇 사람의 영이 와서 메가폰을 통하여 내게 이야기를 걸었다. 드디어 나에게 있어서 잊지 못할 경험이 시작되었다.

지도령은 나의 아내가 와서 이 파아티의 시중을 들고 있다고 말하는 것이었다. 하지만 그녀는 너무 지쳐서 내게 말을 걸 수는 없으나 무슨 다른 방법으로 그녀가 이곳에 와 있다는 것을 알리려고 시도하고 있다는 것이었다.

나는 그녀가 그곳에 있다는 것을 안 것만으로도 몹시 기뻤다. 그래서 그 뒤의 진행되는 일에 흥미를 느끼고 귀를 기울였다. 그러자 폐회하기 직전의 일이었다.

내가 앉아서 무릎 위의 내프킨 밑에 두 손을 넣은 순간, 내 두 손 위에 부드러운 화사한 두 손이 내 손을 잡는 듯이 거의 30초 동안이나 겹치고 있었다.

이것은 나중에 안 일이지만 그때의 부드럽고 하사한 손은 그때 느낀 것처럼 분명히 아내의 손이었고 육안(肉眼)으로 그것을 볼 수 없었으나, 영의 손을 물질화 하는 일에 성공했다는 일이 확인되었다.

그녀의 손이 내 손을 잡았을 때, 나는 그녀가 살아있을 때와 거의 같은 따뜻한 감촉을 느꼈는데, 그 뒤 그 손은 살며시 빼는 것이 아니라 녹아버리듯 사라지고 말았다.

이날 밤 모임은 올리비아 롯지 경(卿)의 영이 나타남으로써 막을 내렸다. 경은 몇 분 동안 내게 이야기를 했다. 나는 그 목소리를 똑똑히 알아 들을 수 있었다. 왜냐하면 나는 그와 자주 생전에 서로 만나서 이야기한 일이 있었기 때문이다.

그날 밤의 체험을, 그 뒤 주의 깊게 분석해 본 결과 그것은 내가 지금까지 얻은 어떤 실험보다도 가장 실증적인 가치가 있는 재료를 제공하는 것이라는 결론에 도달했었다. 그곳에는 크리스먀스 트리를 공중으로 들어올리는 인공적인 설비는 아무 것도 없었고 나무에 매단 선물들은 포장지가 찢겼고 각기 다른 가지가지 액센트로 이야기하는 어린이의 목소리가 동시에 영계에서 들렸던 것이다. 그리고 공간 저쪽에서 한 쌍의 손이 나타나 내 손 위에 얹혀진 것이었다.

# 제9장 제3자에 의한 증명

　1950년은 년초부터 뜻하지 않은 방향에서, 영계의 존재를 증명하는 사실을 모으는 데 눈부신 발전이 이루어진 해였다.
　첫번째 사건은, 내가 전혀 모르는 다함이란 곳에 살고 있는 한 부인이 어느 날 밤, 자택의 강령회에 한 번도 들은 일도 없는 이름을 가진 부인의 영이 나타난 일이었다.
　그 강령회에 모인 사람들은 아무도 이 부인의 이름을 알지 못했다. 이런 잘못이 어째서 생긴 것일까 하고 모두들 몹시 이상하게 여기면서 무엇 때문에 모르는 사람의 영이 찾아와서 이야기를 시키는지, 그 까닭을 알 수 없어서 당황했었다.
　그런데 그 두 달 후 내가 다함에 사는 그 부인을 만날 기회에 알게 된 것은 그 강령회에 나타나서 이야기한 부인령(婦人靈)은 아내의 영이라는 것이 분명해졌다.
　그 뒤 아내의 영이 내게,
　"실증(實證)을 추가하는 한가지 수단으로서 그런 방법을 썼습니다."
　라고 고백했으므로 양쪽의 이야기로 미루어 보아 제3자에 의한 증명이 성립된 것이다.
　다음에 일어난 일은 우리가, 매월 개최되는 가정 강령회가 끝난 뒤 다과를 들며 의자에 앉아 있을 때, 영안(靈眼)이 열

린 한 회원이 갑자기,
"어떤 부인께서 방금 이 방을 지나갔습니다."
하고 말하면서 자세히 그 부인의 모습을 설명했다. 하지만 나는 그분이 내가 아는 누구라고는 말할 수가 없었다.
어째서 이와 같은 아는 사람만이 모이는 집회에 낯선 사람의 영혼이 찾아왔을까 하고 어리둥절할 따름이었다. 이윽고 아내의 영이 나타났으므로 나는 그녀에게 조금 전에 이 자리에 온 낯선 부인의 영은 도대체 누구의 영이냐고 물었다. 아내의 영은,
"그분은 모오드씨예요."
하고 말했다.
"모오드씨라니! 그런 이름을 가진 사람을 나는 모르는데."
하고 내가 항의하자,
"당신은 머지 않아, 그 분의 남편을 만나기로 되어 있습니다. 그 분의 남편은 아직 지상에 살아계셔서 당신은 그 남편과 협력하여 많은 일을 하시기로 되어 있습니다."
라고 아내는 말했다.
나는 그 뒤 한동안 이 사건을 잊고 있었으나, 그 후 2주일 뒤에 내가 전혀 모르는 신사로 부터 내 사무실로 전화가 걸려 왔다.
"나는 최근에 아내를 영계로 보내서, 당신과 매우 비슷한 경우에 있으므로 당신과 꼭 만나서 이야기하고 싶다."
고 말하는 것이었다.
"돌아가신 부인의 이름이 무엇입니까?"
하고 나는 곧 물어보았다.
그러자 그는,
"모오드라고 합니다."

하고 대답하는 것이었다.(註:이것으로 제3의 증명을 얻은 것이다.) 이 신사는 나중에 우리의 강령회 그룹에 가입하여 나와 절친한 친구가 되었다.

나는 앞서 말한 두 가지 사건이 영계가 존재한다는 으뜸가는 증거이며, 영계에서 인간세계의 일을 간여한다는 실증을 백 퍼센트 제공하는 것으로 생각하지 않을 수 없다. 아내의 영이 다함에 사는 부인의 강령회에 갑자기 나타났을 때도, 우리 남편끼리는 전혀 모르는 관계에 있었고 그녀가 나타난 강령회의 회원 중에는 아무도 나를 아는 사람이 없었으며, 내가 앉은 의자에 다가왔던 부인령의 남편인 신사는 전혀 우리편 강령회의 회원에게는 미지의 사람이었다.

더구나 이 두 사건은 다함과 런던이라는 멀리 떨어진 거리에서 서로 공통적으로 일어났던 것이다.

몇달 뒤, 다함의 영매가 런던에 와서 2,3일간 머물렀다. 나는 이 부인을 내 집에서 개최하는 강령회 손님으로 초대했다. 다음 날 밤, 그녀는 강령회가 끝나자 모인 사람 가운데 두세 사람과 함께 커피를 마시러 내 방으로 들어왔다.

그런데 그녀는 의자에 앉아 있는 동안 갑자기 영매상태로 들어갔다.——그것은 그녀의 생애에서 이런 일은 처음 경험하는 일이었다.

놀랍게도 아내의 영이 그녀에게 들렸으며 그 부인을 영매로 하여, 아내의 독특한 말투로 몇 분간 내게 이야기를 했다. 이렇게 그녀는 몇 달 전에 이미 내게 약속——얼마 후 우리 집에서 말할 것입니다.——했던 것을 이행한 것이다.

2월 초순의 어느 날 아침이었다. 내가 아침 식사를 하기 위해 식당으로 들어가서 우편함을 열었을 때, 틀림없이 아내 자신의 필적으로 쓰여졌다고 생각되는 한 통의 편지를 발견했다.

 잠시 나는 마음을 진정시킨 다음에 봉투를 뜯어 보았다. 그 안에서는 사리에 살고 있는 단 한 번 만났을 뿐인 친구에게서 온 주서(註書)가 달린 편지가 나왔다. 그 주서에는 '어제밤 내가 방의 긴 의자에 앉아 있자니 갑자기 영매상태가 되었고 손이 스스로 움직여서 4페이지나 되는 편지를 썼는데, 그 주소와 성명이 당신 앞으로 되어 있기에 보냅니다.' 하는 뜻이 기록되어 있었다.

 이 주서를 쓴 부인은 아내가 살았을 때 한 번도 아내를 만난 일이 없었고 아내의 필적을 본 일이 없을 뿐만 아니라 아무 것도 아내에 대해서는 모르고 있었다. 아내는 생전에 좀 독특하게 글씨를 썼는데 이 편지는 그 필적이 몹시 비슷할 뿐 아니라, 문체 또한 아내가 아니고는 아무도 그렇게 쓸 수 없으리라고 생각되는 특징 있는 투로 쓰여져 있었다.

 이 부인은 그때까지 영매가 돼 본 일이 없었고 그 전에 한 번도 자동기술(自動記述)의 경험이 없었다.

 다음에 열린 우리의 가정 강령회에서 영안(靈眼)을 가진 두 사람의 참석자에게 아내의 영이 나타난 모습이 보였었다. 그때 보인 아내의 모습은 우리가 결혼식을 올린 교회의 포치에서 결혼식 때의 새하얀 예복을 입고 꽃다발을 들고 있는 모습이었다고 한다.

 이따금 오랜 기간을 두고 우리는 우리들의 개인 강령회에 초청자로서 물리적인 능력을 갖고 있는 영매를 초대하기로 했다. 까닭인즉 메가폰으로 통화하는 물리적 심령현상의 강령회에서는 영시능력보다도 물리적인 힘을 일으키는 방향으로 정신을 집중시킬 필요가 있다고 생각했기 때문이다(물리적 영매란 직접발성음현상이나, 물질화현상을 일으키는 힘이 있는 영매이다).

 그런데, 우리에게 난 매켄지라든가, 헬렌 스탠딩이라는 유명하고 극히 고급수준인 영매가 참석하여, 매우 좋은 성적을 올린 강령회를 몇 번인가 가질 수 있었던 것은 매우 다행한 일이었다. 헬렌 스탠딩이 영매가 된 강령회에서, 아내의 영은 이 영매의 입을 통하여 내게 직접 이야기하고 우리 집에서 내게 직접 말하겠다는 약속을 다시 한번 지켰다.

 다음 기회에 내가 직접 담화현상을 겪은 것은 영계의 아이들에 대한 크리스마스 파아티가 열렸던 집에서 일어난 현상이었다. 우리는 아홉 사람이 한 그룹을 이루고 있었다.

 회의가 시작되자, 곧 두 개의 메가폰이 공중으로 떠올라 방 안을 돌기 시작했다. 지배령인, '어린이의 영'이 메가폰을 통해 내게 말을 건넸다. 그 뜻은 아내의 영이 이곳에 와서 음악 연주를 도와주고 있는데 나중에 내게 이야기하겠다고 한다는 것이었다. 그 순간 래디오에서 음악을 연주하고 있었으나 갑자기 내 옆에 있는 피아노가 저절로 연주를 시작했다.

 나는 이 현상이 순수한 심령현상인가 아닌가를 시험해 볼 가장 좋은 기회라 생각하고 한쪽 손으로 피아노를 만져 보았다. 그러자 피아노는 뚜껑이 닫힌 채 연주를 계속하는 것이었다. 이런 상태로 연주는 3~4분 계속되었다.

 강령회가 끝난 뒤, 나는 피아노를 열고 점검을 했으나 완전히 보통상태였고 아무 곳에도 장치 따위는 되어 있지 않았다.

 그날 밤이 이슥해지자, 아내의 영이 메가폰에 나타났다. 분명히 이번에는 그녀의 영이라는게 어떤 실증적인 사건으로 확인이 되었으므로 나는 만족했다. 하지만 아내는 아직도 직접발성음현상으로 통화하는 데(주 : 영매의 육체적인 입을 통하지 않고, 공중에 발성기관을 엑토플라즘으로 만들고, 메가폰으로 또는 직접 발성하여 통화함.) 익숙하지 않은 터여서 지도령이 자신이 쓰는 메가폰을, 그녀가 쓰는 메가폰 밑에 끼워서 그녀의 메가폰의 무게를 들어올리고 그것을 내 얼굴 높이까지 가지고 왔다.

이윽고 그녀는 이야기를 시작했다. 그 목소리는 첫번째 때보다 조금 똑똑히 들렸으나, 그것도 아직 이야기하는 데 몹시 힘이 드는 모양으로 속삭임 소리보다 조금 클 정도로 밖에는 들리지 않았다.

그녀는 직접발성음현상을 일으킬 수 있는 에너지가 지속되는 한도 안에서 무언가 확증될 만한 것을 보여주려고 애쓰고 있다는 것을 똑똑히 알 수 있었다.

그녀는 내가 지난 밤, 도서실에서 빌려온 책에 대해서 이야기를 시작했다(이 책에 대해서 나는 아무에게도 말하지 않았다). 또한 그 책 이름을 말하고,

"당신과 함께, 그 책을 읽었으면 합니다."

하고 말했다. 아내의 영의 말에 의하면 그녀는 어느 날 점심식사 때 나와 함께 있었으므로 그때, 《On the Edge of the Etheric : 유계(幽界)의 경계선에서》라는 책의 저자인 아더 핀들레이씨를 만났었죠?"

하는 것이었다.

이윽고 그녀의 메가폰은 방을 가로 질러서, 나의 속기인(速記人)인 그레이스 미망인의 무릎 위를 메가폰으로 가볍게 두드리고 이 강령회가 진행되는 동안에 여러 모로 남편을 도와주고 기쁘게 해 준 것을 '고맙게 생각해요.'라고 말하는 것 같은 눈치를 보이고 사라졌다.

다음 주에도 나를 전혀 모르는 영매에 의해 강령회가 열렸

다. 이 강령회의 목적은 어느 물질화현상의 강령회에서 아내의 영이라면서 나타나 내게 이야기한 일이 있었으나, 그가 정말 아내인지 의심스러웠으므로 그에 대한 확증을 잡으려는 데 있었다.
　로오라라는 지도령이 나왔으나, 나의 의혹은 옳았다. 로오라는,
　"그 강령회는 있어야 할 것이 있는 상태가 아니었다."
고 잘라 말했다. 로오라는 이런 통신을 전해 왔다.
　"부인의 영이 이렇게 말하고 있습니다. 당신의 심령치료 능력은 매주 진보를 더하고 있습니다. 잠깐만—예, 뭐라고 말하고 있다고요? 오!(놀란 말투로) 부인께서 말하기를 어제밤 당신이 동물의 병을 심령치료하러 갔을 때, 부인이 함께 계셨답니다. 당신께선 동물을 치료해 주셨습니까?"
　"예, 그렇습니다."
　내가 대답했다.
　로오라는 말을 이었다.
　"고양이라고 부인이 말하십니다. 크고 누런빛 고양이라고요."
　틀림없이 그대로였으므로 이것은 극히 실증적인 현상이 아닐 수 없었다.
　이달 말쯤, 나는 엘시 하드위크 부인을 영매로 해서 다시 한번 아내의 영과 오랜 시간에 걸쳐 직접 담화할 수 있었다. 그 자리에서도 나는 다른 강령회에서의 직접발성음현상에 나타난 아내라고 말하는 영이 아무래도 전적으로 믿어지지 않았다.—어떤 경우에는 아내처럼 느껴질 때도 있었으나 수상쩍게 생각됐던 일을 확인해 보았다. 그러자 하드위크 부인의 지도령인 스타빔은 다음과 같이 설명했다.

"이런 경우에 우리는 '속았다' 또는 '속였다'라는 말을 쓰게 됩니다. 나는 그 강령회가 아주 혼란했었다고 말하고 싶습니다. 다른 강령회에서 이따금 가짜같이 생각되었었다는 것은, 부인의 영파(靈波)가 다른 염파(念波)에 의해 흐려졌던 탓입니다. 그날 밤, 부인의 영적 에너지가 매우 약해서 그것을 유지시키기 위해 영매가 자신의 에너지로 보충하고 있었습니다. 부인의 영은 그 자리에 와 있었으나 직접 당신께 말할 수는 없었습니다. 상태가 좋지 못해서 더 이상 부인께선 에너지를 높일 수 없었고 영매는 스스로의 힘으로 그것을 보충하기 시작한 겁니다.——아마 무의식중이긴 했겠습니다만."

그런 일이 있을 수 있다면, 현상의 신빙성을 더욱 흐리게 하지 않을 수 없다는 점을 나는 지적했다. 그러자 스타빔은 다음과 같이 대답했다.

"당신은 이런 종류의 직접담화현상이 자기 집에서 열린 강령회에서 일어나기까자는 결코 믿으실 수 없을 겁니다. 알지도 못하는 영매의 집에 있는 어둔 방 속에서 연출되는 현상은 확신을 줄 자료가 될 수 없는 겁니다."

그때 아내의 영이 영매의 입을 통해

"스타빔씨가 말씀하신 것에, 덧붙여 말씀드리고 싶습니다만……."

하고 말했다. 그리고,

"지난번 강령회에서는 컨디션이 매우 좋지 않았습니다.——컨디션이란 분위기의 상태——또는 모인 사람들의 분위기 말입니다. 그 회에 당신이 부인 두사람을 데리고 오셨었죠. 그 분들이 모임의 영파(靈波)를 가려지게 했던 것입니다. 그 두 분은 다른 분들에게는 좋은 성적이 나왔는데 자기에게는 아무도 영계통신을 보내오지 않으므로 화를 내고 있었던 겁니다. 표면상으로는 어떻든간에 속으로 화를 끓였던 겁니다."

그녀가 '가려졌다'는 말을 조금 전에 사용했는데 어떤 뜻인가 하고 물었다. 그녀의 설명에 의하면 어떤 간섭이 영계 편에도 생겼지만 영매는 영파(靈波)가 약해졌음을 느꼈으므로 영매 스스로 조금 '보탬질'을 했다고 말했다.

그래서 나는 그래가지고는 믿을 수 없지 않은가 하고 말했다. 또한 지난 번 경우에는 내게 말하는 것이 당신이 아니라는 걸 분명히 알았노라고 말했다. 그러자, 내가 보다 육체적으로 예민해짐에 따라 가짜와 진짜를 가려내기가 쉽게 될 것이라고 말했다.

영계에서 우리에게 보내는 통신 가운데 사소한 일이 너무 많다는 것에 대하여 아내의 영은 사소한 사건이 보다 중대한 사건에 관한 통신보다도 더 한층 실증적일 수 있다고 아주 논리적으로 지적하는 것이었다.

중대한 사건이란 누군가의 마음 속에 깊이 새겨져 있으므로 영매 자신이 모르는 일을 말해도 그것은 누군가의 마음 속에 있는 상념(想念)에 의한 정신감응(텔레파시)이라고 말할 수 있다. 하지만 사소한 사건은, 그것을 누가 지적해서 생각나게 하기까지 마음 속에서 잊혀지기 쉬우므로 텔레파시로 영매가 그것을 알고 말하는 거라고 해석할 염려가 없다.

그런데, 마침 이 문제에 관하여 적절한 사건이 생겼다. 아내의 영이 말하기를, 전날 밤 우리들과 전에 함께 살던 햄프스테드씨 집에 나의 영과 함께 산보하러 가서 마당을 거닐었다고 하면서 그때 새가 목욕하도록 만든 욕조가, 역시 이지러진 모습인 채 예전 그대로 남아 있었다고 하는 것이었다.

이 이야기는 아주 좋은 실증이라고 말하지 않을 수 없다. 실은 우리 부부가 20년 전에 그 집으로 이사갔을 때 내가 시멘트로 새를 위해 조잡한 욕조를 만들어 주었다. 그것이 몹시 이지러져서 아내는 아주 재미있어 했었다. 그런데 그 뒤 그 욕조에 대해서는 조금도 이야기한 일이 없고 나도 까맣게 잊고 있었다.

그 뒤 1,2주일이 지났다. 나는 지금까지 내가 모르는 남성 영매가 하는 강령회에 무슨 실증적인 것을 얻을지도 몰라서 가 보았다. 아내의 영은 지금까지 남성 영매의 경우에는 대개 실패로 끝났으므로 이번에도 그다지 기대를 걸지 않았다.

그런데, 이 영매에게는 중국인 영이 지배령으로 나타나서 내가 하는 심령치료에 대하여, 그리고 치료받는 환자가 얼마나 좋아졌는지를 자세히 말했는데 완전히 사실과 부합되었다. 또한 지배령은 이렇게 말했다.

"당신은 영계의 의료인(醫療人)이 영적 치료의 염사(念射)를 당신을 통하여 환자에게 방사(放射)할 경우, 어떻게 영의 방사방향을 조종하는가를 알고 싶어하는군요. 그것은 이렇게 하는 겁니다. 영의 방사는 당신의 척추(脊椎) 밑부분으로 보내집니다. 그러면 그 영사는 척추를 위로 올라가 목부분에서 팔로 내려가고, 당신의 손 끝을 통해 환자에게 영의 방사가 이루어집니다."

치료를 위한 나의 지도령의 이름이 몇 사람 확인되었다. 그리고 현재 내 마음 속에 절실한 관계를 가진 이 문제에 관하여 유익한 주의를 여러 모로 받았다.

내가 강령회를 열 때마다 자주 와 준 여성 영매가 한 사람 있었다. 그녀는 직업영매라기보다는 오히려 나의 친구였었다. 그런데 그녀에게는 남편의 영이 지도령으로서 작용했다.

텔레파시일지도 모른다는 의혹이나 논쟁을 피하기 위하여 이 지도령은 상징적인 형태로 실증이 되는 것을 전했다. 그 상징적인 수수께끼는 한 동안은 풀 수 없었지만 곧 뚜렷한 실증이 되는 것이었다.

하여튼 이 영매(아링검 부인)를 통해서 아내의 영이 내게 보낸 통신은 사소한 일을 정확하게 말한 것으로, 이는 이미 지적한 바와 같이 극히 실증으로서 가치 있는 것이었다.

어느 토요일 밤, 나는 아링검 부인의 집을 방문하고 차를 마신 뒤 조용히 이야기를 나누고 있는 사이에 아내의 영이 부인을 통하여 나타났다.

아링검 부인이 전하는 말에 의하면, 내가 일상생활에서 사소한 일을 하고 있을 때에도 아내의 영은 내 옆에 있다는 것을 입증하기 위하여 어떤 사소한 사건을 말하고 싶다고 하는 것이었다.

조금 전에 열차 안에서 그녀(아내의 영)는 나와 함께 있었다고 한다. 내 옆자리에는 좀 뚱뚱한 사나이가 앉아 있었는데, 그 사나이는 버릇 없이 내 자리까지 침범해서 앉아 있었다고 했다(이것은 적중했다. 그 사나이의 버릇 없는 행동에 나는 짜증이 났었다).

그녀(아내의 영)는 또 내가 최근에 빌딩 안에서 일어난 일로 속을 썩이고 있다고 말했다. 그녀는 방수천과 부서진 천장에 대해 말하기도 했다(전 주일 내내 우리 사무실이 있는 빌딩 한 곳에서 수리가 행해져서 낡은 천장을 뜯어 계단에는 방수천이나 흙먼지가 가득찼었다).

어느 날 밤, 아내는 내가 사무실 벽에 걸려 있는 그림의 치수를 재는 걸 보고 있었다고 한다(내 사무실에 있는 그림이 들어 있던 액자의 유리가 깨졌으므로 이틀 전 밤에 나는 액자의 유리를 끼우기 위해 그 치수를 쟀었다).
 그녀는 내 집에 나(잠 자는 동안의 남편의 영)와 함께 왔을 때 그곳에 그녀의 사진 몇 장이 늘 쓸쓸하게 꽃에 싸여 큰 책상 위에 장식되어 있었다고 말했다. 그 점까지는 맞았으나 다음 이야기는 그 자리에서 승복할 수 없었다.
 그녀는 그 큰 책상이 마호가니 제품이고 안쪽은 녹색이라고 했다. 그럴 까닭이 없다고 나는 생각했다(하지만 나중에 조사해 보니, 책상 안쪽에는 녹색 융단이 붙어 있었다).
 또한 내 집에 있는 내 식탁의 겉은 윤이 나는 칠을 했고 둘레를 네모로 녹색으로 칠했다고 한다(이것은 바로 맞췄다).
 그런데 그녀가 말하기를,
 "어쩌면! 당신은 부엌용 비누와 세탁용 비누를 혼동하셨네요! 당신은 좀처럼 거품이 일지 않는 바위처럼 단단한 비누를 샀군요."
 라고 말했다(듣고 보니 웃지 않을 수 없었다. 전날 나는 잡화상에 가서 부엌용 비누를 달라고 했더니, 돌덩이 같은 것을 내밀어서 산 일이 있었다).
 그녀는 내가 비누를 사러 갔을 때 함께 갔으므로,
 "그게 아니예요, 그게 아니예요!"
 이렇게 말하려고 무던히 애를 썼으나 소용이 없었다고 한다.
 다음에 그녀는 내가 미국 정부로부터 최근에 중요한 위임을 받았다고 말했다(나는 영계의 사람들에게는 '시간'의 요소가 아무 의미도 없다는 것을 잊고 있었다). 아무리 생각해 봐도 최근에 미국을 위해 아무 일도 위임받은 일이 없다고 반박했다.
 "있습니다. 부인께선 당신에게 다시 한번 잘 생각해 보라고 말합니다. 부인은 잘못된 말씀은 하지 않는다고 말하고 계십니다."

라고 영매는 이렇게 말했다(나는 그때 별안간 생각이 났다. 거의 1년 전에 영국의 건축에 대한 평론을 기사로 썼었다). 나는 알지 못했으나, 그 기사가 의회에서 낭독됐었다고 하여 강령회에서 매주 화제에 오르곤 했었다. 나는 그 몇주일 뒤에야 이 사실을 알았다.

그녀는 보다 개인적인 일로 이야기를 돌렸다. 그녀는 영매에게 우리 부부가 체스의 숲에서 즐거운 일요일에 산책하던 일을 생각해 달라고 말했다. 체스? —— 아무래도 나는 생각이 나지 않았다. '체스함인가요?' '아니, 체스예요.' —— 내게는 체싱턴으로 들렸다(이것은 사리의 체싱턴을 말함이었다. 그 숲에서 그녀와 함께 아주 즐거운 산책을 했던 일이 있다).

이윽고 그 강령회도 끝날 무렵, 아내는(지금까지 많은 영매들을 통하여 전하려다 이루지 못한) 그녀의 희망을 이 기회에 되풀이 했다.

그것은 너무 자주 그녀의 유골이 묻힌 묘지를 찾아서는 안된다는 것이었다. 까닭인즉 그녀는 나에게 그녀가 묘지에 산다는 상념(想念)을 갖지 말아 달라는 뜻에서였다. 자기의 기념비는 내 침실에 놓인 그녀의 사진 주위에 장식된 꽃이라는 걸 강조했다.

영매의 마지막 말은 다음과 같았다.

"부인은 아무도 간호하는 사람이 없이 당신이 병상에 혼자 누워 계신 것을 매우 걱정하고 계십니다."

내게는 조금도 그럴 일이 없고 육체적으로 매우 건강하다고 잘라 말했다. 하지만 그 뒤 1주일도 못 되어 유행성 감기와 기관지염에 걸려서 누워 버렸다.(주 : 영의 세계에서는 이

제9장 제3자에 의한 증명    131

미 그는 그때 병이 나서 간호하는 사람도 없이 혼자 누워 있었다).

이 작은 강령회를 분석해 보면 실증으로서의 각 항목은 모두 백 퍼센트 정확하며 영매에게 미리 알 수 없는 개인적인 사건으로 이루어졌다. 또 나 자신의 마음속에서조차 잊혀진 너무도 사소한 일이 아내의 영에게 지적당하고 생각해 내는 형편이었다. 그런 탓으로 이것은 흔히 무가치하다고 웃어넘길 사소한 일의 실증적 가치에 대한 극히 좋은 예라고 말할 수 있다.

## 제10장 영혼이 쓰는 편지

　내가 지금까지 겪은 자동기술(自動記述)현상의 유일한 경험은 사리에 있는 부인에게서 이미 몇 주일전에 내게 보내온 자동기술된 편지뿐이었다. 하지만 이 방법은 몹시 흥미를 끌었으므로 나는 보다 충분히 연구하려고 결심했다.
　이 점에서도 나는 행운아였다. 그 이유는 훌륭한 영시능력과 아울러 자동기술에 능한 영매인 헬렌 스탠딩 여사를 알게 되었으니 말이다.
　이 방법에는 두가지 위험이 있다고 한다.──하나는 영시능력자로서의 그녀의 인격이다.──까닭인즉 '영안으로 보이기' 때문에 알지 못하는 사이에 그 통신에 그녀 자신의 각색이 끼어든다는 것이다. 다른 결점은 자동기술현상이 영계의 장난꾸러기들 간섭을 받기 쉬운 방법이라는 것이다.
　첫번째 문제점은, 지배령이 영매를 어느 정도까지 감독할 수 있나 하는 것에 좌우된다. 또한 두번째 문제는, 스탠딩 부인을 초대하여 조화된 분위기를 유지하고 높은 영적 수준에 해당되는 강령회에서는 비교적 그와 같은 일이 일어나기 어려우리라고 생각해도 좋다.
　첫번째 자동기술현상은 1950년 3월초에 일어났다. 우리는 북런던에 있는 그녀 자신의 아담하고 밝은 방에서 책상 위에 많은 종이를 올려 놓고 우리는 그 앞의 의자에 앉아 있었다.
 짧은 기도가 끝나자, 스탠딩 부인은 연필을 잡고 오른 손 끝에 끼었다. 몇초 만에 연필은 움직이기 시작했다. 연필은 보통 쓰는 것보다 훨씬 빠른 속도로 종이 위를 위 아래로 움직였다. 종이를 가로질러 두 줄만이 지그자그의 선으로 그려지자, 잠시 멈춘 다음 다시 연필은 동작을 계속했다.
 이번에는 어떤 글씨의 형태를 그리기 시작했다. 그리고 발전하여 실제의 말을 엮기 시작했다. 크게 갈겨 쓴 글씨 안에, 아내의 필적과는 전혀 다른 필적으로 아내의 이름을 여러 번 되풀이 하여 마잘리, 마잘리, 마잘리, 이렇게 썼다.
 자동기술은 계속되었다.
 "이것을 어떻게 생각하십니까? 레지널드씨, 이것은 새로운 매개(媒介)입니다."
 이렇게 썼다. 나의 음성이 직접담화 때나, 영시현상 때에 그랬듯이 그녀에게 용기를 주리라는 생각에 '이것은 훌륭한 시작이다'는 말을 중간에 넣었다. 그러자 반응으로 다시 다음과 같은 말이 적혀졌다.
 "예, 부디 나를 도와주세요."
 나는 다시 그녀에게 말을 했다. 그러자 나의 말이 그녀에게 힘을 주고 연필을 쉽게 움직이게 한 듯, 연필은 속력을 더하여 글씨를 썼다.──
 "저는 흥분되었고 행복해요. 제가 이곳에 종일 있었던 걸 당신은 기억하세요? 늘 저를 여러분이 바라보시는 걸요. 그럼 실험을 계속하죠."
 나는 그녀에게 힘을 더해 주기 위해 다시 이야기를 했다. 이윽고 자동기술은 진행되었다.
 "저는 이 방법이 좋다고 생각해요. 여보, 당신은 정말 참을성이 많으셔요, 친절하시구요. 늘 같은 말만 하지만, 여보, 몸조심하세요. 저는 꽤나 당신을 걱정한답니다. 당신이 심령 치료를 하실 때에는 러닝 워터씨가 당신을 돕고 있었어요. 여보, 잘 들으세요. 당신은 저에게 물어보실 문제가 있으시죠?"

오늘 밤은, 아내의 영이 말하고 싶어하는 걸 마음껏 써 주었으면 좋겠다고 대답했다. 이에 대해서는 아무 응답도 없었다. 이어서 자동기술로 쓰여진 말은 다음과 같았다.

"태양은 이곳에서도 비치고 있어요. 이건 좀 무거워요. 그럼 전 잠깐 기다리겠어요."

자동기술은 갑자기 속도를 늦추고 멎었다. 그러자 스탠딩 부인이,

"참 이상한데! 다른 영이 내 손에 실렸습니다. 이건 당신 부인의 손이 아닙니다. 어느 남자의 손이예요."

그때 다시 연필은 움직이기 시작했다.

아주 천천히 쓰는 것이다. ─

"승리는 우리의 것이다. 죽음은 마지막이 아니다."

또한 프랑스말로 〈Vive la mort. Flammerin〉이라고 썼다.

자동기술은 1분 동안 다시 멎었다. 스탠딩 부인은 아내의 영이 돌아왔음을 느낀다고 말했다. 그녀는 이렇게 썼다. ─

"그 신사는 프랑스 분입니다. 오셨길래 잠깐 시켰습니다. 당신도 아시는 분이예요."

지난 날 공식 방문하는 길에 런던 시가를 위풍도 당당하게 행진했을 때의 프랑스 대통령의 모습을 생각해 냈다. 그녀는 이어서 썼다.

"그 분이 잠깐 흥미를 느끼고 옆에 서 계셨어요. 우리가 원

한다면 아무도 개입시키지 않고 나 혼자서 통신할 수도 있어요. 하지만 그건 잠시일 뿐, 그리 자주 할 수 있다고 생각하면 안됩니다. 영이란 지상으로 통신을 보내려고 가능한 일은 모두 해보는 겁니다. 여보, 당신도 이야기 좀 하세요."

나는 다시금, 내 목소리를 그녀에게 들려주기로 하고 영계 여행에 대하여 물어보았다. 그리고 나의 영이 밤마다 영계로 간다는 게 사실인지, 당신이 대답할 수 있느냐고 물었다. 그러자 그녀는 자동기술로써 물어왔다.

"물론이죠. 제가 와서 당신을 데리고 가는 걸요. 그럴 때 당신은 아무 것도 생각나지 않으세요?"

나는 어쩌다가 생각나는 것에 지나지 않는다는 것을 인정할 수밖에 없었다.

"그 화원이 생각나세요?"

그녀가 쓴다.

"아, 그 화원을 산책한 일은 가장 분명한 회상으로 남아 있지."

내가 이렇게 대답하자,

"생각하고 계셔야만 돼요. 전 그 식물과 꽃 모습 같은 걸 당신 마음 속에 특별히 인상 깊게 남게 하려고 애를 쓴 걸요. 그 밖에는?"

하고 그녀는 물었다.

나는 그때 두 사람 사이에만 있는 은밀한 문제를 두 가지 물었는데 정확한 실증적인 회답을 얻을 수 있었다. 이윽고 이야기는 다시 나의 영계 여행의 문제로 옮겨졌는데, 나의 영혼은 분명히 각성의식 상태로 영계로 가는지를 물어보았다. 그에 대한 문답은 다음과 같다.

아내 : (자동기술로 이하 같음) 아뇨. 처음에는 여기서 제가 당신의 영 의식을 깨워야 합니다. 아시겠어요?
나 : 내 영혼의 의식을 깨우려면 시간이 많이 걸리오?
아내 : 아뇨. 당신은 점점 그 일에 익숙해지셨어요.
나 : 그렇다면, 밤마다 영계로 간다고 생각하니 즐겁군.
아내 : 네, 하지만 당신과 밤마다 헤어지는 게 서운해요.
나 : 밤마다 당신을 만나러 내가 이리로 오는 것이 당신에게 도움이 되오?
아내 : 크게 도움이 되죠. 하지만 아직도 미진한 걸요.
나 : 한밤중에 영계를 찾아가면 우리의 옛친구를 만나게 되오?
아내 : 언제든지 많이 만나죠. 얘기 계속해 주세요. 그렇게 하시는 게 저는 편해요. 더구나 매우 즐겁거든요. 아주 보통 사람과 똑같죠? 당신이 많이 얘기해 주실수록 저는 편하게 쓸 수 있어요. 이제 종이를 넘겨 주셔야죠!

 아내의 영은 새 종이에 쓰게 되자, 최근에 내가 골더 그린의 그녀 무덤에 간 일에 대하여 썼다.
 "여보 우리 여기서 '죽음'에 대한 걸 결코 말해선 안되요. 그것은 최대의 악취미라고 생각됩니다. 우습죠? 왜냐구요? 우린 그곳에 없으니까요. 대개는 병적인 사람만이 그런 곳에 갑니다."
 "병적인 사람이라니? 현실계의 사람이오? 영계의 사람을 말하는 거요?"
 "양쪽 모두입니다."
 "하지만 여보, 지상에 당신이 있었을 때는 이 '휴식의동산'

을 늘 사랑하지 않았소?"
 "그것은 매우 평화스럽기 때문이죠. 그것 뿐이예요. 골더 그린——그곳에는 구해 줘야 할 영혼들이 많이 있어요. 많은 영혼이 현실세계에서 곧바로 영계로 갑니다. 그러나 모든 영혼이 영계로 직행하는 것은 아닙니다. 어떤 사람의 영혼은 마지막 순간까지 육체에 남아 있습니다. 이 문제에 대해 저는 많이 배웠어요. 영계에는 도움을 주는 것만을 오직 기쁨으로 삼고 있는 영이 많이 있어요. 우리들 영이 이야기할 경우, 당신들이 어떤 원인으로 '죽어서 영계로 왔는가' 하는 이야기는 결코 하지 않아요. 당신들이 어떤 성질을 지니고 '태어났는가' 하는 말만을 이야기합니다."
 툭 털어 놓은 이야기에 우리들은 웃었다. 이윽고 우리는 더욱 친밀한 어떤 문제에 대하여 잠간 문답을 교환했다. 또한 내가 영계로 갔을 경우, 아내가 영계에서 먼저 수양을 쌓아 영적으로 발전하여 그를 따라갈 수 있는지 여부에 대해 물어보았다. 그녀는 대답했다.
 "만약 필요하다면, 전 하느님 나라가 찾아올 때까지 기다리고 있겠어요."
 이어서 다음과 같은 흥미있는 말이 계속되었다. 그것은 이 몇개월 동안 나 혼자만 있을 때, 나의 손가락에 끼고 있는 그녀의 사랑을 상징한 결혼반지를 빙글빙글 돌리는 습관이 있었던 사실과 관계된 실증이 나타났기 때문이었다.

　아내 : (자동기술로) 여보, 제 반지를 당신 손가락에 더 꼭
　　　　맞게 고치세요. 그러시다가는 잃어버릴지도 모르니
　　　　까요. 전 걱정이 돼요.
　　나 : 그런 일은 없어요. 나는 이것을 내 새끼손가락에 맞

게 고쳤소. 그래서 지금은 완전히 꼭 맞거든.
아내: 그럼 어째서 그걸 빙글빙글 돌리시곤 하나요?
나: 당신은 그것을 보고 있었군. 그렇지? 나는 그걸 계속 빙글빙글 돌리고 있었지? 그것은 반은 무의식적이었소. 하지만 그것은 당신의 소중한 어떤 촉각을 내게 주리라고 생각한 탓이오.
아내: 어느 날 나는 그걸 당신에게서 돌려 받으려고 생각한 일이 있어요. 그리고 그 진주도. 하지만 그것은 당신이 영계로 옮겨온 후 내게 오실 때의 이야기구요.

　이렇게 쓴 뒤 그녀는 결혼반지나 약혼반지나 옷 따위는 현실계의 것과 똑같은 것을 영계에서도 갖고 있다고 썼다. 또한 그녀가 가장 아끼는 드레스의 특징을 자세히 썼다.
　다음의 자동기술에 의한 영계통신은 그로부터 두 주일 뒤에 있었다. 연필이 거의 동시에 움직여 글씨를 쓰기 시작했다.
　〈마졸리, 마졸리, 마졸리.〉
　이렇게 세 번 쓰고,
　〈이것은 나예요.〉
　〈네, 네, 그래요. 여보세요, 당신! 여보세요, 당신! 여보세요, 당신!〉
　하고 계속했다.
　이것은 전형적인 그녀가 통화를 시작할 때의 형식이었다. 왜냐하면 그녀는 전화로 내게 말할 때, 언제나 '여보세요, 당신!'이라고 불렀고 편지의 서두에도 〈Hello Dear!〉라고 썼었다. 이것은 그녀라는 것을 증명하는 말이며, 이 서두를 되풀이하는 중에 기분이 무르익고 확실한 필치로 한층 더 자세한 문장이 엮어졌다.

아내 : 이번에는 어떤 설명을 위해서입니다. 저로서는 두 번째로 시도하는겁니다. 그렇죠?
나 : 그렇소. 이것이 당신으로서는 두번째의 자동기술이지.
아내 : 처음에는 도움을 좀 받지 않고는 안 되었어요. 하지만 지금은 제 자신의 힘이 조금 늘었어요. 저는 처음에는 혼자서 쓸 수 없어서 어느 영에게 내 이름을 말하고 써 달라고 했답니다. 그리고 그것을 읽는 걸 들어보니 철자가 잘못되었음을 알게 되었습니다.
나 : 잘못의 원인은 충분히 알았소. 하여튼 당신이 영계의 경계를 넘어 왔다는 것은 정말 훌륭해.
아내 : 실제로 저도 잘했다고 생각해요. 정말이예요. 하지만 이 방법은 영계에서는 잘 알려져 있고 가장 자주 있는 일이죠. 여러 가지 방법이 많이 있어요. 저는 올바른 조건만 주어진다면 곧 익숙해져요. 이 일에는 완전히 숙달되었으니까요.

그때 아내의 영은 최근에 내가 참석한 런던의 어느 집에서 열린 물질화 현상의 강령회에 대하여 쓰기 시작했다.

아내 : 전 그 일에는 만족할 수 없었어요.
나 : 나 역시 그렇소. 뭔가 옳지 못한 일이 있었다고 나는 믿지.
아내 : 더 자세히 저는 말할 수 있어요. 방법이 괴상했고,

　　　　　게다가 저 자신을 그런 물질로 뒤집어 씌운다는 건
　　　　　기분이 언짢아요.
　　　나 : 그런 물질이라니, 엑토플라즘 말이군. 미안했소. 다
　　　　　시는 그런 짓은 하지 않겠소. 다시는 그 집에 안갈
　　　　　셈이오. 그 조건이 나는 마음에 들지 않소.
　(차츰 방안이 어두어지고 연필로 쓰는 글씨를 읽기 어렵게
되었다. 순간 나는 일어서서 전등을 켰다.) 그러자 다음과 같
이 쓰여져 있었다. ―
　아내 : 부디 이 일을 훼방하지 마세요.
　　나 : 아무도 훼방하는 이는 없소, 여보.
　아내 : 당신이 일어서서 저 쪽으로 가셨잖아요.
　　나 : 난 전등을 켜기 위해 문께로 갔을 따름이오. 그것이
　　　　거슬렸오.
　아내 : 예 약간. 당신이 계신 쪽은 어두워졌겠지만, 이 쪽
　　　　은 아주 환해요. 당신들보다 매우 똑똑히 보여요.
　　나 : 나도 그럴거라고 생각하오.
　아내 : 알란에게 어머님은 모든 게 순조롭게 되신다고 전
　　　　하세요.
　　　　(알란은 옛친구의 아들이다. 또한 알란의 모친은 아
　　　　내보다 3개월 가량 먼저 영계로 옮겨 갔다.)
　　나 : 오! 알란이 그 소식을 들으면 매우 기뻐할 거요. 그
　　　　는 가끔 내게 당신을 통해 어머니에 대한 무슨 소식
　　　　이 없었느냐고 물어보던데.……
　아내 : 저희는 가끔 함께 있을 경우가 있어요. 우리는 영계
　　　　의 존재에 대해서 함께 연구하고 있어요.
　　나 : 자세히 말하면 무슨 뜻이오.
　아내 : 여기서는 설명할 수 없어요. 이 문제에 대해서는 또

다른 기회에 자세히 이야기하려고 합니다. 저는 지금 영매의 눈을 통해 당신 손가락에 낀 내 반지를 볼 수 있어요. 우리가 읽으려고 생각하면 그것도 같은 방법으로 읽을 수 있습니다.

나 : 난 당신이 그런 것을 모두 영 자체로 직접 볼 수 있다고 생각했었지.

아내 : 우린 그것을 직접 볼 수 있습니다. 하지만 다른 방법으로도 볼 수 있는 겁니다. 전 헤어지는 것이 도저히 못 견딜 때가 있어요. 헤어지기 싫은 건 저도 마찬가지예요. 당신만이 아닙니다.

나 : 당신이 그렇게 쓸쓸해하다니. 그런 생각은 하고 싶지 않은데.

아내 : 외롭게 느껴질 때는 언제고 둘은 곧 만날 수 있다고 자신에게 타이르고는 스스로 위로를 받죠. 이번에 만나면 얼마나 기쁠까 하고 생각한답니다. 여기에 있는 꽃을 보세요. 모두 아름답죠. 온갖 종류의 가지가지 꽃모양. 꽃은 치료의 목적으로 병자 가까이에 둡니다. 꽃은 훌륭한 치료력(治療力)을 지니고 있습니다.

보다 친밀한 두 사람만의 문제에 관여하고 이 자동기술은 오후 5시 반에서 7시 15분까지 계속되었다. 세번째의 이런 종류 모임은 한 달 뒤에 있었다.

또한 그 모임에서도 가장 실증적인 사건이 먼저 일어났다. 영매가 책상 앞에 앉아서 막 연필을 잡으려다 말고 갑자기,

"부인의 모습이 이곳에, 영안으로 아주 똑똑히 보입니다. 일본옷을 입고 일본식 우산을 들고……"

라고 소리친 것이다. 또한,
"이 의상을 입고 찍은 사진이 댁에 있다는 인상을 받았습니다."
하고 덧붙여 말했다. 이것은 바로 맞았다. 이 사진은 학교의 가극에서, 그녀가 일본 기생역을 맡았을 때 찍은 것이다. 자동기술은 아주 유쾌한 기분으로 시작되었다.

아내 : 저는 매우 행복해요. 아주 기뻐요. 이렇게 쓰게 되는 것이 아주 습관이 됐죠. 아주 멋진 습관이죠. 정말 저는 기뻐서 어쩔 줄 모른답니다. 당신과 헤어진 일조차도 정말 헛일이 아니었다고 생각해요. 왜냐하면 저는 지금 사람에겐 이별이란 절대로 없다는 걸 알게 되었거든요. 언젠가 우리는 영원히 맺어지고 한 몸이 된다는 확실한 지식을 얻은 걸요. 앞으로 더 뚜렷한 실증을 당신에게 드릴 수 있을 것 같아요. 연필을 깎아 주셔서 고마와요.

나 : (웃으며) 오! 시작하기 조금 전에 연필을 깎고 있던 걸 보고 있었나, 저런!

아내 : 네 그리고 당신을 그때 만진 건 저였어요.
(자동서기를 시작하기 바로 전에 나는 난로 근처에서 구부린 자세로 연필을 깎고 있었다. 그때 나는 내 다리에 분명히 와 닿는 손이 있음을 느꼈다. 그래서 누가 지나칠 때 스쳐갔나 하고 뒤돌아 보았으나 그곳에는 아무도 없었다.)

나 : 그게 당신이었군. 그토록 분명히 만져지는 일은 처음인 걸.

아내 : 전 정말 기뻤어요. 틀림없이 당신은 내가 만진 것을 느끼셨으니 말예요. 전 그렇듯 당신 가까이에서 당

신의 다리를 만진 걸요. 당신이 이렇듯 짙은 심령적 분위기에 젖어 계실 때는 보다 영적으로 예민해진답니다. 그 시기를 기다려서 제가 온 겁니다. 당신도 정신적으로 저에게 매우 가까워지셨습니다. 저는 다른 많은 사람들보다 더 한층 분명히 이 영매의 말을 들을 수 있습니다. 이것은 무슨 화학적 친화력(親和力)이라는 것과 관계가 있기 때문이겠죠. 우리들 영이 사람들이 이야기하는 걸 들어보면 동물원의 앵무새 소리나, 늘 진동을 계속하는 래디오의 스피이커 소리를 듣듯이 현실과 동떨어진 느낌이 듭니다. 오늘은 시간을 허비하고 싶지 않으므로 영계에 있는 우리 집이나 정원에 대해 말하겠어요. 영계에서도 어떤 종류의 새를 기릅니다. 새들은 아름다운 소리로 지저귑니다.

나 : 오늘의 당신 문장은 참 아름답군.

아내 : 이 문답은 영계에서도 다른 영들에게 매우 도움이 되죠. 우리는 이 편지를 모두 기록하고 있어요.

나 : 마치 내가 하듯이 말인가?

아내 : 그렇죠. 당신은 얼마든지 필기하실 수 있죠. 여보 '죽음'이란 것은 없어요. 우리는 온 세계에 이 일을 알려야만 해요. 그것이 우리의 의무인 걸요.

나 : 그것이 바로 내가 지금 하려는 일이라오. 그래서 잠시 당신에게 묻고 싶은 문제가 있소. 당신은 영계에 대한 걸 전혀 모른 채 그리로 갔는데 그 때문에 혹시 당신은 영계의 생활에 완전히 적응하기까지 오랫동안 영계에서 방황해야만 하지나 않았소?

아내 : 아녜요. 전 다른 사람들처럼 오래 방황할 필요는 없

었어요. 전 한동안 영계로 갔다는 걸 알지 못했어요. 정신을 차리고 보니 모든 것이 부옇게 안개처럼 보여서 제가 아직 병원에서 무슨 마취를 당해 치료 중인가 하고 생각했었죠. 하지만 지금은 제 자신의 주위의 형편을 하나하나 자세히 알 수 있죠.

나 : 당신의 친척이 아무도 영계에 없는데 혼자서만 영계로 갔다고 생각하니 난 견딜 수 없었소.

아내 : 전 말하자면, '당신'이라는 단 하나의 안전하고 튼튼한 밧줄을 발견하고 지상으로 온거예요. 전 당신이 계신 곳으로 돌아올 수 있다는 걸 알았을 때, 또한 나중에는 이야기도 나눌 수 있다는 걸 알았을 때, 얼마나 기뻤는지 몰라요.

나 : 어떤 사람은 영계로 옮겨가서 지상에 통신하러 나온다는 건 일시적으로 당신을 '지상에 묶어 두는(地縛)' 상태로서 속박이 된다는 생각을 품고 있는데 그것이 사실이오?

아내 : 그렇지 않아요. 그 일은 저의 감정을 가라앉히는 데 도움이 되죠. 다만 진정 지상에 묶인 영혼은 지금도 육체에 깃들인 불쌍한 영혼일뿐입니다. 육체를 벗어난 뒤 영이 경험할 수 있는 '자유'라는 것이 얼마나 좋은 건지 지상의 당신들은 이해하지 못할 겁니다.

나 : 이렇듯 나를 만나러 돌아오는 것이 당신의 영계에서의 진보를 방해하지는 않소?

아내 : 아녜요. 저는 '상념(想念)'이 전해지는 속도로 돌아올 수 있습니다. 그리고 우리의 능력을 크게 만들 수 있다고 생각합니다.

나 : 영계에서의 당신의 일에 대해서 좀더 내게 말해 주지 않겠소?
아내 : 음악은 지금도 아직 가장 중요한 저의 일이 되고 있습니다. 병을 고치는 일도 중요하고요. 당신과 같이 가서 병을 고치는 일을 돕고 있죠.
나 : 나는 그 일을 알게 되었소. 당신이 영계에서 주위의 상태를 분별할 수 있게 되었을 때 당신이 아는 누군가의 영이 당신을 만나러 오거나 하지 않소?
아내 : 네 만나러 왔었죠. 제 친구는 모두 저를 환영해서 위대한 작곡가들이 일하고 있는 곳으로 저를 데리고 가 주었어요. 그곳은 정말 천국 같았어요. 그곳에 가 본 탓으로 저는 영계에 있는 것이 즐거워졌어요. 저는 이곳에 있어도 마음이 내킬 때 피아노를 칠 수 있다는 걸 알았죠. 정말 기뻐요.
나 : 현실계인 여기에 있는 내게는 당신이 피아노를 칠 수 있는 확고한 세계에 살고 있다는 것이 충분히 납득이 되지 않소.
아내 : 이곳은 정말 완전한 세계예요. 당신의 지상생활과 마찬가지로 완벽한 세계인 걸요. 피아노도 각기 아름다운 모양의 것이 있죠. 제 것은 모두 은빛이예요. 제가 연주하는 것을 들어 주세요. 쇼팽을 아직 연주하고 있습니다. 영계의 음악회에 가기 위해 제가 성장하고 있는 모습을 상상할 수 있겠어요?
나 : 도저히 상상할 수 없는 걸.
아내 : 왕실음악아카데미의 친구들과 같은 음악회에 가는 거죠.
나 : 정말 흥미있는 이야기군. 그런데 당신에게 물어볼

것이 또 하나 있는데, 지난 주 당신은 내가 잠자는 사이에 '지상권(地上圈)'을 당신의 영과 함께 산책했다고 말했지. 나로서는 반대로 내 영이 '영계'로 간 듯한 인상을 받았는데…….

아내 : 아주 드물게 그런 일도 있죠. 대개 전 여기서 당신을 만나죠.

나 : 현세에 내려와서 우리는 도대체 무슨 일을 하오?

아내 : 우리는 병자가 잠을 자는 사이에 그를 치료해 주기 위한 목적으로 환자의 방을 찾아갑니다. 정말 우리는 환자에게 도움이 될 수 있어요. 우리는 환자의 에테르 체(體)에 대하여 작용하는 겁니다.

나 : 우리의 영혼이 밤 사이에 나가 있는 동안 무슨 일을 하고 있소? 시간을 낭비하는 일은 없소?

아내 : 전혀 낭비같은거 하지 않습니다. 우리는 들이나 숲 속을 산책하죠. 당신이 이리로 오신 어느 날의 일을 생각해 주세요. 함께 거닐면서 저는 살며시 당신의 손을 잡았죠. 이루 말할 수 없이 기뻤어요. 영계의 건축은 정말 웅장하고 아름답죠. 곳곳에 고대 그리스 유적(遺蹟)이 있습니다. 뛰어난 건축기술이죠. 당신은 영계에서 고대 그리이스의 건축미의 복사판을 보실 겁니다. 어느 장소에는 건축가가 자유롭게 그 상상력을 동원하여 만든 하늘을 찌를 듯한 고층건물이 솟아 있습니다.

나 : 그것은 어떤 종류의 건축물에 한한 것이고 보통 집은 이 지상의 집과 마찬가지로 보통 높이라고 생각해도 되겠지?

아내 : 예, 그렇죠. 당신의 말씀대로예요. 그것은 예배를

보기 위한 사원·교회 또는 학교·강당 따위죠.

나 : 당신이 알고 있듯이, 나는 잠이 깨면 밤에 영계를 찾아간 일에 대하여 거의 아무 것도 생각나지 않소. 하지만 어느 날 밤 나는 어떤 학교의 강당에 갔던 일을 생각하오. 그곳에는 의자가 줄지어 있었는데 그곳에서 당신을 보았소. 그런데 당신을 보자마자 곧 잠이 깼지. 그건 너무나 아쉬운 일이었소.

아내 : 예, 그것은 당신께서 제가 사는 세계에 오신 경우 중의 하나였죠. 에테르계(界)에서는 우리가 함께 오래 있을 수 없는 것이 안타까워요.

나 : 당신이 사는 세계에 갈 경우 당신이 에테르계라 하고 유계라고 하지 않는 것은 많은 사람들이 말하는 것보다 더 정확한 표현이라고 생각하는데……

아내 : 저는 이곳을 에테르계라고 말하지만, 이곳에 살고 있는 다른 사람도 모두 그렇게 말합니다. 당신이 얼마나 저를 만나려고 초조해 하시는지 잘 알아요. 저 역시 마찬가지죠.

나 : 그렇다오. 나는 밤마다 당신을 만나러 갈 수 있다는 것을 알았으니까, 자리에 눕자마자 곧 잠들고 만다오.

아내 : 예, 그러는 편이 당신에게 가장 좋아요. 당신의 지친 몸을 쉬게 하는 데 으뜸이죠. 제가 두 팔로 당신을 안아 제 집으로 데려갈 때는 당신이 마치 다른 존재로 생각됩니다.

나 : 내 몸이 당신에게는 꽤 무거운 짐이겠지?

아내 : 천만에. 에테르체(體)에는 무게 같은 것이 없어요. 내가 말하는 것은 진정한 당신, 당신의 혼말예요.

나 : 하지만 내가 이해하는 한 에테르체도 어느 정도의 무게를 지니고 있는 것으로 아는데.
아내 : 그것은 극히 가벼운 중량이죠.

이윽고 끝으로 작별인사 몇 마디를 나누고 이 강령회는 끝났다. 영계의 소식을 안다는 점에서 이 강령회는 특히 흥미있는 것이었다고 생각된다.
그로부터 한 달이 지난 5월 중순이었다. 같은 영매에 의해 두 번째의 자동기술을 하기로 했다. 연필은 처음부터 슬슬 움직여서 이름을 쓰고,
〈저는 여기 와 있어요. 여기 제가 왔어요.〉
이렇게 두 번 쓰고 같은 곳을 연필알로 빙글빙글 돌리는 것이었다.

아내 : 여보 다시 와 주셔서 고마워요. 그런데 어쩐지 당신이 전보다 쌀쌀해지신 것 같아요.
나 : 그것은 요새 내가 조금 피곤한 탓일거요.
아내 : 몸조심하세요. 전 이제 당신의 마음 속을 알아 내는 것이 전보다 훨씬 익숙해졌어요. 마음 속을 알아 내는 연습은 매우 재미있죠. 저도 이제는 이 세계에 완전히 적응이 되었어요.
나 : 당신의 환경 말이오?
아내 : 예, 이곳의 상태에 대해서죠.

이윽고, 나는 무슨 행동을 함에 있어 필요한 조언을 그녀에게서 듣고 두 사람만의 친밀한 일을 15분 가량 문답한 뒤 다시 이 세상에 알릴 만한 문제로 돌아갔다.

나 : 우리는 언제나 우리가 영계로 갈 경우 가족적인 인척관계라는 것이 없어진다는 말을 들었는데, 나는 그렇게 생각하는 것을 좋아하지 않소. 나는 당신을 항상 내 아내로 생각하고 싶소.
아내 : 그 일에 대해서는 당신의 생각에 잘못이 없습니다.
나 : 그렇다면 내 생각과 반대로 말하는 심령연구가는 모두 잘못되었나?
아내 : 그들이 잘못 생각한 겁니다. 단 한 가지 이것만은 분명히 말할 수 있죠. 우리처럼 아주 완전히 조화된 부부만은 결국 마지막에 하나로 맺어진다는 것이 언제나 틀림없는 일입니다. 그런 실례를 이곳에서 몇 번이나 보았어요. 그럼 다음은?
나 : 내가 낮에 하는 일을 당신은 얼마나 알고 있소? 나는 짐작이 안 가는데…….
아내 : 당신에 관한 일이라면 대개 알고 있지만 어느 정도 정확한지는 보증할 수 없어요. 당신이 똑똑히 보일 때도 있지만 이따금 당신을 분명히 느끼지 못할 때도 있죠. 하지만 당신이 원고를 쓰실 때는 영계로부터 영감을 크게 받고 계신 것은 사실이에요. 당신은 기대를 걸고 있어요. 그런데 당신은 너무 바쁘게 일하고 계십니다. 또한 사람들의 병을 고치기에도 바쁘고요.
나 : 그 일을 계속할 만한 체력은 충분히 있소.
아내 : 당신은 좀 쉬셔야 합니다.
나 : 의사가 자기 건강이 안 좋다고 환자를 진찰할 것을 그만두나?

아내 : 만약 당신이 건강치 못한다면 남에게 건강을 주기
위해 어찌 자신의 건강을 바칠 수 있겠습니까? 당신
은 현세의 의사와는 다릅니다. 당신의 치료능력은
영적인 자아(自我)에서 흘러 나가는 힘을 취급하는
것입니다. 당신에게 치료를 받는 환자는 영적으로
치료를 받는 것이니까 극히 다행이라고 생각해야만
됩니다. 또한 당신이 환자 곁에 안계신 동안은 제가
곁에서 계속 간호를 해 주죠.

이윽고 우리는 한동안 서로의 은밀한 사건에 대하여 응답
하다가 다시금 일반문제로 옮겼다.

아내 : 당신은 정말 참을성이 많으시네요. 이렇듯 오래 이
곳에 앉아 계시지만 대부분의 사람은 그토록 참을
성 있게 심령현상을 연구하지 못하죠. 유명(幽明)
의 경계를 넘는 신비를 완전히 해명할 수는 없다는
걸 저는 잘 알고 있어요. 우리는 오직 이 세상에 남
아 있는 사람들의 앞에 서 있을 따름이예요. 언젠가
는 모든 사람이 유계의 경계선을 그렇듯 쉽게 넘을
수 있다는 걸 알 때가 올 것입니다.
나 : 나는 영계에 있는 과학자들과 이야기를 나누어 보
고 싶은 것이 간절한 소망인데.……
아내 : 그것은 재미있는 일이죠. 하지만 지난 번 강령회에
나타난 분이 올리버 롯지경(卿)이었다는 것을 당신
에게 말씀해 드리려고 생각하던 참이예요.
나 : 나는 그의 특색 있는 음성을 듣고 알고 있었다오.
아내 : 그 분은 예전과 마찬가지로 이 일에 몰두하고 활발

제10장 영혼이 쓰는 편지  151

히 연구를 계속하고 있어요. 그리고 이 방법(주 : 자동기술)에도 매우 흥미를 가지고 있습니다. 저는 이 영매의 잠재의식에 있는 것을 꺼내 올 수 있어요. 이 영매의 마음은 저와 당신의 양쪽의 상념을 발신(發信)과 함께 수신(受信)하여 알 수 있죠.

나 : 그렇다면 영매의 마음 속에 있는 것이 이따금 상념의 발신인의 메시지를 각색하거나, 왜곡시키거나 할 위험성은 생기지 않을까?

아내 : 그런 일도 때로는 일어납니다. 하지만 저와 통화를 하실 경우, 저는 영매의 마음에서 각색하는 것을 압도할 만한 강력한 인상을 주기 때문에 걱정 없습니다. 아시겠어요?

나 : 이제 알겠소.

아내 : 저 역시 얼마나 사실을 알리고 애썼는지 몰라요. 하지만 서둘러서는 안 되죠. 아직도 당신을 위해서 많은 것을 알려드려야 하니까요. 저와의 사이는 영원히 조금도 변치 않는다는 걸 기억해 주세요. 저는 얼마든지 참고 당신을 기다리겠어요. 그럼요, 저는 분명히 알고 있어요.

나 : 우리가 다시 함께 될 수 있는 시기가 온다는 것을 안다는 뜻이오?

아내 : 그렇죠. 하지만 그때까지 당신은 우선 많은 일을 하셔야만 합니다. 음악은 영계에서는 오로지 황홀하기만 하답니다. 음악이 색채로서 나타나 보인답니다. 이 방면에서 당신이 해 주셔야 할 일이 많이 있어요.

나 : 지금 내게는 당신에게 지지 않을 정도의 많은 것을

그려야 할 일이 있는 것 같군.
아내 : 당신에게는 그 일을 하는 것이 좋겠죠. 너무 서러워
하지 마세요. 이번의 이 편지는 가장 긴 레코오드
죠. 가엾은 분 팔이 아프시죠.

이것으로 자동기술은 끝났다. 마지막 말은 영매에 관하여 말한 것으로서 영매의 팔은 연필을 놓았을 때 굳어 버린듯 했고 얼마 동안은 다른 일을 하려고 해도 할 수 없는 상태였다.

그로부터 몇 달이 지난 뒤, 또 다른 성질의 통신이긴 했지만 자동기술 현상의 범위에 드는 것으로 또 하나의 흥미 깊은 체험이 생겼다.

내가 신문사 일을 하고 있는 동안, 유명한 기자이며 여성 편집장인 필리스 크레더크 부인을 만나게 되었다. 1949년 그녀의 저서(著書)의 하나인 《기억에의 문(Gate to Remembrance)》은 크게 물의를 일으켰다. 그 내용은 저자가 영청(靈廳)으로 들을 수 있던 것을 필기했다는 것이다.

이 책은 그녀의 《애틀란티스》소설의 3부작 중 첫째 것이고 그 2부는 내가 그녀를 만났을 때 발표됐다. 내가 그녀를 만났을 때의 첫인상은 건전한 균형이 잡힌 인격을 지닌 근대적이며 매력적이고 정력적인 느낌의 부인이었다.

실제로 그녀는 상식에 벗어나는 일에는 비웃음으로 대하는 타입의 부인이었다. 그런데 이와 같은 성질과 성격을 지닌 부인에게 어느 날 밤 갑자기 그녀의 생활과 신념을 근본적으로 뒤엎을 만한 놀라운 일이 일어났다.

그녀는 자택의 긴의자에 남편과 손님 한 사람과 함께 앉아 있었다. 그녀는 어떤 친구에게 편지를 쓰고 난 뒤에 무심히

있었다. 그런데 갑자기 그는 영매상태가 된 것이다.
 또한 자동적으로 무엇을 쓰기 시작했다. 남편은 아무런 간섭도 하지 않고 그녀가 무의식 상태로 쓰게 놔두었다. 그 자동서기 현상은 40분 가량 계속되었다. 남편이 종이에 글씨가 가득차면 새 종이를 대주었고 그러면 그녀는 종이를 받고는 잽싸게 다시 펜을 움직였다.
 그녀가 의식을 회복한 뒤는 그 사이에 무슨 일이 일어났는지 기억이 없었다. 그리고 그녀가 무의식상태 속에서 그 글씨를 썼다는 말을 듣자 그녀는 기겁을 하며 놀랬다.
 쓴 것을 읽어 보니, 애틀란티스 대륙의 건축·습관·식물·동물의 종류에 관하여 극히 자세한 보고가 기재되어 있었다. 그 자리에 있던 세 사람 모두 이 방면에 대해서는 아무 지식도 없었다.
 그녀는 신문기자의 일만으로도 벅차서 이 괴상한 새로운 사명──이미 바다 속에 가라앉은 애틀란티스의 거리에 대한 것을 자세히 서술하는 일──에 손을 대기에는 시간이 없다고 말하고 이 방면에 새로운 실험을 하기를 좋아하지 않았다. 하지만 그는 스스로 자동기술을 그만둘 수 없게 되었다.
 후에 열린 강령회에 한 지도령이 나타났다. 그는 애틀란티스 대륙에서 수천 년 전에 살던 고승(高僧)의 영이었으나, 그녀를 택하여 애틀란티스에 관한 저술을 완성시키려 했고 이 위임받은 사명은 꼭 완성시켜야만 된다고 그녀에게 전했다.
 또한 이 고승이 필기시키려는 문장은 그녀의 영청(靈廳)으로 들리므로 들리는 대로 곧 타이프로 치면 된다고 그 지도령은 약속했다.
 이 약속은 구체적으로 이루어졌다. 실제로 그녀가 타이프 앞에 앉아서 치니——그녀는 능숙한·타이피스트가 아니었다.——1시간 50분 동안에 7천 5백 단어를 칠 수 있었다. 이것은 가장 능숙한 타이피스트일지라도 도저히 칠 수 없는 속도였다. 이 속도는 그 후에도 이 특수한 일을 할 경우 계속되었다.

이와 같은 실증적인 가치 있는 체험을 하고 있음에도 그녀는 보다 정확한 연구를 계속하고 가능한 한 많은 확증을 잡지 않고는 그 영청현상(靈廳現象)의 본거지가 옳은 영계에서 오는 것임을 인정하려 하지 않았다.

따라서 그녀는 그 뒤 자기가 영청에 의해 필기한 자료를 건축공학 전문가인 유명한 과학자에게 제출했다. 이 과학자는 애틀란티스의 건축이라고 자동 타이핑된 것을 하나하나 점검하고 그들이 과학적인 지식과 일치되는가를 체크했다.

만약 이 많은 자료 가운데 단 하나라도 잘못이 발견될 경우, 크레데크 부인은 이 문제를 포기할 셈이었다. 하지만 그 자료는 세부에 이르기까지 정확한 것이었다.

이 책의 목적은 애틀란티스의 멸망과 오늘날의 지상의 위기가 비슷하다는 점을 보여주기 위함이었고 애틀란티스의 도시가 지진과 해수(海水)의 침입으로 자취를 감춘 것처럼 오늘날 지상의 문화가 수폭(水爆)이나 그 밖의 파괴력으로 괴멸될지도 모른다는 것을 알려 주기 위해서라고 그 뒤 지도령은 그녀에게 그 저자의 목적을 알려 주었다고 한다.

나는 내가 연구한 것을 종합해 본 결과 자동기술현상에서는 영계에서 전해지는 자료에 그일에 종사하는 개인의 인격이 반드시 어떤 각색을 하는 것이 틀림없다는 지론을 오늘날까지 고집해 왔었다.

하지만 나는 크레더크 부인이 건전하고 아무 이상이 없는 저널리스트라는 것과 그녀의 문장의 스타일을 알게 되고는 이 특수한 경우에는 부인의 인격의 어느 부분도, 전혀 영향을 주고 있지 않다는 걸 알고 확신이 생겼다.

어째서 애틀란티스에 관한 저작(著作)이 실제의 역사적 기록의 발표형식을 취하지 않고 소설의 형식을 취해서 필기된 것인지 그 까닭을 물었다. 그녀도 그것이 의심스러워서 지도령에게 물어보았다고 한다. 그랬더니 그 답은 극히 논리적이었다.

만약에 이 저술이 단지 건축공학의 논문과 식물학의 데이타와 연대를 따라 일어난 사건의 학술적인 기록이라면 넓은 독자층을 얻을 수 없었을 것이라고 말했다고 한다.

## 제11장 한 육체 속에 공존하는 영혼

 7월 중순, 같은 주에 우리의 결혼기념일과 아내의 생일이 겹친 날이 되었다. 이 기념일을 위해 나는 꼭 강령회를 개최하려고 주선한 결과 헬렌 스탠딩 영매가 와서 강령회를 열어 주기로 되었다. 영매는 이 기념일에 대해서 전혀 몰랐다.
 우리는 자동기술현상에서부터 시작하기로 했다. 영매도 나도 이날 밤, 자동기술 이외의 어떤 방법도 전혀 해 보려고 생각하지 않았음을 특기할 필요가 있다. 자동기술현상이 약한 시간 계속된 다음, 갑자기 다음과 같은 요구가 적혔다.

아내 : 부탁이예요, 쓰는 일을 중지하세요.
 나 : 오, 당신은 가야만 하오?
아내 : 아녜요. 좀더 밀접하게 당신과 접촉하고 싶을 뿐이예요. 적어도 그 일이 가능한지 어쩐지 한 번 해 보고 싶어요.
 나 : 어떻게 하겠다는 거요?
아내 : 헬렌 영매의 몸 안에서 당신에게 이야기를 하고 싶어요. 부디 두 분 모두 의자에 앉으세요. 쓰는 일은 그만두시고요.

## 제11장 한 육체 속에 공존하는 영혼

두 사람은 쓰는 일을 그만두고 서로 마주보고 의자에 앉았다. 나는 아내인 마졸리가 하드위크 부인이나 난 매켄지 부인을 통해 서로 이야기하였듯이, 스탠딩 부인의 입을 통해 내게 이야기하려니 하고 생각했다.

내가 의자에 앉자 스탠딩 부인은 깊은 트랜스 상태에 빠지고 몹시 숨소리가 거칠어졌다. 그녀는 갑자기 자세를 바로하고 얼굴에 기쁜 웃음을 띠더니 몸을 앞으로 굽히고 내 두 손을 잡았다. 그러자 마졸리가 흥분된 듯한 말투로 말하기 시작했다.

"어머 기가 막혀요! 정말 기가 막힐 지경이에요. 저는 다시금 당신을 직접 느낄 수 있어요. 레지! 당신의 몸을 만질 수 있어요. 제가 앉아 있는 이 의자의 팔거리를 직접 만질수 있어요. 그리고 당신의 몸도 직접 만질 수 있고요. 당신 얼굴을! (이렇게 말하고 그녀는 자기 손가락으로 내 뺨을 꼭 집었다.) 정말 기가 막혀요."

나는 아내의 영의 인사말에 대답했다.

"하지만 잠깐만, 내게는 이 현상이 이해되지 않소. 당신은 엘시 하드위크 부인이나 난 매켄지 부인을 통하여 내게 직접 이야기를 했을 때에도 나의 존재를 감각으로 느낄 수 있었지 않았소? 그것이 이번과 어떤 차이가 있소?"

그녀는 대답했다.

"아녜요. 지금까지 직접 당신을 만진 일은 없었어요. 지금 저는 영매를 통하여 당신에게 이야기하는 것이 아닙니다. 영매의 몸 안에서 이야기를 하는 겁니다. 이것은 좀처럼 허용되지 않는 특권입니다. 저는 일시적으로 이 사람의 육체를 쓰기로 허락받은 거예요. 무슨 뜻인고 하니, 당신이 손을 잡고 계신 이가 바로 '저'예요. 저는 육체적인 감각을 모두 되찾은 거예요. 자동기술을 마친 뒤 잠시 이곳에 서 있었습니다. 그랬더니 영매의 몸 안으로 들어갈 수 있고, 들어가서 그 안에서 이야기할 수 있다고, 가르쳐 주는 이가 있었어요. 저는 그대로 있었어요. 영매는 의자에 앉았습니다. 그러자 '앉아라!' 하고 가르쳐 주는 이가 있었습니다. 그리고 의자에 앉자 저는 완전히 영매의 육체 안에 이렇게 들어간 겁니다. 말로 나타낼 수는 없어요. 이분의 몸의 치수는 저와 꼭같아요."
 치수가 꼭같은 듯하다는 말에는 동의했으나 스탠딩 부인 쪽이 조금 여윈 편이라고 생각했다.

아내 : 정말 멋진 기념일이군요.
 나 : 정말 그렇지.
아내 : 두 기념일이 하나로 겹친 걸요. 우리의 결혼기념일과 제 생일이…….
 나 : 이리로 당신의 생일 선물을 가지고 와서 직접 당신에게 주었더라면 좋았을걸!
아내 : 당신은 직접 내게 선물을 이렇게 주시고 계시잖아요. 저의 몸으로 직접 당신을 받아들일 수 있습니다. 이렇게요. 이것이 바로 선물이죠.

 이렇게 말하고 그녀는 나를 꼭 껴안았다. 또한 한동안 그녀는 지난 날의 일을 말했다.

아내 : 처음 몇개월 동안은 당신을 만나고 싶어해도 마치 흰 벽에 부딪쳐서 튕기는 듯하여 정말 슬펐습니다.
 나 : 그것은 내 잘못이라고 생각하오. 처음, 그 벽을 만든 것은 나의 절망감과 슬픔이었소. 그런데, 당신은

그 뒤 곧 난 매켄지 부인을 통하여 기회를 얻고 나
온 게 아니오?
아내 : 그것은 일찍 러닝 워터 선생께서 특별히 당신을 도
와주려고 애쓰신 보람이죠. 하지만 지금 이것이 당
신을 만나서 이야기할 수 있는 기회 중에서 가장 좋
은 기회죠. 레지널드, 전 당신을 만질 수 있는 걸요.
제 목소리 그대로 들리죠?
나 : 그렇게 들리지 않는 걸. 당신이 헬렌 여사의 발성기
관을 쓰고 있기 때문이오. 하지만 이번에는 당신과
가장 밀접하게 접촉할 수 있다고 생각하오. 두 세계
가 이토록 가까이 접촉할 수 있다고는 지금껏 한 번
도 생각해 본 적이 없소.
아내 : 당신의 목소리가 정말 아주 가까이서 들려요.
나 : 영매를 통한 직접담화에서는 똑똑히 들리지 않았었
나?
아내 : 지금 같지는 않았죠. 그때는 어쩐지 한 겹 싸인 목
소리였어요. 하지만 지금은 이렇듯 직접 만질 수 있
습니다(이렇게 말하고 그녀의 손은 나의 얼굴·눈
·입, 그리고 귀를 어루만지는 것이었다). 당신이
저를 직접 만지실 수 있다면 좋겠는데요.
나 : 정말 그렇게 할 수만 있다면 얼마나 좋겠소. 하지
만, 내가 지닌 영력(靈力)은 모두 심령치료로 써 버
려서 다른 방향에 쓸 힘이 없는 것 같소. 그래서 그
런지 내게는 다른 사람 처럼 유체의 감촉 따위는 별
로 느낄 수 없소.
아내 : 정말 안타까울 때가 있어요. 당신이 주무시고 계실
때 이야기를 합니다. 당신의 귀에 대고 큰 소리로

외칩니다. 베개도 밀어 버리죠. 그래도 당신은 조금도 모르시는 걸요. 전 정말 진력이 나서 침대를 기울여서 당신을 뒤엎으려고 애썼지만 소용 없었죠!

나는 그 말을 듣자, 웃지 않을 수 없었다. 그녀도 함께 웃기 시작했다.
"밤중에 내가 당신을 만나러 영계로 와도 역시 나는 심령치료를 도와야 하오?"
하고 내가 물었다.
그녀가 대답했다.
"그럴 경우는 조금만 거들게 되죠. 건강상태가 더 좋아지지 않으면 안됩니다. 지금처럼 체력을 온통 소모시킨다면 아무도 당신에게 도움을 청하지 않게 됩니다. 당신은 요즘은 홀수 날 밤에만 제게로 오시는군요."
우리는 개인적인 두 세가지 문제를 이야기했으나, 그때 영매가 고통을 느끼는듯 했으므로, 이 강령회를 폐회하기로 결심했다. 이 접촉은 15분 가량 계속되었다.
2주일 뒤 나는 집에서 최초의 직접 빙의현상 강령회를 개최했다.(주 : 영매의 입을 통해서가 아니라, 영혼 전체가 영매의 육체 속에 그대로 들어가서 마치 영매의 육체를 영혼 스스로의 육체처럼 느끼고 행동하고, 말하는 것을 직접 빙의현상이라고 한다.) 나는 긴 의자에 앉았다. 헬렌 스탠딩 부인은 내 바로 오른쪽에 앉았다. 이럴 경우, 나는 헬렌 부인의 지도령하고만 이야기를 할 수 있다고 미리 생각했었다.
그런데 영매가 갑자기 트랜스 상태로 들어가자, 곧 아내의 영이 나타났으므로 나는 뜻하지 않은 기쁨으로 어쩔 줄 몰랐다. 그 후 다음과 같은 대화가 계속되었다.

## 제11장 한 육체 속에 공존하는 영혼

    나 : 얼마나 기쁜지 모르겠구료! 정말 뜻밖이요. 나는 헬렌의 지도령이 나타나는 줄 알았소.
아내 : 거리의 시끄러운 차소리가 들립니다. 여기서 들을 수 있어요.
    나 : 그러면 내 목소리도 잘 들리오?
아내 : 아녜요. 당신의 목소리는 아직 멀리서 들립니다.
    나 : 그렇군. 내 얼굴을 당신 귀에 착 붙이고 말하고 있는데.
아내 : 알고 있어요. 전 당신의 몸을 만지고 있어요. 오, 레지널드! 전 당신이 와 닿는 걸 느낄 수 있어요. 좀 현기증이 나는 것 같아요.
    나 : 현기증이 난다고? 그런데도 이야기를 계속한단 말인가?
아내 : 예, 저만 주의를 하면 괜찮다고 모두 그러는군요.
    나 : 나와 차분히 이야기를 나누면 아마 좋아지리라고 생각하오.
아내 : 예, 괜찮아졌어요. 이제 당신의 목소리가 제대로 들려요.

  그때 괴상한 일이 일어났다. 그녀는 내 두 손을 잡고 손톱을, 그녀의 손가락으로 쓰다듬기 시작했다. 이윽고 말을 시작했다.
아내 : 저 잊고 있었어요, 여보.
    나 : 무슨 일을?
아내 : 당신 손가락에 손톱이 있다는 것을.
    나 : 하지만 이상하지 않소? 당신에게는 손톱이 없단 말

이요? 나는 유체란, 육체와 같은 모양을 하고 있는 줄 알았었는데…….
아내 : 예. 꼭 같은 형상을 하고 있지만, 어느 부분이나 물질인 손톱과 같이 딱딱하지는 않아요.

이러한 직접 빙의에 의한 대화를 나누는 동안, 나는 예전에 다른 영매를 통해 질문한 일이 있는 한 가지 의문——그녀가 영계를 전혀 모르고 죽었기 때문에 오랫동안 혼미와 암흑상태에 있었던 것이 아닌가 하는 문제에 대하여 거듭 물어 보았다. 그녀는 대답했다.
"여보 그렇게 오랫동안 헤맨 건 아니었지만 얼마 동안은 나는 아무 것도 분간할 수 없었어요. 저는 영계로 옮겨 갔다고는 꿈에도 생각하지 않았어요. 전 아직 병원에서 마취제가 깨지 않아 머리가 띵한 것이라고 생각했었죠. 그런데 당신이 영계에 있는 저를 만나려고 일찍 노력해 주신 것이, 크게 도움이 되었었죠. 저도 당신과 함께 영계에 대해서 배울 수 있었습니다. 이윽고 당신 곁으로 돌아올 수 있다는 것을 알고 나중에는 당신과 이야기도 할수 있다는 것까지 알고 기뻐서 숨이 막힐 것만 같았어요."
그녀가 이렇듯 살아 있는 육체의 내부로 들어가서 내게 이야기를 하는 방법은 좀처럼 허락받을 수 없는 크나 큰 특권이라는 것을 말했다. 이윽고 그녀는 영계 여행의 문제로 이야기를 바꾸어, 요새 영계를 여행한 중에서 기억나는 일이 없느냐고 물었다. 근래에 단 한번만 그런 일이 있었다는 걸 나는 인정했다.

아내 : 여보 정말 멋진 일이었죠! 저는 그때의 일을 자세히

제11장 한 육체 속에 공존하는 영혼  163

기억하고 있어요. 극히 특수한 영계여행으로 저는 그날 밤, 당신을 데리고 보다 높은 영권(靈圈)으로 가는 걸 허락받았었죠. 당신도 끝 부분을 제외하고는 모두 기억하고 계시네요. 당신은 작은 샛문을 지나서 나오셨어요. 그곳에 제가 있었다는 것을 기억 못하시나요?

나 : 아무래도 생각이 나지 않소. 난 당신을 만나기 직전에 잠이 깨고 말았으니까.

아내 : 아녜요, 사실은 그렇지 않았죠. 당신은 저와 만나셨어요. 시간은 2분 가량이었지만요. 당신은 곧 당신의 육체로 돌아가야만 했던 거예요. 그리고 잠이 깨셨습니다. 당신이 밤에 너무 오래 곁에 계셔서 서두르실 경우는 당신은 갑자기 사라지십니다. 1초전까지는 제 곁에 계셨는데 1초 뒤에 주위를 둘러보니, 이미 당신의 모습은 보이지 않는 거예요. 그것은 당신이 육체로 돌아가야 할 때가 왔기 때문입니다. 아시겠어요? 지금은 당신이 돌아가려고 하실 경우는 그것을 알 수 있게 되었어요. 그런 때에는 당신의 영체의 빛이 변하는 걸 알 수 있어요. 당신의 빛나는 영체의 빛이 차츰 흐려져서 사라져 가는 걸요.

나 : 그것 참 흥미있는 일이군. 지금까지 그런 말은 들은 일이 없었소.

아내 : 여보, 요새 제가 아주 젊어 보이죠?

나 : 당신에게는 내가 얼마나 늙어 보이오?

아내 : 무슨 당치도 않은 말씀! 저는 전혀 당신의 육체를 볼 수 없어요. 다만 당신의 영체만 보이죠.

나 : 그렇다면 나의 영체는 항상 젊게 보이나?

아내 : 아뇨, 늘 그렇게 젊게만 보이지 않아요. 당신이 영혼의 밑바닥에서 느끼시는 정도의 나이로 보입니다. 다시 말해서 당신이 영혼 속에서 젊게 느끼실 때에는 영계에서도 젊게 보입니다. 작년에 당신이 몹시 낙담해 하셨을 때는 노인처럼 보였지만, 지금은 마음이 명랑하고 유쾌하셔서 당신의 영계는 우리가 결혼했을 당시의 젊음으로 보입니다.

나 : 그렇다면 나는 20세 정도로 젊어졌군.

아내 : 그럼요. 우리는 다만 당신이 육체를 지니고 있다는 기억만을 가지고 있을 따름이에요. 그 이상으로는 아무 것도 보이지 않습니다. 오──레지널드, 영계의 음악은 정말 훌륭하답니다. 저는 수많은 작곡가와 사귀고 있습니다. 그리고 저의 아름다운 은빛 피아노가 있죠. 전 많은 곡을 칩니다. 이곳에서 아직 고통에 잠겨 있는 영들을 도와주기 위하여 종일이라고 할 만큼 피아노를 연주하죠. 음악은 무엇보다도 이런 영을 구하는 데 도움이 되죠. 우리는 영계로 옮겨갔다고 해서 조금도 자기 자신이 변하지 않는다는 걸 알아야만 합니다. 까닭인즉 우리는 죽었다고 해서 단번에 성인(聖人)이 된다는 법은 없어요. 영계에 가서도 자기 자신의 사소한 성격적인 결점을 계속 지니고 있거든요. 레지널드! 영계에도 불량배가 있어요. 저도 놀랐어요. 그러니까 결국 영계도 별다른 세계가 아니라는 말이죠. 헬렌 부인과 당신의 친구가 조금 전에 '재생(再生)'에 대하여 이야기를 하셨지만 저는 그것을 믿지 않아요.

나 : 믿지 않다니? 그것은 흥미있는 일이오.

## 제11장 한 육체 속에 공존하는 영혼   165

아내 : 저의 의견입니다만 그런 건 정말 하찮은 일예요. 이
영계에서도 '재생'이 있는지 없는지 의견이 분분합
니다. 아마, 어떤 영혼은 가끔 특수한 이유로 '재생'
을 하겠죠. 하지만 제가 들은 범위 안에서는 그것은
특수한 예외라고 믿어요. '재생'이 있다고 하더라도
그것을 원하지 않으면 재생하지 않아도 좋다는 자
유의지가 부여돼요.

 이 대화중에서 이 부분은 으뜸가는 실증적 가치가 있는 부
분이라고 나는 생각한다. 까닭인즉, 아내의 영은 그 통화의
매개가 된 영매 자신의 생각과 직접 반대되는 의견을 내 놓
았으니 말이다. 이것은 이 영매의 인격이 전혀 이 영계통신
에 간섭하지 않고 있다는 것을 증명한다.
 여기에 이르러 이 영매에게는 이런 종류의 빙의현상에 대
하여 그다지 경험이 없으므로 나는 '언제까지나 직접 빙의가
계속되도 괜찮으냐'고 물어보았다.
 "예, 그녀는 괜찮아요. 영계에서 의사 한 분이 계속 앞에
서서 지켜보고 있어요. 영계에서 누가 영매의 몸을 점령했을
경우에는, 영매는 항상 극심한 위험에 직면하게 됩니다. 그
이유는 만약 누가 갑자기 이 방에 뛰어들거나 갑자기 밀거나
하는 자극이 가해지면 대뇌에 심한 충격을 받습니다. 그런
탓으로 영매는 마주 이야기하는 사람이 누구인가를 충분히
주의할 필요가 있습니다."
 또한 그녀는 흥미 깊은 그러면서도 실증적인 이야기를 시
작했다.
 "여보, 당신이 오늘 저녁에 준비하신 요리는 알맞은 식단
이라고 생각해요. 하지만 당신은 과일을 다른 그릇에 담으셨

어요. 그건 샐러드를 담는 그릇이예요."

　그해 여름에 나는 다시 한번 자동기술의 강령회를 개최했다. 그때 한 두가지 이상한 해석이 있었다. 그녀는 전에도 자주 그랬듯이, 그녀의 사진 둘레를 아름다운 신선한 꽃으로 장식해 준 데 대해 고맙다고 말했다. 그리고 이어서 다음과 같이 말했다.

　"돈은 영계에서는 아무 소용도 없어요. 하지만 저희들은 당신이 장식해 준 꽃을 보고 냄새를 맡을 수는 있습니다. 얼마나 사랑스러운 꽃인가요."

　또한 지난 주에 내가 무덤을 찾아간 일을 다시금 다정한 말투로 나무라는 것이었다.

　　아내 : 모두들 어째서 우리가 그곳에 있기라도 한 것처럼
　　　　성묘를 하는 걸까요. 정말 우스워요.
　　나 : 아니, 나는 당신이 그곳에 없다는 걸 알고 있소. 그
　　　　래서 나는 어쩌다가 갈 뿐이지만, 결국 당신의 기념
　　　　일에 갈 곳이 없기 때문이요. 추억을 더듬어서 그곳
　　　　에 가는 거요.
　　아내 : 잊고 있는 것보다는 났다고 생각은 하지요. 적어도
　　　　우리는 많은 사람들보다는 현명합니다. 저는 영계
　　　　에 와서 완전히 잊혀졌다고 생각하는 사람을 격려
　　　　하려고 애쓰고 있습니다.

　우리는 이윽고 직접빙의현상에 의한 영계통신에 대하여 다시 이야기를 나누었다.

　　나 : 그 방법이 매우 어렵소?

제11장 한 육체 속에 공존하는 영혼  167

아내 : 그것은 가장 곤란한 방법의 하나입니다. 많은 영들이 그것을 하려다 이루지 못하고 실망하여 괴로워하면서 돌아갑니다. 하지만 보다 잘 알려져 있지 않은 건, 안 된 일이죠. 힘이 매우 강하면 아무 위험도 없습니다. 우리는 영계에서도 힘을 빌어와야만 합니다. 이승과 저승 두 곳에서의 준비가 필요합니다.

나 : 그렇다면 이승의 조건이 갖추어졌어도 영계측의 준비가 항상 되어 있다는건 아니라는 말이군.

아내 : 그것을 지금 말씀드리려고 했어요. 저는 그 일을 지배령에게 맡깁니다. 매우 복잡한 일이라는 것을 믿어 주세요. 그것을 알게 된 우리는 얼마나 다행인지 모릅니다. 영계에 있는 이들조차도 다시 지상으로 돌아가서 이야기를 할 수 있다는 걸 믿지 않는 사람이 많이 있지요. 지상의 사람들도 그것이 가능하다고 믿으려고 하지 않아요. 한 아가씨의 영이 비탄에 젖어서 울고 있는 것을 보았어요. 저는 이 아가씨의 혼을 위로해 주기 위하여 피아노를 쳐 주었습니다. 그 결과는 기적적이었습니다.

이 직접 빙의에 의한 영화(靈話)나 자동기술 현상과 함께, 나는 영매인 하드위크 부인을 통하여 다달이 직접담화 강령회를 계속 개최하기로 했다. 그것은 여전히 많은 기쁨과 실증(實證)을 내게 가져다 주었다. 그 강령회 중의 하나에서 하드위크 부인의 지배령은 이렇게 말했다.

영매 : 당신의 부인이 지금 짹짹 우는 새를 데리고 왔다고 합니다. 집에서 새를 기르시나요?

나 : 아뇨.
영매 : 하지만 부인은 당신이 부인의 말을 알아들을 거라고 말씀하시네요.
나 : 전혀 아무 것도 떠오르지 않습니다.
영매 : 부인은 그것에 대하여 당신을 놀리고 계십니다. 부부 간에 새에 대해 무슨 농담이라도 하신 일이 있나요?
나 : 아뇨. 전혀 생각나지 않습니다.

우리는 말의 요점을 알아들을 수가 없었다. 그런 탓으로 영매를 통하여 아내의 영이 직접 내게 말하기 위해 나타났다.

아내 : 여보, 새가 생각나지 않으시다니……
나 : 하지만 여보, 새라고 자꾸 말하는데 새가 도대체 어쨌다는 거요? 나는 도저히 까닭을 모르겠군.
(이때 그녀는 웃음을 터뜨렸다.)
아내 : 당신도 정말 바보 같으셔라. 딕키, 딕키, 아시겠어요?

이 말을 들으니 갑자기 모든 게 분명해졌다. '딕키'란 귀여운 새 이름으로서 나를 부를 때 쓰던 애칭으로 강령회에서는 처음으로 이 이름으로 그녀가 나를 부른 것이다.(주 : 이것도 영매가 모르고 본인도 언뜻 생각나지 않는 영혼만이 알고 있는 것을 말한 것이었다.)

또한 그녀가 다음과 같이 이야기를 시작한 것은, 영혼이 존재한다는 이 강령회에서 가장 뚜렷한 증거라고 말할 수 있다.

"오늘 밤 당신은 다아함에서 오는 부인을 만나시기로 되어 있습니다. 그 부인을 만나시거든 전사한 아들이 가지고 있던 특수한 회중시계를 아느냐고 물어보세요. 그 시계는 유난히 크게 재깍재깍 소리가 나기 때문에 지금도 그 분에게는 시계 소리가 이따금 들려올 때가 있었다고 말할 겁니다."

그날 밤, 나는 다아함에 사는 부인에게 이 영계로부터의 소식을 전했다. 그녀는 전갈을 받고 약간 흥분된듯 했다. 그녀의 아들은 동료에게서 받은 시계를 갖고 있었다. 마지막 이별을 고할 때 그것을 집으로 가지고 와서 보였더니, 가족들이,

"이 시계는 재깍재깍 소리가 유난이 크게 난다."

고 이야기를 나눈 일이 있었다. 아들이 전사한 뒤, 그녀는 영이(靈耳)로 몇 차례 그 시계의 재깍 소리를 들은 일이 있다는 것이었다.

나는 강령회에서 아내의 영으로부터 이 이야기를 들었을 때, 이 사건에 대해서는 아무 것도 알지 못했다. 더구나 영매인 하드워크 부인은 다아함의 부인을 한 번도 만난 일이 없었다.

나는 늘 나를 혼란에 빠뜨리며 또한 많은 사람들을 어리둥절하게 만드는 문제를 가지고 아내의 영에게 물었다.

"나는 이상하게 생각하는데, 내 사무실이나 또 내가 관계하고 있는 일에도 중대한 변화가 생기고 있소. 사건의 성질상 마땅히 그것은 당신에게도 흥미가 있고 깜짝 놀랄 일인데, 그런 문제에 대해선 조금도 말한 일이 없구료. 도대체 어찌된 까닭이요?"

그 대답은 지극히 논리적이었다.

"저는 항상 당신의 마음을 차지하지 않는 일만을 이야기하

려고 합니다. 사무실이나 사업상 일어난 일을 왜 제가 이야기하지 않나 하고 의문을 품으시겠지만, 만약 제가 그것을 말한다면 당신은 자기의 마음 속에 있는 일의 정신감응현상(精神感應現象)이라고 말씀하실 것이 분명합니다. 그래서 저는 주로, 되도록 영계가 존재한다는 것의 실증이 되는 일만을 골라서 말하기로 하고 있습니다."

나는 다시 유혼(遊魂)현상에 관해서 물어보았다.

"최근에 내가 읽은 책에서, 그 저자는 우리가 겪는 유혼현상의 대부분은 지상권(地上圈)의 여행이고 영계의 여행은 아니라고 써 있던데, 그것은 무슨 뜻이오?"

아내의 영은 그 저자의 설(說)이 옳다고 말하고 그 설에 동의했으므로 나는,

"나의 영이, 밤마다 당신을 만나러 당신한테 간다고 말하지 않았소?"

하고 반문했다. 그러자 그녀의 대답은 다음과 같았다.

"저는 분명히 밤마다 당신과 함께 여행한다고 말했어요. 하지만 그것은 늘 제가 현실세계로 와서 당신을 데려가는 거예요. 제가 사는 영계로 데리고 가는 건 극히 드물죠. 아주 드물게 데리고 가는 곳이 정말 영계이며 지상의 유체권(幽體圈)여행은 아닙니다. 우리가 당신과 함께 가는 곳은 지상세계에 속하는 유체권입니다. 제가 당신을 영계로 모시고 갈 때는, 당신의 무거운 유체의 농도를 엷게 하느라고 많이 노력했다는 걸 뜻합니다. 하지만 지상의 이 유체권에서 당신은 다만 육체를 떠난 상태로 저와 같이 여행하실 수 있습니다. 그리고 밤 사이 함께 지상의 친구들과 가족을 방문하죠. 또한 당신은 지상권에서 유익한 심령치료를 꽤 많이 하게 됩니다."

## 제12장 본인을 가장한 다른 영(靈)의 출현

 어떤 영매는 심령적인 타고난 소질을 지니고 있으나 어떤 이유로 심령능력이 저하됐을 때, 정직하게,
 "오늘은 조건이 좋지 않으므로 좋은 결과를 얻을 수 없다."
 고 말하면 되는데, 그런 말을 하지 않고 그럴 듯하게 마음대로 각색을 하고 창작하는 경우가 있다는 것을 차츰 알게 되었다. 그럴 경우에, 의례히 그들은 가끔 실패가 있을 수 있다는 것을 인정하거나 정직하게 고백하지 않고 거짓 명성을 얻으려고 한다.
 내가 연구한 영시현상 및 자동기술 현상인 경우, 이들 사기술(詐技術)과는 거리가 먼 높은 인격자인 난 매켄지 부인과 엘시 하드위크 부인, 헬렌 스탠딩 부인과 같은 제1급의 영매를 만났다는 사실은 의외의 행운이라고 할 수 있다.
 그러나 내가 경험한 직접대화현상 중의 어떤 것은, 분명히 신용할 수 있는 영매인 경우에 있어서도 나로서는 충분히 납득할 수 없는 점이 있었다.
 어떤 경우, 영매 자신은 거짓말을 할 뜻이 없었는데, 악령(惡靈)이 빙의되어 본인이 아니면서도 본인인 듯이 사칭한 내용이 나타나는 것이다.

내가 소위 심령의 물질화 현상을 증명하는 최초의 실험회에 참석했을 때 훌륭하다는 느낌과 실망을 함께 맛보았다. 어느 일요일 밤, 어느 친구 초대를 받고 나는 런던에 있는 그의 집을 방문했다. 거기에는 25명 가량의 사람이 보통 심령연구의 집회처럼 둥글게 앉아 있었다.

　강령회는 적색광선 아래서 행해졌다. 영매는 곧 트랜스 상태로 들어갔다. 그의 인디언 지도령이 느린 말투로 이름을 댔다. 다음에 또 한 사람의 지도령인 중국인 영이 큰 소리로 이름을 댔다. 그리고 영매는 '지상의 빛을 꺼 주세요' 하고 속삭였다.

　얼마후 우리는 아주 캄캄한 세계로 들어갔다. 그러자 메가폰은 땅을 떠나서 움직이기 시작하고 방 안에서 원을 그리며 날아다녔다.

　메가폰이 회원들 귓가에 다가왔다. 영계에 있는 친척의 영이라고 말하는 영이 회원 각자에게 2,3분씩 이야기를 했다. 내가 관찰한 바에 의하면, 분명히 그것이 영이라는 실증을 잡을 수는 없었으나 대중들이란 본인의 영혼이라는 것을 확인해 볼 문답도 하지 않은 채, 이름을 대면 그 영혼이라고 곧 믿어 버리는 경솔함에 나는 놀라고 말았다.

　그런데 그 강령회의 주요현상인 '심령의 물질화 현상'이 마침내 나타난 것이다. 나는 정밀하게 검토해 볼 생각으로 그 현상을 일일이 관찰했다.

　잠깐 그곳에 물질화 되어 나타난 것은 인디언족과 중국인이라고 자칭하는 지도령(영매)의 모습이었다. 그들은 부드러운 빛을 띄고 어둠 속에서 떠올랐다. 각기 손 끝에서 작은 횃불 같은 빛을 띄고 있었다.

　그 물질화된 모습은 뚜렷하지 않고 둘 다 비슷하게 보였다. 더구나 그 특징을 자세히 관찰할 겨를도 없이 재빨리 다음 영의 모습과 바뀌는 것이었다.

나는 그 현상의 순수성을 의심할 아무런 이유도 찾아낼 수 없었다. 오직 어떤 직감적인 감정이 나를 엄습하여 그 모든 것이 완벽한 심령현상으로서의 자격을 갖추고 있지 않다는 생각이 들 따름이었다.

내 친구 중의 한 사람은 내가 어떤 의심을 품고 있음을 알고 놀랐다. 그 이유는 내가 특히 그의 옆 자리에 앉아서 그의 앞에 나타난 그의 아내의 영이 물질화 되어 나타난 모습을 보았기 때문이다.

"저것이 당신의 부인의 영이라는 무슨 증거가 있습니까?"
하고 묻자,
"저 모습과 목소리로 알 수 있습니다."
라고 대답하는 것이었다. 하지만 나는 공정한 제3자 입장에서, 그는 다분히 희망적인 상상을 하면서 자기의 상상 속에 빠져 정확한 판단을 잃고 있음을 알 수 있었다. 그도 그럴 것이, 그때 나타난 물질화 된 모습은 나의 아내의 모습이라고 생각하면 그럴 수도 있는, 용모가 너무 막연한 것이었고, 물질화 되어 나타난 어느 영혼도 여성의 경우는 아주 똑같이 들리는 음성을 내고 있었다.

처음 강령회에서 어떤 지도령이 내 앞에서 이렇게 말했다.
"우리는 부인을 오늘 밤 모시고 올 수 없었습니다. 하지만 우리는 부인께서 지금 어디 계신지 알고 있습니다. 다음에는 꼭 모시고 오겠습니다."

그리하여 나는 다음 강령회에는 들뜬 기분으로 출석하였다. 실제로 나는 사랑하는 아내의 모습을 정말 보러 가는 것일까? 그렇지 않으면, 영계인(靈界人)을 가장하고 나오는 이런 종류의 가장 용서받지 못할 사기를 당하러 가는 것일까?
 전등이 꺼졌다. 그 순간 메가폰이 공중에 들떠서 돌기 시작했다. 지도령이 먼저 이름을 대자, 메가폰은 내 앞에 와서 멎었다. 속삭이는 듯한 목소리로,
"여보!"
하고 나를 불렀다. 하지만 그런 다정한 호칭으로 아내가 여러 사람 앞에서 나를 부른 일은 한 번도 없었다.
"당신은 누구요?"
하고 나는 물었다. 그런데 어리석게도 옆에 있던 친구가,
"그거야 물론 마졸리가 아니겠는가!"
하고 내 귀에 속삭였다.
 이윽고 메가폰은 그 순간,
"마졸리예요."
라고 대답하고,
"이렇게 저는 당신 가까이에 와 있어요. 전에 지상에서 당신옆에 있었듯이……."
하고 덧붙여 말했다.
 나는 증거가 필요하다고 생각하고 서둘러 말했다.
"정말 만나서 기쁘오. 하지만 당신이라는 것을 분명히 하기 위해 당신이 늘 나를 부르던 이름으로 불러 주지 않겠소?"
 내가 이렇게 요구하자마자, 메가폰은 바닥으로 툭 떨어지고 대답이 없었다.
 그러자 강령회의 사회자가,
"영계의 사람들은 당신이 그들을 의심하고 있어서 기분이 언짢은 겁니다. 그것은 회의 정신파동을 혼탁하게 만들기 때문이죠."

제12장 본인을 가장한 다른 영의 출현  175

하고 비난했다. 그러자 내가,
"아내의 영은 자기가 틀림없다는 증거를 대는 것을 어떤 강령회에서나 기꺼이 해 주고 있습니다."
하고 대답하자, 사회자인 부인이 날카로운 목소리로,
"제발 떠들지 마세요!"
하고 말하는 것이었다. 이윽고 다음 순서의 다른 물질화 현상이 시작되었다.
 이 물질화 현상을 일으킨다는 강령회에 나는 여덟번 출석했다. 그리고 일곱번씩이나 아내의 영이 물질화 되어 나타났다고 하며 내게 이야기를 했지만, 나는 아무 것도 실증이 될 만한 증거를 얻을 수 없었다.
 여덟번째의 강령회가 끝난 다음, 나는 이 영매를 일단 쉬게 하려고 했다. 그것은 다른 직접대화 현상에서 영매 두세 사람을 시험해 보기 위해서였다.
 이 영매의 한 그룹은 여덟 사람의 회원으로 이루어졌고, 런던의 어느 회원 집에서 개최되었다.
 나는 이 심령그룹의 강령회에 네차례 참가했다. 나 개인으로서는 아무 성공도 거둘 수 없었다. 그 이유는 아내가 아직 이 강령회의 정신파동에 동조하는 훈련을 쌓지 않은 탓이라고 했다. 하지만 매회 나는 친구가 얻은 훌륭한 실증을 보고 감동되었다.
 그런 탓에 자동기술 강령회에 나타난 암시에 따라 나는 이 영매에 의한 완전히 개인적인 강령회를 열어 보기로 결심했다.
 그날 밤 이 영매는 위궤양에서 간신히 회복되었기 때문에 환자와 같았다. 우리는 이런 건강상태로 강령회를 개최해도 지장이 없느냐고 물어보았다. 하지만 그는 해 보겠다고 말했다.
 우리는 아무 반응도 얻지 못한 채 15분 동안 앉아 있었다. 그러자 지배령의 음성이 몹시 약하게 들렸다.
 "매우 유감입니다만 다른 기회에 와 주셔야겠습니다. 저의 도구(주 : 영매)가 오늘 밤은 아직 충분한 힘을 갖추고 있지 않습니다."
 이것은 그 일 자체가 이 영매의 성실함을 말해 주는 좋은 증명이 될 수 있다고 본다.
 다음 기회에 친구에게 심령회 개최건을 부탁하고, 그 친구와 함께 나갔다. 강령회가 시작되자 우선 우리들 주위로 극히 쎈 영풍(靈風)이 불어오는 걸 느낄 수 있었다. 그런 뒤, 처음 일어난 일은 지도령이 영매가 전혀 모르는 문제에 대해 나에게 이야기했다. 이어서 아내인 마졸리의 영이 나와서 친구와 나에게 번갈아 가며 말했다.──메가폰이 없는 영인(靈人)의 육성(肉聲)이었다. 그녀의 영 다음으로는, 친구의 돌아간 남편의 영이 나타나서 우리 두 사람에게 말을 했다.
 또한 가장 실증적인 현상은──마졸리와 친구의 어머니의 영이 영계에서 동시에 나타난 일이다. 달리 사람이 없는데, 두 사람의 다른 목소리가 교차해서 들려 왔다.
 그 뒤 나의 친구가 이 영매와 단둘이서 마주 앉아서 초령(招靈)을 하자, 그녀의 남편과 어머니의 영이 나타나서 동시에 다른 목소리로 말하기 시작한 실례도 있다.
 이 강령회에서 나는 물질화 현상에 대한 내가 품고 있던 의문에 대해 결정적인 실증을 주었다고 할 수 있다. 이 영매의 회합 장소를 방문하기 바로 전에 나는 다른 두 곳의 물질화 현상의 심령 서어클을 방문했었다.
 최초의 강령회에서 아내의 영은 두 장의 금속판 위에 그 모습을 물질화 했으나 분명하지는 않았다. 하지만 이 경우에, 우리의 결혼생활, 현재의 나의 일 등…… 실증이 될 만한 사실을 차례로 말하기 시작했다. 그것은 그대로 사실과 부합되었다. 그 결과 나는 마음속으로 확증을 얻었다.

두번째의 강령회에 출석하라는 권유를 받고 승낙한 데에는 두 가지 까닭이 있었다. 하나는 그 강령회가 런던의 친구 자택에서 열리고 영매는 조수 같은 사람을 한 사람도 데리고 오지 않는다는 것과 또 한 가지 이유는 헬렌 스탠딩 부인이 내 옆자리에 앉게 되었기 때문이다.

그녀는 그 영매적인 재능으로 사기술(詐技術)을 행할 경우 그것을 곧 알아 낼 수 있는 능력자였다.

이 강령회에서도 전번의 강령회에서와 마찬가지로, 메가폰의 선회, 지도령의 물질화…… 따위의 일이 일어났다. 이윽고 물질화 현상이 멎자 메가폰이 다시 운동을 시작하고 내 앞에 와서 멎었다.

어떤 목소리가 내 이름을 부르고,

"제가 마졸리입니다."

하고 말했다.

나는 곧 조심스럽게 그녀에게 질문을 퍼부었다. 그러자 그녀는 머뭇거리며 옳은 대답을 못한 채 사라졌다.

이때 나는 이 영은 아내의 영을 사칭하고 나온 것임을 곧 알았다. 그러자 몇 분 뒤에 스탠딩 부인이,

"부인의 영이 마침 내게 오셨습니다. 그리고 지금 일어난 일을 보고 깜짝 놀라고 계십니다."

"물론 아까의 것은 아내의 영이 아니었습니다."

"그렇고 말고요. 부인께서 깜짝 놀라고 계신 것은 그 일이예요."

하고 헬렌 부인은 말했다.

이 마지막 물질화 현상의 강령회가 끝나고 다음날 밤, 내가 출석한 것은 런던의 어떤분 집에서 열린 직접발성음 현상의 강령회였다.

그 강령회의 영매는 내가 전날 밤에 다른 강령회에 갔던 일을 전혀 모르고 있었다. 그 강령회에서 일어났던 불쾌한 일을 내가 내색도 하지 않았는데, 아내의 영은 나타나자마자 곧 내게 인사를 하고는 흥분된 말투로 물질화 현상의 강령회에 대하여 말하기 시작했다.

아내 : 그날 밤 그런 어처구니 없는 일이 발생하다니! 저는 정말 깜짝 놀랐어요.
나 : 아, 그 집에서 일어난 일 말이오
아내 : 그렇죠. 당신이 사기를 당하는 게 아닌가 하고 걱정했었어요. 그리고 그것이 속임수라는 걸 알았을 때, 당신이 심령연구를 아주 그만두시는게 아닌가 하고 몹시 걱정했어요.

나는 절대로 속거나 하지 않는다고 말했다. 그리고 무슨 일이 일어나건 당신과 접촉하기를 단념하지는 않을 테니 걱정하지 말라고 잘라 말했다.

그녀는 지금도 그 일을 걱정하고 있다. 이어서 그녀는 다음과 같이 말했다.

아내 : 제가 그 자리에 없었던 건 아네요. 저는 그곳에 있었죠. 하지만 제 모습을 보일 수도 목소리를 들려줄 수도 없었어요. 저는 무슨 일이 일어나건, 그 일

을 말릴 수도 없었어요. 당신에게 가까이 가서 지금 일어나고 있는 일은 모두 가짜예요, 하고 말하려고 했으나, 도저히 되지 않더군요. 저 무서운 남성 영매는 자기 자신을 온통 심령물질(엑토플라즘)으로 덮고 모든 사람을 물질화한 척했었습니다. 정말 무서운 일이예요. 두 번 다시 그곳에 가지 않는다고 약속해주세요.

나는 그녀에게 약속했다.
1~2주일 전에 나는 또 다른 직접발성음현상의 강령회에 출석한 일이 있었으나, 그 강령회에서 일어난 현상은 순수한 것이었다고 믿고 있다. 물질화현상을 일으키지 않는 강령회인데 이상한 일이 일어났다. 마루 위에 있는 두 장의 판자가 나의 얼굴 높이까지 떠올라서 속삭이는 듯한 목소리로,
"레지널드!"
하고 내 이름을 불렀다.
"그곳에 있는 이가 누구요?"
하고 나는 반복적으로 물어보았으나 아무 대답이 없었다. 하지만 두 장의 그 판자는 나의 얼굴 앞에 떠서 멎어 있었는데, 그 중의 한 장은 빛을 띄고 있었다. 그 위에 아내의 머리털 빛깔과 같은 흑갈색의 머리카락이 한 가닥 앞뒤로 흩날리고 또 하나의 판자 위를 스치고 움직였다.
회원 몇 사람은 그것을 인정하고 그것은 분명히 아내의 영이 머리카락을 나에게 물질화시켜 보이려는 것이라고 주장했다. 나도 그것이 있을 수 있는 일이라고 생각했으나 만족한 현상은 아니었다.
이 현상이 일어난 지 잠시 후에 영매는 그가 있는 커튼 안

에서 의자에 앉은 채, 둥둥떠서 집회자들 가운데 나타났다. 그와 함께 두개의 메가폰이 떠 올라 요란하게 천장에 출동했다.

　이 모든 현상은 속임수가 아니라 순수한 것처럼 보였다. 하지만 나는 그 뒤 그 현상이 옳다는 것을 규명할 길이 없어서 그 강령회에서 떠났다.

　그런 뒤 아내의 영은 직접 발성음의 심령현상을 통해 그 현상에 대하여, 다음과 같이 말했다.

　"그 곳에서, 심령판 위에 나타난 것은 저의 머리카락이 아니었어요. 그것은 전혀 제가 아니었죠. 그것은 저를 가장한 것이었어요."

　이윽고 하드위크 부인을 영매로 삼은 직접담화에서 나는 꽤 오래동안 아내의 영과 이 문제에 대해 문답할 기회가 있었다.

　그녀는, 영계에서 직접 발성음으로 지상의 사람들과 접촉하는데 있어서 얼마나 귀찮은 수속을 필요로 하는가, ─ 많은 화학자・기술자, 그 밖의 조작(造作)하는 과학자들이 필요하다는 것이었다.

　발성기관의 물질화 과정에는 고도의 과학적인 조작이 포함되며 그것이 어떤 것인가 하는 것은 지상의 사람들로서는 짐작도 되지 않는 것이며 그것으로 인한 통화를 좋은 성적으로 행하려면 이승과 저승의 완전한 상태가 필요하다는 것이었다.

　직접 발성음 강령회에 대한 경험을 쌓으면 쌓을수록 더 많이 점검해야 될 문제가 포함되어 있다는 것을 나는 알게 되었다. 하지만 백 퍼센트 순수한 영매를 통해 그 원리가 완성될 때 실증적인 가치라는 것은 놀랄 만한 것이 된다.

## 제12장 본인을 가장한 다른 영의 출현  181

　물질화 현상의 두드러진 체험중에서 나의 주목을 끈 두 가지 실례를 들어보기로 한다. 그 중의 하나는 사섹스주(洲) 뉴우헤븐의 마졸리 스티븐슨 부인의 체험이다. 다음은 부인 자신의 수기(手記)이다.

　나는 탁월한 물리적 심령현상의 영매가 있다는 말을 들었다. 그러나 그 당시는 심령현상에 전혀 지식이 없었으므로 물리적 심령현상의 영매란 도대체 어떤 것인가를 거의 몰랐었다. 그리고 나는 처음부터 물질화 현상의 강령회에 들어간 셈이어서 얼마간 신경질이 되어 있었다. 나는 하얀 낯모르는 사람들의 영상이 붉은 등불 속에서 회원들 사이를 돌아다니는 걸 보았다. 나는 이들 현상 전체에 대해 극히 회의적인 기분을 갖고 있었다. 그런데 물질화된 영상의 한 사람이(그는 시스터 세실리아라는 이름으로 알려졌다) 내가 품고 있는 의혹과 공포를 알고 있었다. 나는 되도록 그것을 감추려고 애썼지만……
　시스터 세실리아는 천천히 모인 사람들 서어클 사이를 한 사람 한 사람에게 일일이 말을 걸면서 돌아다녔다. 그녀는 우리에게 다가와서 우리와의 거리가 2피이트 되는 곳까지 왔다. 그때 그녀는 극히 친절하고 다정한 목소리로,
　"두려워하지 마세요. 두려워 할 것은 아무것도 없어요."
　하고 말했다. 나는,
　"처음이어서 아무 것도 몰라 어리석은 의심을 품어서 미안합니다만, 누군가가 그런 가장(假裝)을 하고 걷고 있는 게 아닌가 하고 의심도 납니다. 그러니 더 분명히 얼굴을 보여 주십시오,"
　하고 말했다. 그러자 그녀는 이런 종류의 강령회에는 늘

비치되어 있는 광선의 반사판 하나를 손에 들고 그것을 그녀 가까이에 가져 갔다.
 이 반사판은 매우 환한 것이어서 나는 그녀의 용모를 뚜렷이 볼 수 있었다. 그녀는 웃는 낯을 지닌 미모의 젊은 여성이었다. 그리고 그 얼굴은 영매와 전혀 달랐고 비슷한 모습인 사람들은 집회인들 속에 없었다.
 하지만 나는 아직 의심하고 있었다. 그녀는 어떻게든 우리의 눈을 속여서 이 회장에 들어온 것이 아닐까? 하나 밖에 없는 회장의 문에 나는 등을 돌리고 앉아 있었으므로 아마 나는 그것을 몰랐던 모양이다.
 그런데 시스더 세실리아 부인은 나의 의문을 직감적으로 느낀 것 같았다. 그 목소리는 더욱 부드러워지며, 그녀가 말했다.
 "잠시 동안만 당신의 손을 펼쳐 보세요."
 나는 신경이 곤두세워지며 그대로 했다. 그러자 그녀는 반사판을 내 손 끝에 가까이 댔다. 실내의 붉고 침침한 불빛과 이 반사판의 빛을 받으며 나는 그녀의 액토플라즘으로 만들어진 의상을 보았다. 더구나 그 옷감을 내 손은 아무 저항도 느끼지 않고 통과할 수 있었다.
 다만 내 손이 그 옷감을 꿰뚫을 때에는 찬 바람이 손 위로 스치는 것 같았다. 이것은 내 생애에 있어서 전무후무한 가장 놀라운 경험이었다.
 나의 회의적인 생각은 송두리째 뒤바뀌고 말았다. 이 현상으로 시스터 세실리아는 분명히 영인(靈人)임을 나는 믿었다. 그 일이 끝나자, 다정한 미소를 나에게 남기고는 다음 사람에게로 갔다. 그녀는 나의 회의심을 없애는 역할을 충분히 했다는 걸 알고 있었을까?

## 제12장 본인을 가장한 다른 영의 출현

 끝으로 말하고 싶은 것은 나는 이 영매의 집에 2주일 동안 머물면서 언제나 자유롭게 강령회가 개최되는 방에 출입할 수 있었다. 그리고 조금도 나에게 비밀로 되어 있는 것은 없었다.
 나는 심령회에 마음대로 드나들며 그 방 구석구석을 샅샅이 조사했으나, 아무 장치도 비밀도 없었다.

 또 한 가지 실례는, 오랜 동안 온갖 심령현상을 충분히 경험한 한 부인에 관한 일로서 그녀 자신이 심령화가(心靈畵家)로서 알려진 사람의 체험이다.
 그녀는 오랜 동안에 걸쳐 갖가지 심령경험을 쌓아 왔으나 다음에 말하는 사건은 가장 뛰어난 것으로 그녀가 만난 사람의 '사후존속(死後存續)'의 실증으로 가장 두드러진 것으로 생각한다고 말했다.
 그것은 그녀가 어느 유명한 영매의 물질화 현상 강령회에 출석했을 때의 일이다. 그 강령회가 폐회될 즈음해서 지배령이 말했다.
 "잠깐만! 제가 떠나기 전에, 이 영매로 하여금 조회를 해봐야 될 소녀가 있습니다. 저기 계신 부인을 위해서입니다."
 저기 있는 부인이란 나에게 설명해 주기 위해 따라 온 여성을 말한다. 그녀는 그 말을 듣자, 아직 어렸을 때 영계로 떠난 그녀의 딸 모습이 나타나리라고 생각했다.
 그 어린딸의 영이 물질화 되어 그녀 앞에 나타났을 때 그녀는 세례식에 참가할 나이의 소녀의 모습을 하고 있었다. 하지만 그녀를 감동시킨 것은 그녀가 어린 딸을 위해 손수 만들어 준 나이트 가운을 입고 나타난 일이었다. 그녀 스스로 디자인한 모양 그대로의 나이트 가운을 입고 나타나 있었다.
 직접발성음 현상에 관해서는 현재 영국에서 완전한 결과를 얻을 수 있는 영능력자인 영매를 한 사람 발견할 수 있다. 그렇다고 해서 나는 이런 종류의 높은 수준의 영능력을 지닌 영매가 달리 한 사람도 없다는 것은 아니다. 하지만 이런 종류의 높은 수준인 영매는 오히려 직업 영매 아닌 다른 클라스 안에서 찾아볼 수 있는 것이 아닌가 하고 나는 생각한다.

## 제13장 영계의 한 과학자와의 대화

나는 영계에 있는 아내와의 멋진 통화와 실증을 얻는 데 3년 동안을 소비한 다음, 나에게 또 하나의 의무가 있음을 알게 되었다. 그것은 과학적인 면에 있어서 보다 더 충분한 데이타를 얻는 일이었다. 또한 그 목적을 위해서는 영계로 옮아간 과학자와 접촉할 필요가 있다는 것을 알게 되었다.

아내의 영은 이 점에 대한 나의 소원을 알고 있었다. 또한 최근에 있었던 영계통신의 기회에, 가끔 그 문제를 언급했다. 이윽고 1950년 10월의 어느 날 밤, 내가 엘시 하드위크 부인을 영매로 하여 아내의 영과 오래도록 직접 이야기를 나누고 있을 때였다.

아내의 영은 다음 주 어느 날 밤에——그날 밤은 오스트리어 사람인 영매 알프레드 레이너를 초빙하여 강령회를 개최하기로 되어 있었다.——나와 이야기를 나누기 위해 한 사람의 과학자의 영혼을 데려 올 준비가 되어 있다는 것이었다.

그는 강령회에 아내의 영은 올 예정이 전혀 없다고 하였다. 나는 약속된 시간에 한 사람의 여성을 데리고 갔다. 그 영매를 통하여 나오는 말을 속기로 받아쓰게 하기 위해서였다.

레이너는 곧 트랜스 상태가 되었다. 레이너의 지배령은 유우머를 좋아하는 아일랜드인으로 파디라는 사람이었다.

　지배령인 파디가 나와서 나에게 인사를 했다. 그리고 그 강령회는 다음과 같은 상황으로 진행되었다.

　한동안 영매는 눈을 감고 의자에 등을 기댄 채 깊이 숨을 쉬었다. 이윽고 아일랜드 사투리가 섞인 뱃속에서 나오는 듯한 목소리가 전혀 인격이 다른 문화인의 목소리로 바뀌었다.

　R : 내 이름은 로널드라고 합니다. 이곳에 와서 당신과 이야기할 수 있는 걸 매우 행복하게 생각합니다.
　나 : 이렇게 친절하게 와 주셔서 고맙습니다.
　R : 이미 아시겠지만, 영계에서 현실계와 통화를 하려면 어려움이 많이 있습니다. 영계에 있는 우리에게도 지상의 당신들과 마찬가지로 상상할 수 없는 갖가지 일들이 있습니다. 당신네가 육체를 남기고 에테르체 안에서 생활하게 되면 그 진동은 색채가 됩니다. 색채는 모든 것 안에 들어갈 수 있습니다. 당신의 유체를 색채로 만드는 것은 사실은 당신의 상념(想念)입니다. 이 색채의 파동이 사실은 지상에 있어서 인간과 우리와의 영교(靈交)를 가능하게 만드는 주요한 구실을 합니다. 만약 당신이 지상에 있는 사람들과 우리와의 사이에 통신을 하려고 하여도 그것에 맞는 영계의 광선과 파장을 맞추는 색채가 없다면 결코 이루어질 수 없습니다. 당신은 당신 자신의 서클과 직접발성음현상을 실험하려고 하십니까?
　나 : 그렇습니다.
　R : 당신의 작은 서클에도, 회원 사이에 많은 성격적 차이가 있고 마음의 차이가 있습니다. 그것이 곧 영계의

경치에 당신이 갖가지 색채와 힘을 가져오는 원인이 됩니다. 그런 색채는 많은 광선을 식별할 수 있을 만큼 복잡하고 변화가 많습니다. 우리가 당신들에게 이야기하기 위해 지상으로 돌아올 때는 극히 많은 뇌세포를 써야 합니다. 하지만 우리는 이 목적을 위해 불과 100개의 뇌세포밖에 쓸 수 없는 제약을 받고 있습니다. 만약에 당신이 대학교육을 받은 영매를 당신의 지상권쪽에서 구할 수 있다면, 당신의 영계에 관한 지식은 훨씬 광범위할지도 모릅니다.

나 : 왜 그렇습니까?

R : 아시겠지만, 당신이 활용한 영매의 대부분은 정신적으로 높은 수준에 있지 못합니다. 우리는 그들의 교육정도나 학식을 매개로 하여 통신할 수 있는 지식밖에 전할 수 없습니다. 당신의 작은 서클에는 필요한 영지성(靈知性)이 갖추어져 있습니다. 내가 볼 수 있는 색채로 판단해 볼때 당신은 좋은 성과를 올릴 수 있을 것이 분명합니다. 당신의 서클에는 학식은 부족하지만 갖가지 타입의 마음을 가진 사람들이 있습니다. 학식이 부족한건 별도로 쳐도 자기 특유의 영지성을 발달시키는 사람들이 있습니다. 색체는 영교(靈交)에 중대한 역할을 합니다. 이 영계에 있는 영혼은 당신을 당신 그대로의 모습으로는 볼 수 없는 것입니다.

나 : 그렇다면, 우리의 육체는 보이지 않는지요?

R : 보통은 보이지 않습니다. 그것을 보기 위해서는 학교에 다시 가야지요. 어떤 색채가 무엇을 나타내는가를 알아야만 합니다. 그것으로 색채는 누구의 색채라는 것을 알고 가까이 하고 싶다는 사람에게 보다 가까이

가서 그 사람에게서 물질적인 자기를 끌어냅니다. 그러므로 우리는 그 육체를 물질적인 모습으로 볼 수 있는 겁니다.

나 : 당신이 지상에서 생활하셨을 때 과학자였다고 생각해도 좋습니까?

나 : 어떤 분야에서는……. 그런데 아내가 딸을 낳다가 죽자, 나는 크게 충격을 받았었죠. 그런 일이 없었던들 나는 더 공부했었을거요. 허나 난 공부할 의욕을 잃었소. 난 여기서 지금 공부하고 있소. 당신들은 지금 현실세계 즉, 극히 유물적(唯物的)인 세계에서만 생활하고 있소. 그러나 각종의 영적인 파동이 모조리 인류의 발달 정도에 따라 이용됨을 알아야 합니다. 그래서 과거 50년 동안에 인류문화도 최고로 발달되지 못했지만…….

나 : 그것은 무슨 뜻입니까?

R : 예술이나 창조적인 면에서 말입니다. 참다운 창작을 한 사람은 극히 드물었습니다.

나 : 다른 천체(天體)에는 우리의 세계에서 사는 것보다 고급 영지자(靈知者)들이 살고 있습니까?

R : 분명히 살고 있습니다. 위대한 생명이……. 이윽고 다른 천체와의 사이에도 통신연락이 시작될 겁니다.

나 : 이미 그 계획은 시작되고 있습니까?

R : 그렇습니다. 요즈음 당신네 세계에서는 새로운 에너지를 사용하기 시작한 걸 아시겠죠? 다음 이야기로 들어가기 전에 해야 할 말이 있습니다. 그것은 영국을 믿으라는 것입니다.

나 : 우리도 영국을 믿고 있습니다. 당신이 새로운 에너지

라고 말씀하신 건 원자력을 뜻하는지요?
R : 그렇소. 당신네 나라에서는 원자의 창조적인 힘이, 파괴적인 견지에서 보다 더 많이 건설적인 견지에서 사용되고 있습니다. 그 에너지는 다른 세계와 물질적으로 접촉하는 최초의 수단이 되려고 합니다.
나 : 당신께선 아마 아시겠지만 지금 우리의 세계에서는 유성(遊星)과 유성 사이의 교통이 이미 기획되고 있고 무수한 의견이 논의되고 있습니다. 설명할 수 없는 물상(物象)이 공중을 나는 것을 보았다는 겁니다. 우리는 그것을 비행접시라고 부르고 있습니다. 이런 물상은 다른 유성에서 오는 겁니까?
R : 분명히 그렇습니다. 그것은 외계(外界)에서 오는 겁니다. 최근에 화성에서 그와 같은 연락을 시도하는 일이 흔히 있습니다. 하지만 그것이 지구상의 인류가 발사한 것이라면, 지상의 과학자가 '그것은 무엇이다' 하고 분명히 알아낼 것이 아니겠소? 지구적인 과학자들은 그 접시를 조종하는 것은 지상의 지식의 힘이 아님을 알았을 겁니다. 그런 보고가 특히 미국에서 가장 많이 온다는 걸 아실겁니다. 미국에서는──특히 남미에서는── 만약에 당신이 유성간의 거리를 측정한다면 지상이 그 부분은 다른 곳보다 화성에서 가장 가깝다는 것을 발견할 겁니다. 그곳에는 그와 같은 자원을 적합시키도록 작용하는 조직과 파장이 존재합니다.
나 : 그렇다면 그들은 우리와 통신연락을 하려고 시도하고 있는 걸까요?
R : 그것은 통신연락하는 예비행동이라고 할 만한 것입니

다. 지상세계에 있어서 최초로 원자력의 폭발을 느꼈을 때, 화성인은 지구상에서 새로운 에너지가 활용되기 시작했음을 알았습니다. 그 폭발이 화성에서 기록되었으므로 그것에 흥미를 느끼고 그들은 시험적인 기획을 하고 있습니다.

나 : 이른바 '비행접시'란 사람이 타고 있는 겁니까? 그렇지 않으면 원격무선조정입니까?

R : 어떤 비행접시에는 사람이 타고 있고 어떤 비행접시에는 타고 있지 않죠. 당신은 이들 물상(物象)이 어떤 색채를 띄고 있는지 들은 일이 있겠죠? 어떤 접시는 화성에서 직접, 어떤 타입의 원자 에너지에 의해 완전히 조종되고 있습니다. 어떤 비행접시에는 살아 있는 사람이 타고 있지만 동시에 부분적으로는 화성에서도 조종되고 있습니다. 탑승원은 다른 물체와 충돌할 것을 막기 위해 다만 단추만 누르면 됩니다.

나 : 보고에 의하면 그 비행속도는 놀랄 만한 것인데 어떻게 살아 있는 사람이 그 압력을 견딜 수 있겠습니까?

R : 화성인의 몸은 지구인 몸보다 밀도가 낮기 때문입니다. 그들은 지구인보다 매우 고도로 발달되어 있어서 그 몸의 밀도도 훨씬 희박합니다. 그들의 몸의 밀도는 지구인의 육체와 에테르체의 중간 정도입니다. 그들은 영적으로나 정신적으로나 지상의 인간보다 발달되어 있습니다.

나 : 그들이 지구에 상륙한 일이 있다고 보고하는 사람도 있습니다만 그것이 사실입니까?

R : 그들은 남아메리카에 상륙을 시도했었죠. 그들의 계획은 아직도 계속되고 있습니다. 머지 않아 반드시 그

들은 상륙하는데 성공할 것입니다. 그들은 상륙을 계획했을 때 지상의 조건이 매우 곤란하다는 걸 알았습니다. 지상에 있는 물질의 낮은 파동──극히 낮은 속도의 파동 위에 뛰어드는 일이 곤란하다는 걸 알았습니다. 하지만 앞으로 10년 이내에는 무슨 뚜렷한 교통 연락 방법이 확립될 것입니다.

나 : 우리 지상의 원자폭발이 화성인에게 대단한 흥미를 불러일으켰다고 하는데요?

R : 당신네의 유성(遊星)에서 어떤 이상한 일이 생기면 그것은 자연히 화성의 측정기에 기록됩니다. 원자력이라는 것은 인류의 '생명'과 밀접한 연관을 지니고 있는 겁니다. 인간은 극히 위험하나, 또한 놀랄 만한 힘을 지니고 있습니다.

나 : 하지만 위대한 가능성을 지닌 힘이 될까요?

R : 그렇습니다. 10년이나 15년 사이에 교통기관은 말할 것도 없고 실제로 모든 것이 원자력에 의하여 변혁될 것입니다. 그것은 동력원(動力源)의 주요 핵심이 될 것입니다. 하지만 사람은 그것을 파괴적인 목적으로 쓰고 있습니다. 당신의 파장은 그 목적에 협력할 수 있습니다. 그 방면의 일을 더 계속해 주시기 바랍니다.

나 : 저도 열심히 그렇게 하려고 생각합니다.

R : 당신들 세계에 살고 있는 동물의 생명이 쇠퇴하고 있는 것을 알고 있습니까?

나 : 매우 놀라운 말씀이군요. 그 뜻을 알고 싶습니다.

R : 만약 당신이 동물의 숫자를 역사적으로 통계해본다면 이해가 될 겁니다. 과거에는 지구의 역사에서 동식물

의 세계가 비교적 넓은 면적을 점령하고 있었습니다. 이를테면 화석(化石)에 의한 역사를 뒤돌아 보면 말이죠. 어느 정도의 진화법칙이 그곳에 이루어지고 있음을 알 수 있습니다. 세계 어느 곳에 가나, 인류는 고기과 의류로서 동물을 이용하였습니다. 그런데, 오늘날 인류는 동물의 고기없이 생활할 수 있는 길을 발견하는 중입니다. 동물계는 이제야 최고로 발달했다고 할 수 있겠죠. 당신은 애틀란티스 대륙에 대해서 알고 있겠죠?

나 : 예 알고 있습니다. 실은 그것을 여쭤 보려던 참이었습니다.

R : 저 대륙이 침몰된 것이 한 시대의 종말이었습니다. 모든 유성은 각각 진화되는 체계를 갖추고 있습니다. 모든 생물이 완전히 발달되기까지는 8억 년이 걸립니다. 당신은 사람의 윤회(輪廻)를 믿습니까?

나 : 그 문제에 대해서는 제 생각을 분명히 말씀드릴 수 없습니다.

R : 생각을 숨기지 않는 편이 좋겠지만 당신은 20번까지 육체로서 태어난 것입니다. 한 번 윤회를 되풀이 하는 간격은 2천 년보다 짧지는 않죠. 당신은 애틀란티스 시대에 태어났었습니다. 사람은 진화의 법칙 아래서, 보다 높은 영권(靈圈)의 변동이 일어나는 것이 언제인가를 알 단계에 이른 것입니다. 인류가 발달되는 1주기마다 우선 지구 표면의 변동이 일어난다는 걸 아시겠죠. 빙하시대(冰河時代)는 인류세계의 완전한 해체(解體)를 뜻합니다. 남극과 북극에서는 현재도 빙원(冰原)의 상태가 변하고 있습니다. 그렇지 않습니

까?
나 : 북극은 빙원이 차츰 후퇴하여 적어지고 있고 남극에 서는 증가되고 있습니다.
R : 바로 그것입니다. 제가 말하려는 것은, 당신네가 살고 있는 지구의 겁(劫 : 한번 개벽부터 다음 개벽까지)은 4억 5천만 년으로 끝나게 되어 있습니다. 그토록 오랜 세월이 흐르지 않고는 인류는 진화의 정점에 이르지 못합니다. 대략 1겁이란, 시간으로 이루어진 1주기입니다. 화성의 인류가 보다 진화되어 있는 것은 지구보다 1겁의 시간이 긴 탓입니다. 스토온 헨지(註 : 영국 윌트셔의 솔즈베리에 있는 큰 석조의 폐허)는 드루이드 시대의 유물이 아닙니다. 그것은 애틀란티스 시대에 앞선 루미나리언 시대의 유적입니다. 이스터 섬도 마찬가지입니다. 그것은 이 겁(劫)으로 들어와서 튀어 나온 것입니다. 지상에는 이런 종류의 유적을 남기고 있는 곳이 많이 있습니다. 이를테면 타스마니아에 있는 허버트 산이 그것입니다. 인류가 진보됨에 따라 그와 같은 자원에서 지식을 구할 수 있을 것입니다. 우리가 당신에게 바라는 일이 한 가지 있습니다. 지상에 발을 딛고 연구를 계속해 주기 바랍니다.
나 : 영계와의 통신도 진보될까요?
R : 틀림없이 진보됩니다. 15년 전을 생각해 보십시오. 그 당시 당신이 세상 끝에서 끝까지 무선으로 통화할 수 있다는 말을 했던들 누가 그 말을 믿었겠습니까? 또 한 가지 신비로운 일이 일어나려 하고 있습니다. 온갖 질병의 치료가 '색채'로 이루어질 수 있다는 겁니다. 현대 의학은 실제로 완성단계에 이르렀습니다. 현재

당신들의 의사나 과학자는 메스에 의해 놀라운 성과를 올리고 있습니다. 그러나 그 곳에서는 모처럼의 창조자의 에너지가 유물론 탓으로 국한되어 있습니다. 앞으론 온갖 치료를 '색채'를 통해 할 수 있다는 정묘한 과학적 연구에 의한 지식이 대학에 보급될 것입니다. 심령치료의 대부분은 실은 색채파동에 의한 치료와 또 하나는 인체자기(人體磁氣)에 의한 것입니다. 하지만 극히 드문 경우, 주로 일정한 색채파동을 지닌 방사선만으로 치료합니다. 인체자기에 의한 치료를 할 경우도 아마 시술자나 환자가 모르는 사이에 색채의 방사선으로 어느 부분의 치료가 이루어지는 겁니다. 당신은 새로운 체계(體系)와 새로운 시대가 오고 있는 가장 좋은 세기(世紀)에 살고 있습니다. 유물론은 보다 더 그 세력을 떨칠 것입니다. 당신 같은 분들이 깊이 파헤쳐서 연구해 주십시오. 많이 하십시오. 우선 당신 자신의 서클에서 그 방면의 자료를 모아 주십시오. 당신 자신에게 자동기술을 하라고는 하지 않습니다. 당신의 두뇌를 통해 그들은 그 자원을 타진할 수 있는 것입니다.

나 : 당신이 말하는 뜻은?

R : 조용히 앉아서 당신의 머리를 과학적인 각도에서 개방하십시오. 그리고 쓰는 겁니다. 만약 당신이 잘못되어도 계속하는 겁니다. 계속하십시오! 시간이 다 되어서 나는 가야 합니다.

나 : 오늘밤 많은 것을 가르쳐 주셔서 대단히 감사합니다.

로널드가 이렇게 사라지자, 파디가 작별인사를 하러 잠시 나타났다.

 이 과학자와의 흥미깊은 대화를 그 뒤 신중히 생각한 결과, 나는 몇 가지 목적을 위해 기도된 방면에서 온 영계통신으로 여기고 그것을 받아들이기로 작정했다. 첫째, 이 영매는 자기의 입을 통해 발상(發想)된 사항에 대한 지식을 갖고 있지 않았다는 것과, 둘째로, 이 영매는 이름 높은 영매였고 그 당시 완전한 트랜스 상태에 있었으며, 그 날의 영계통신을 위해 특별히 준비된 말을 줏어 읽을 그런 인물이 아니었다. 게다가 그는 내가 그 방에 들어갈 때까지 영계의 과학자와 이야기를 나누겠다는 희망을 갖고 있다는 것을 전혀 몰랐으므로 그가 그와 같은 준비를 하였다고 생각할 이유는 조금도 없었다. 그리고 영매의 대다수는, 대체적으로 그들에게 의논하러 오는 사람들은 작고한 근친의 영과 이야기를 하고 싶다는 희망을 품고 오는 것이지, 영계의 과학자와 이야기를 하고 싶다는 일은 별로 없는 터여서 과학자다운 회답을 준비해 둘 까닭이 없었다.

 주목할 만한 일은, 이것이 내가 출석한 강령회 중에서 아내의 영이 나타나지 않은 최초의 강령회이며, 아내는 완전히 과학자와 나 두 사람만 있게 해 주었다고 한다.

 그 뒤 알려진바에 의하면, 영계측에서는 학자의 영을 보내 나와 이따금 대담시킬 필요가 있다고 생각하고 있으며, 그것은 '영청현상(靈廳現象)'이나 또는 '직접발성음현상'을 통해서 행해지는 것이었다.

## 제14장 영혼의 속삭임

지금까지 나는 직접발성음현상에 대해서 별로 경험이 많지 않고, 또한 나는 이 현상과 심령의 물질화 현상만이 영계와 접촉되는 가장 과학적인 두 가지 방법이라고 생각되어 이 방면의 연구를 계속하기로 했다.

앞서 어느 장(章)에서 나는 완전히 정확한 결과를 얻을 수 있는 영매는 단 한 사람밖에 없다고 쓴 것으로 기억된다. 그 밖의 영매에 대해서는 어떤 경우에는 좋은 성적을 올릴 수 있으나, 때로는 만족스럽지 못한 현상이나, 용인할 수 없는 현상을 일으키거나 한다.

처음으로 직접발성음현상을 연구하는 사람은──특히 최근에 근친을 잃은 사람──단 한 번의 강령현상만으로 곧 그것을 받아들이려고 하거나 배격하려고 해서는 안된다. 나는 특히 이 점을 강조하려고 한다.

그것은 내가 최근에 목격한 일인데, 작고한 사랑하는 사람의 영혼이라고 일컫는 음성을 듣자마자 기뻐서 어쩔줄 몰라 하는 유족들을 보았기 때문이다. 더구나 그 뒤에 그 영매가 완전히 순수하지 않다는 걸 알게 되었다.

까닭인즉 그 영매는 영청(靈聽)으로 영계로부터의 메시지를 얻고 있었던 것 같은데, 그의 물리적 영매로서의 힘은 저

특수한 때의 물리적 심령현상을 나타낼 만큼 강력하지는 않았다.

또한, 자기가 할 수 있는 영능(靈能)은 영청(靈廳)에 의해 영계에서 보내는 메시지를 수신하는 일임을 정직하게 인정하지 않고 직접발성음현상을 가장한 것이었다.

어느 영매나 자기의 실력부족을 나타내지 않으려는 마음은 아마 일종의 허영심이겠으나 역시 사기의 일종이라고 말할 수밖에 없다. 그 이유는 그 전하는 메시지가 완전히 정확해도 그 메시지가 기대된 방법에 의한 것이 아니라 다른 방법에서 오기 때문이다. 따라서 모든 경우에 단 한번이라도 그와 같은 성질의 사건이 있을 경우 나는 나의 심령연구 명부에서 그 영매를 삭제하고 다시는 그 영매를 통해 강령회를 개최하지 않기로 했다.

내가 직접발성음현상에까지 연구를 하려고 결심하자마자, 나는 전에 놀라운 성적을 나타낸 영매를 곧 찾으러 갔다. 허지만 난처하게도 그 영매는 십이지장 질환을 앓아서 앞으로 몇달 동안은 일을 할 수 없다는 걸 알았다.

달리 영매를 찾아야겠다고 생각하던 중에 직접발성음현상에 매우 좋은 성적을 올리고 있다는 어느 부인의 소문을 들었다. 이 부인이라면 우수한 결과를 기대할 수 있다고 생각했다.

이 영매에 대한 실험을 자세하게 설명하는 이유는, 내가 만일 심령연구의 초기시대(初期時代)에 좀더 정신적으로 괴로워하고 있었을 무렵, 이 직접발성음 강령회에 우선 참석했었더라면 다시는 심령현상에 대한 연구는 딱 질색이라고 모든 것을 포기해 버릴 결심을 했을지 모를 정도로 환멸을 느꼈기 때문이다.

이 실례는, 최초의 실험에서 실망한 사람들에 대한 참고도 되고 두 세가지 개인적인 잘못을 이유로 온갖 심령현상을 부정하지 않는 것이 얼마나 필요한가를 실증하기 위해 소개하는 것이다.

그런데 이렇듯 이 영매는 그 영능력이 가장 높았을 무렵에는 좋은 결과를 얻을 수 있었으나, 그때는 틀림없이 능력이 쇠퇴한 때여서 물리적 심령현상을 일으키기 위해서는 너무나 능력이 저조하다는 것을 각 방면의 권위자들 의견을 종합해서 알 수 있었다.

불빛이 꺼진 뒤, 나는 영매의 맞은 편에 앉았다. 그러자 영매의 지도령은 곧 영매에게 실려서 그녀의 입을 통해(직접발성음현상이 아니라) 1,2분 동안 나에게 이야기를 걸었다. 이윽고 몇 사람의 영을 나에게 면접시키겠다는 뜻을 말했다.

첫번째 목소리는 속삭이는 듯한 말투로,

"어머니!"

라고 말했다. 그러자 영매는(이 경우는 트랜스 상태로 들어가지 않았다),

"어머니께서 나타나시는 것 같아요."

하고 말했다. 나는,

"그런 해괴한 일이 어디 있소. 어머니는 살아 계시고 건강하십니다."

라고 퉁명스럽게 대답했다.

이 강령회는 처음부터 제대로 되지 않는구나 하고 느낀 영매는 다급하게 말했다.

"아니, 어머니가 아니라, 할머님이십니다."

"어느 쪽의 할머닌가요?"

나는 물었다.

"아버님 쪽의…….."
"그거 재미있는 걸."
나는 말했다.
"할머니는 건강하게 살아 계십니다만, 본인의 영이라는 걸 증명해 주시오."
그러자 그 목소리는 슬며시 사라졌다. 영매의 설명에 의하면 이 영은 발언하는 힘을 지속시킬 능력이 없었다고 한다. 그 다음으로 분명치 않은 속삭이는 듯한 목소리가 들렸다. 영매는,
"전사(戰死)한 청년의 영으로―― 친척되는 분 같습니다."
하고 말했다. 나는,
"전사한 친척은 한 사람도 없소."
하고 대답했다.
영매는 이제야 성적이 좋지 못한 방향으로 나가고 있음을 느끼기 시작한 것 같았다. 조건이 평소 때보다 매우 나쁘다는 것을 그녀가 급히 내게 알리려고 했으니 말이다. 지도령이 내게 대해 말하고 싶어하는 적당한 사람의 영을 쉽게 찾아낼 수 없다고 말했다.
"하지만 참아 주세요. 곧 당신께서 이야기하고 싶어하는 영을 찾아 내겠습니다."
하고 그녀는 덧붙여 말했다.
나는 끈기 있게 기다리기로 했다. 이윽고 또 다른 목소리가 들려왔다.
"누이……"
라고 말했다. 영매는,
"당신의 누이동생입니다."
하고 말했다. 나에게는 누이가 한 사람도 없다고 대답할

수밖에 없었다.

"아, 그게 사실입니까? 출산할 때 죽은 아기일 겁니다."

"출산할 때도, 나보다 앞이나 뒤에 그런 사람은 한 사람도 없소."

하고 나는 퉁명스럽게 대답했다.

그러자 영매는 놀란 듯한 눈치였다. 그리고,

"당신이 모르는, 만난 일도 없는 사람이 많이 오려고 하고 있습니다만, 까닭을 알 수 없어요.".

하고 말했다.

다음에 나와 이야기를 하려고 나타난 세 사람의 영혼은 딸 (나에게는 딸이 없었다)과 아버지(아버지는 아직 살아 계셨다)와 형제(내게는 형제가 없었다) 한 사람이었다.

다음으로 어린애(내게는 애가 없다)의 영이 나타났다. 어머니·할머니·아들·딸·형제아버지……, 이렇게 말하면 어느 것이건 맞을 줄 알았던 모양이다.

하지만 이 영매는 강령회를 중지하려고 하지 않았다. 그녀는 전혀 실패로 끝난 예가 없었으므로 계속해서 하겠다고 말했다. 하지만 나는 이렇게 되어서는 이 강령회는 완전히 실패라는 걸 인정하지 않을 수 없었다. 아내의 영이 제외되어 있었으므로 다른 어떤 영도 나타날 리가 없기 때문이었다.

그것을 알자 그녀는 초조해져서 각색을 하기 시작했다. 이것은 그녀의 영매적인 능력이 쇠퇴했을 무렵의 일이었다. 그녀는 실패를 인정하려 하지 않았다.

몇분 동안 말없이 시간이 흘렀다. 이윽고 다시 시작하려고 할 때 그녀는 우리는 조용히 앉아 있고 자기가 만나고 싶어 하는 사람의 영혼의 파장을 선택하기로 하는 것이 어떻겠느냐고 제안했다.

제14장 영혼의 속삭임 201

　이것은 분명히 이럴 경우에 어떻게 대처해 나가야 좋을까를 생각하기 위한 시간을 버는 일에 지나지 않았다. 나는 그녀의 마음 속에 무엇이 떠오르고 있는지 알 수 있었다. 그녀는 '아내'만을 빠뜨리고 친척관계 한 사람 한 사람을 말해 보았으나 맞지 않았다. 그녀는 나의 아내가 살아 있다고 생각하고 있는 것이었다.
　몇분이 지난 뒤 그녀는 말했다.
　"이상하군요. 어느 부인이었던 분의 파장이 가까이 옵니다."
　실제로 마졸리의 영혼이 오고 있는 것일까? 그렇지 않으면 영매는 달리 나의 친척을 생각해 낼 수 없어서 내게 전처라도 있어서 그 영혼이 오고 있는 것이라고 갑자기 생각이 나서 그런 말을 하는 것이라고 여겨졌다.
　그 목소리는 충분히 알아들을 수 있을 만한 속삭이는 소리였다. 하지만 그녀는 아내로서 친근한 보통 말투로 이야기를 할 뿐 자기의 이름도 말할 수 없었고, 나의 이름을 부를 수도 없었다.
　영매는 내가 전혀 믿지 않고 있다는 걸 알자, 마침내 그 강령회를 집어치우기로 했다. 그녀는 실패한 것을 사과했다. 그리고 이렇게 된 것은 자기가 유행성감기에 걸린 게 원인이라고 변명했다.
　아마 그녀가 완전히 실패한 것은 유행성감기에 걸렸던 탓인지도 모른다. 하지만 만약 그녀가 이 강령회를 시작했을 때 아무 영도 나타나지 않는다는 걸 알았더라면, 또한 그 사실을 정직하게 인정했더라면, 얼마나 좋았을까 하는 생각이 들었다.
　영매는 자기를 찾아오는 많은 사람들인 손님 자신의 대답에서 갖가지 사정을 알아내고 그것을 자료로 삼아 영계로 간 사랑하는 이의 영혼인 듯이 가장하여, 속삭이는 듯한 목소리로 대답하여도 조금도 의심받지 않았을 것이다(영매를 의지하고 가는 사람은 무조건 그 문답에 휘말려 버리고 마는 건 놀라운 일이다). 그러나 나의 경우는, 대화를 나누는 동안에 아무 것도 그녀가 이용해서 대답하는 데 도움이 될만한 자료를 제공하지 않았으므로 그녀로서는 방법이 없었던 것이다.

나는 이 강령회가 시작되면서부터, 그 속삭임이 그녀가 앉아 있는 방향에서만 오고 다른 방향에서는 오지 않는 것으로 보아 영매 자신이 지어서 목소리를 내고 있다는 판단을 내렸다.

나는, 이런 종류의 것은 일종의 속임수이지만 미리 계획된 속임수의 범주 안에 든다고는 생각하지 않는다. 다만 그것은 주로 허영심에 못이겨 저지르는 속임수라고 믿고 있을 뿐이다.

다음에 드는 영매의 체험도 같은 범주에 속하는 것이었다. 그 영매는 이름 높은 사람으로 오랫 동안 직접담화현상에서 뚜렷한 실적을 올렸고 이 방면에 강력한 영능력을 지니고 있다고 인정받고 있었다.

그날 밤 나는 틀림없이 좋은 결과를 얻으리라고 예상하고 갔었다. 또한 영매 자신도 지금까지 실패한 것은 극히 드문 터여서 반드시 성공하리라고 믿고 있었다. 내가 관찰해 보니 분위기가 아주 좋지 못한 상태였다고 생각된다.

비가 몹시 와서 안개가 자욱했다. 이윽고 비가 눈으로 바뀌고 습도가 높은 공기가 무거운 층을 이루고 있었다. 하지만 그(영매)는 좋은 현상을 일으키기에는 너무도 조건이 나쁘다고 생각하지 않았다. 자신만만하게 그 강령회를 시작했다.

10분 동안 우리는 완전히 침묵을 지켰다. 다만 조용히 낮은 음악 소리가 흘러나올 따름이었다. 그 사이에는 아무 일도 일어나지 않았다. 그러자 영매는 다소 짜증섞인 목소리로 말했다.

"오늘은 정말 이상하다. 어떤 현상이 일어나지 않은 적은 한 번도 없었는데……"

이윽고 1분쯤 지나자 영매의 지배령이라고 생각되는 작은 목소리가 들려오며 나를 환영하는 말을 했다. 나는 적당히 그 말에 대답했다. 지배령은 내게 이야기를 하고 싶어하는 몇 사람의 영이 그곳에 기다리고 있다고 말했다. 나는 그들의 영과 이야기를 나눌 수 있는 것은 매우 기쁜 일이라는 뜻으로 대답했다. 그러자 그 영들이 하나씩 차례로 간신히 들릴 만한 목소리로 인사를 했다.

지배령의 목소리도 영들의 속삭이는 듯한 목소리도 영매가 앉아 있는 방향에서 들려오는 것이지 훌륭한 영매의 경우처럼 방의 각 방면에서 들려 오지는 않았다.

잠시 후, 이 영매는 영능력이 쇠퇴하는 시기가 되어 좋은 성과를 얻지 못한 채 실패했다는 말을 듣지 않도록 '각색'을 시도하고 있다는 결론을 얻었다.

내가 만나고 싶어할 것이 분명하리라고 영매가 상상한 근친 비슷한 사람의 대다수는 보기에 따라 전사한 아들의 영, 죽은 어머니의 영이라는 최대공약수 같은 것만 선택하고 있고 실재로 그 순서대로 나타났다(아내는 보아하니 제외되었다).

먼저 전쟁에 나가 전사했다는 친척 청년, 다음에는 할머니

(나의 연령쯤이면 대개 할머니가 세상을 떠났으려니 생각한 모양이었다)가 나왔지만 내가 나의 세례명을 묻자 슬며시 사라지고 말았다.

그 밖에 아버지의 영이나 나의 자매의 영이라고 칭하는 영까지 나왔으나 나는 그것을 모두 거부했다. 영매는 난처해진 듯이 물었다.

"당신은 특히, 누구의 영과 만나고 싶어하시죠?"
"몹시 만나고 싶습니다."
하고 내가 대답했다.
"아주 가까운 친척……이라고 생각합니다만……."
"그렇습니다."
"그 근친의 영은 예전에 영매를 통해 나타난 일이 있습니까?"
"실제로 기회 있을 때마다 곧 나타납니다."

나는 대화를 나누는 중에 '그'나 '그녀'라는 말을 하게 하여 성별(性別)을 알려고 하는 영매의 함정에 걸리지 않도록 주의하면서 대답했다.

"그렇다면 이상하군요."
하고 그는 대답했다.
"분명히 영계에 무슨 복잡한 일이 있는 게 틀림없습니다. 그렇지 않으면 당신께 아무 관련도 없는 사람들의 영이 이토록 나타날 까닭이 없습니다."

오늘 밤은 실패로 끝났으니 다른 날에 해 보는 게 어떠냐고 나는 암시를 주었다. 영매는 지배령에게 이 자리에 돌아와서, 어째서 이런 일이 되었는지 그 이유를 설명해 달라고 요구했다. 지배령은 돌아와서 영매가 말한 대로 '어떤 혼란이 영계에 일어났다'고 잘라 말했다.

나는 몹시 불만스러운 기분으로 이 강령회장에서 나왔다. 그 불만이란 심령현상이 잘 되지 않았다는 것보다도 처음 15분 동안, '이번에는 잘 되지 않는다'는 사실을 인정하지 않으려던 기만적인 태도였다.

이상의 두 가지 실망한 체험을 겪은 1주일 뒤, 나는 내가 아는 우수한 영매가 건강이 회복되어 다시 몇 차례만 강령회를 가능하게 이끌수 있다는 말을 듣고 매우 기뻤다.

나는 3월 중순의 어느 날 밤, 지금까지 나의 심령연구를 위해 함께 일해 준 친구와 갔다. 그녀는 그 강령회에 나오는 말을 속기(速記)하는 데 성공하였다.

조건은 매우 좋았다. 쾌청하고 공기가 건조한 밤이었다. 우리는 둘 다 건강상태가 좋았고, 영매는 우리보다 더 한층 건강하게 보였으므로 우리는 매우 기뻐했다. 방 안——아니 그 집에는 우리 세 사람밖에 없었고, 아무도 들어오지 못하도록 자물쇠를 채웠다.

곧 영매는 깊은 트랜스 상태로 들어갔다. 그리고 매우 강한 영풍(靈風)이 우리의 주위를 불고 있음을 느낄 수 있었다. 이윽고 공중에서 지배령의 목소리가 들려왔다.

"들립니까?"

하는 말이었다.

"네, 아주 똑똑히."

라고 우리는 대답했다. 이어서 영국인의 지도령이 그 특유한 목소리를 가지고 나타나 우리에게 인사하고, '현상(現象)을 일으키기까지 능력을 키우기 위해 저장해 오던 터입니다' 하는 뜻을 말했다.

그들은 오늘 밤의 중요한 강령회를 위하여 힘을 충분히 양성하고 보존해 두지 않으면 안되었으리라.

반면에 또 한 사람의 지도령(인도인의 영)이 영매를 통하여 이야기를 시작했다.
"저는 지금은 직접발성음이 아니라, 힘을 저장하기 위하여 영매의 음성을 통해 당신에게 이야기를 합니다. 곧 누군가가 당신에게 이야기를 하려고 할 겁니다. 지금 이곳에서 당신에게 말하려고 하는 영이 세 사람 있습니다. 저는 떠나기 전에 가능하면 래디오의 음악 소리를 적게 하려고 합니다."
이 일을 그는 이루었다. 래디오에서 연주하던 음악 소리가 갑자기 낮아졌으나, 영혼은 정신없이 깊은 트랜스 상태에 빠져 있었다. 이윽고 이 인도인의 영은 우리들만이 알고 있는 극히 은밀한 일로서 영매 자신은 전혀 모르는 일을 지껄였다. 이것은 처음부터 으뜸가는 실증이 될 만한 것이었다.
이렇듯 이것은 흥미 깊고 또한 즐거운 현상이었다. 까닭인즉 그 뒤 곧 지배령은 직접발성음현상으로 돌아가서 이렇게 소리쳤다.
"그건 내가 모르는 통신이었소! 이런 종류의 영들은 우리가 모르는 것들을 이따금 얻을 수 있습니다. 그는 나를 통역관으로 인정할 뿐, 통신을 가져오는 사람이라고는 인정하지 않습니다. 그런데 이제야 힘이 가득찼습니다."
이렇게 말하고 그는 사라졌다. 곧 친구(그레이스 부인)의 남편의 영이 잇달아 나타나 우리 두 사람에게 인사를 했다. 또한,
"그 실증은 우선 처음으로 당신께 주어진 것입니다. 우리는 당신이 실증을 중요시하고 계신 것을 알고 있었으니 말입니다. 저토록 그것은 실증적인 것이었죠. 때로는 우리는 특수한 상념을 잘 잡을 수 없을 때가 있습니다."
유계여행의 문제가 그때 제기되었다. 그리고 우리는 보다

더 자주 유계여행중의 기억을 생각해 낼 수 있게 해달라는 희망을 말했다.
 그는 우리의 의견에 동조했다.
 "당신들 두 사람이 유계를 여행갔을 때의 광경을 깨어난 후에도 기억에 남게 해 주었으면 좋겠습니다만 안됐습니다. 유계의 광경은 아무리 잘 나타낸다고 하더라도 다 묘사할 수는 없습니다. 너무 아름다와서 말로 형용할 수 없을 정도입니다."
 그때 지배령이 말참견을 했다. 그리고,
 "충분히 귀를 기울여서 들어 주십시오. 영들은 두 사람의 목소리를 동시에 발성하는 실증을 하고 있습니다."
 하고 말했다.
 이것은 틀림없이 가장 실증적인 현상이라고 말하지 않으면 안된다. 사람이 많이 모이는 강령회에서는 모여 있는 전원이 속임수를 쓰지 않는다는 믿음이 없이는 동시에 두 사람의 영혼의 소리가 들리는 현상을 믿을 수 없지만, 이 경우와 같이 우리 두 사람만이 출석하고 영매 이외에는 아무도 없을 경우, 두 사람의 영의 목소리가 교차되어 들린다는 것은 백 퍼센트의 실증적인 가치가 있다고 말할 수 있다.
 아주 잠간 동안이었으나, 부인의 다정한 말투로 속삭이는 듯하면서도 뜻을 똑똑히 알 수 있을 만큼 정확한 목소리로 들렸다. 때를 같이하여 지배령이,
 "그 부인의 목소리가 들립니까? 그녀는 고급령의 지도령 중 한 사람입니다."
 하고 말했으나 그와 때를 같이 하여 지배령과 부인의 목소리가 겹쳐서 들려 왔다.
 "나는 당신네 서어클에 협력자로서 왔습니다. 당신들을 축

복합니다."

 나는 매우 주의 깊게 귀를 기울였다. 다른 음질(音質)의 두 목소리가 전혀 다른 높이와 말투로, 동시에 겹쳐서 이야기하는 것을 들었다.

 이 고급령이라는 여성의 지도령이 사라진 뒤에 우리는 '지배령'에게 그녀의 이름을 물어보았다. 하지만 지배령이 대답하기를,

 "우리는 허락없이는 고급령의 지도자 이름을 말씀드릴 수 없습니다. 그녀는 지상에 와 보았으나, 지상의 조건에 몸을 갖추기 곤란하다는 걸 알아 냈습니다. 까닭인즉 그녀는 고급영계에서 왔기 때문입니다. 그 중에 우리는 두 영의 모습을 동시에 만들어 보이고 싶다고 생각하고 있습니다."
고 했다.

 (이 마지막 말은 우리를 놀라게 했다. 그도 그럴 것이 영혼의 물질화 현상이란 흔히 이 영매를 통해 발달된 현상 중의 하나는 아니였기때문이다.)

 지배령은 그 현상을 보여주는 것은 몇 달 뒤의 일이라는 걸 덧붙여 말했다.

 "우리가 당신들을 위해 이와 같은 현상을 일으켜 보이는 것은 당신들이 온갖 심령현상의 체험에 바탕을 둔 건전한 기초지식을 얻고, 다른 사람들에게 그것을 말할 경우, 지금보다 더 한층 권위 있는 말로서 이야기할 수 있게 하기 위해서입니다. 최근에 생긴 이들 심령현상에 의해서 당신들은 더욱 뚜렷한 실증을 얻고 확신을 갖고 연구를 계속할 수 있으리라 생각합니다. 우리도 영계에서 물리적 심령현상의 가치 여하의 문제에 대해서는 꽤 의논이 분분했었습니다."

 나는 충분한 물리적 심령현상을 일으키기 위해서는 매우

곤란한 조건을 극복하지 않으면 안된다고 생각하는 것에 대해 의견을 말했다. 그러자 지배령이 말했다.
 "우리가 안이한 영계통신을 할 경우에는, 물질화현상과 같은 높은 수준의 실증적인 가치를 얻을 수 없습니다. 하지만 영매의 밖으로 나타나는 현상──즉 완전히 객관적인 현상──을 만들어 내는 방법에 의하여 영계를 실증할 경우에는 현상 그 자체에 가치가 있는 것입니다. 우리는 순수하게 물리적 현상에 힘을 기울일 것인가, 그렇지 않으면 다른 방법을 선택할 것인가 하는 것에 대하여 결단을 내려야만 합니다. 이런 논의를 다하여 최선의 방법을 택하는 것은 가치 있는 일입니다. 그 결과 이와 같은 물리적 현상을 일으키는 일이 가치 있는 일이라고 나는 믿고 있습니다."
 그때 그는 아내의 영이 그곳에 와서 이야기하려고 기다리고 있다고 말했다. 곧 이어 아내의 영이 내 이름을 불렀다. 나는 전처럼,
 "이야기하고 있는 게 누구입니까?"
 하고 물었다. 정확한 대답이 있었다. 이윽고 아내의 영은 우리 두 사람에게 인사했다. 그녀의 음성은 조금 답답한듯 했다. 나는 그녀에게,
 "직접 발성음으로 이야기하기가 어렵게 느껴지는 게 아니오?"
 하고 물었다, 그녀는 대답했다.
 "조금 편해집니다. 이제 제게 이 정도의 일은 할 수 있을 것이라고 영들이 말하고 있습니다. 저는 지금 공부하는 중입니다. 머지 않아 영들은 제 자신의 몸을 물질화시킨다고 말하고 있습니다. 하지만 저는 조금 두려운 생각이 듭니다."
 나는 어째서 '무서운가' 하고 물어보았다. 그러자 그녀는,

"제대로 잘 안됐을 경우에는, 좀……."
하고 말했다. 그리고,
"오늘 밤은 제 목소리가 몹시 앙칼지게 들리죠?"
"별로 앙칼지게는 들리지 않는 걸. 실제로 지금까지 들은 일이 없는 똑똑한 음성이요."
하고 나는 대답했다.
그녀는 계속해서 말했다.
"오늘 밤에는 영계의 여러분이 당신들께 좋은 실증을 보여 주셨으므로 저는 몹시 기뻐요. 저는 몹시 행복해요. 우리가 이렇게 서로 통화할 수 있는 게 정말 행복해요. 이렇게 유명(幽明)의 접촉을 훌륭하게 할 수 없었던들, 이렇게 행복하지는 못했으리라고 생각합니다."
이윽고 그녀는 두세 가지 개인적인 사건에 대하여 이야기를 한 다음, '지배령'은 돌아왔다. 내게는 그에게 물어보리라고 생각했던 문제가 조금 있었다. 그 첫째는 자동기술이 다른 정신파동에 의하여 영향을 받는가 하는 일이었다.
그는 말했다.
"그렇습니다. 그 영향을 받는 간섭물에는 두 가지가 있습니다. 자동기술을 하는 사람쪽의 잠재의식의 간섭과, 또 하나는 영혼측에서 오는 간섭입니다."
나는,
"어느 쪽의 간섭이 있는 건지 그것을 조사할 수 있겠소?"
하고 물었다.
"중요한 문제에 대해서 말했을 경우는 각 항목에 대하여 되풀이 하여 물어보는 게 좋습니다. 그런 뒤 부인의 영의 의견에 부합되는가 조사해 보는 게 좋겠습니다. 그리고 또 한 가지 현재로는 많은 영매를 이 사람 저 사람 찾아다니지 않는 편이 좋습니다."

이렇게 그는 대답했다.

나는 이제 그런 짓은 하고 있지 않다고 말했다. 하지만 나는 영국의 또 다른 방면의 지역에서 선발된 우수한 영매에 대하여 테스트 강령회를 개최하기로 이미 약속했는데 어떻게 하면 좋은지 물어보았다.

그는 그것은 괜찮다고 동의했다. 또한,

"각 영매에 대해서는 한번만 그 목적으로 해도 좋소. 당신이 출발하기 이틀 전부터 당신의 상념을 영매에게 보내는 게 좋겠습니다. 그러면, 그 상념이 그들에게 감응되고 그 상념이 그들에게 협력할 것입니다. 그러나 만약 그 일이 불가능할 경우 당신은 다음과 같은 일을 양해하지 않으면 안됩니다. 이 점을 주의하십시오.――만약 지배령이 나온 뒤 곧 첫번째의 영계통신자로서 짐(친구)의 남편이나 마졸리가 나타나지 않을 경우에는 흑(黑)이라 판단을 내리십시오. 허나 만약 그들이 그 일을 할 수 없을지라도, 결코 실책(失策)현상이라고 말해서는 안됩니다. 그것은 영이 완전히 신뢰할 수 있는 현상을 얻을 만한 영매를 지배할 수 없었다는 것뿐입니다. 그것은 두분 모두에게 드리는 충고입니다."

이윽고 나는 내 집에서 하고 있는 비공개 강령회의 현상을 더 발전시키기 위해서는 무언가 좀더 주의해야 할 일이 있는지 물어보았다. 그러자 그가 대답하기를, 그 때문에 이미 출발한 일단 진보된 계획이 있어서 그것이 우리 일 가운데 가장 중요한 부분의 하나가 되리라는 것이었다. 그는 영계에서 이따금 그에 대하여 지도를 받는다고 덧붙여 말했다.

"우리는 당신에게 기대를 크게 걸고 있습니다."

하고 그는 말했다.

"만약 우리가 당신들께 주의를 주면 곧 실행해 주십시오. 아주 정확하게 해 주셔야 합니다."

그는 심령적인 처분을 어떻게 하면 발달시킬 수 있는가에 대한 이야기를 계속했다. 또한 급격히 발달된 영매라는 사람에게는 영구적인 확실성이 없다. 그리고 서서히 발달된 영매가 착실하다는 게 상식이라는 것을 강조했다.

"우리는 특수한 영능(靈能)을 위해 단련을 받는다."

고도 말했다.

이 장시간의 강령회가 막 끝날 무렵 인도인의 지도령이 마지막 말을 몇 마디 하기 위해 돌아왔다. 그리고 친구의 작고 한 모친으로부터의 메시지를 전했다. 그녀가 강령회에서 말하려고 하는 도중이었다.

그녀는 13일(어제)에 거리의 군중 사이를 우리와 함께 거닐었다는 것과 거리에서 우리와 함께 가정용품을 여러 가지 보고 다녔다는 일 따위를 말했다고 전했다. 그 소식은 아주 정확했다. 실은 우리는 그 전날 밤, 올림피아에서 개최된 이상적인 가정용품 전시회에 갔었다.

이 지도령은 작별인사를 고할 때 다음과 같이 말했다.

"당신이 다음에 오실 때는 질문할 것을 준비해 오십시오. 나는 당신이 묻는 질문에 모두 대답할 수는 없겠으나, 우리는 당신이 가져오는 질문을 해결짓기 위하여 전문가의 영을 불러서 당신과 이야기를 나누고 의논하기 위하여 데려올 수는 있습니다."

집으로 돌아온 뒤 우리는 특별히 주의를 기울여 이 강령회에서 속기한 노우트를 분석 검토했다. 그리고 이것이 가장 실증적이라는 요점을 든다면 다음과 같다.

(a) 그 건물 안에는 우리 말고는 아무도 없었는데, 두 사람

의 목소리가 동시에 겹쳐서 들린 일.
  (b) 영매가 전혀 모르는 우리만이 아는 은밀한 일을, 지배령이 강령회가 시작됐을 때 말한 일.
  (c) 사람의 도움이 없이 래디오의 음량(音量)을, 말하고 있는 영 자신의 힘으로 줄일 수 있었다는 일.
  또한 조금이라도 불만이라고 지적될 만한 항목이 없었다는 점이다. 생각해 보니 앞서 소개한 직접발성음현상에 비하면 하늘과 땅의 차이가 있었다.
  우리는 한 달 뒤에 다시 이 영매를 통하여 강령회를 개최하기로 정했다. 그동안 우리 집에서 개최하던 비공개 강령회는 마침내 힘을 발휘할 만한 어떤 징조를 보이기 시작했다. 우리가 이 비공개 강령회에서 '직접발성음현상'을 얻을 만큼 심령력을 쌓으려면 아직도 얼마 만큼의 기한이 필요할지 모른다.
  다른 집에서 개최되는 비공개 강령회에서 있었던 실적을 참고로 본다면, 평균 약 6년은 걸릴 것 같았다. 하지만 우리의 비공개 강령회는 보다 짧은 시일안에 성적을 올릴 수 있을 것만 같았다.
  우리의 비공개 강령회에 오는 한 부인이 얼마 전에 이런 종류의 다른 강령회에서, 눈에 띌만한 체험을 얻었다. 그 강령회는 직접발성음현상을 일으키게 할 만한 힘을 발달시키고 있었다. 그 중의 어느 회에서 몹시 회의적인 성격의 사람이 한 사람 출석했었다.
  갖가지 물질화 현상을 보았음에도 불구하고, 그는 계속 의심을 품고 있었다. 그래서 지도령이 나타나서 그가 믿을 수 있을 만한 현상을 보여드리겠다고 약속했다.——즉 '물건 끌어오기 현상'을 해 보이겠다고 약속한 것이다. 끌어오는 물건이 미리 준비되었는지도 모를 거라는 가능성을 피하느라고 의심 많은 사람 자신에게 원하는 물건을 말해 보라고 했다. 그러자 그 사나이는 심령현상의 성적을 혼란시킬 목적으로,

"강령회에 모여 있는 사람 모두에게 갓낳은 계란을 한 개씩 갖다 주시오."

하고 말했다.

"할 수 있을는지, 하여튼 해 보겠습니다."

지도령은 이렇게 말하고 몇분동안 그 자리를 떴다. 이윽고 강령회장으로 돌아오더니 전원에게,

"한 손을 앞으로 내미시오."

하고 말했다.

전원이 그렇게 하자, 각자의 손바닥에 계란이 한 개씩 얹혀졌다. 의심 많은 사람은 놀라서 손바닥에 놓인 계란을 손가락 사이로 미끄러뜨려 떨어뜨렸다. 그러자, 계란은 마루바닥 위에 떨어져 깨졌다.

강령회가 끝난 뒤 다른 회원들은 각기 손바닥 안에 있는 계란을 가지고 집으로 돌아가 기름으로 지지고 삶거나 하여, 그것이 틀림없는 싱싱한 계란이라는걸 확인했다.

이 이야기의 계속으로 흥미있는 문제가 생겼다. 그 강령회의 지도령이 도대체 그 계란을 어디서 가져왔을까 하는 게, 강령회를 마친 회원들 사이에서 논의되었다. 강령회의 리이더는 계란이 가까운 곳에서 가져온 것인지 먼 곳에서 가져온 것인지 확인하기 위해 조심스럽게 집 근처의 집들을 찾아가, 식료품 창고에 있는 계란 수효가 줄지 않았는지 조사해 보기도 했다.

그러자 다음의 비공개 강령회에서 지도령이 나와서 '계란

을 어디서 훔쳐온 것처럼 의심하다니, 너무도 지도령을 모독한다.'는 뜻으로, 부드럽게 회원들을 나무랬다. 그는 강령회에 출석했던 회원들이 회의가 끝난 뒤에 서로 이야기하던 것을 듣고 안 것이다.

"여러분 우리는 결코 훔치거나 하지 않습니다."

하고 그는 모든 사람을 비난하듯이 말했다.

"그 계란은 어떤 숲에서 가져왔습니다. 나는 어느 숲에 계란이 있는지 알고 있었으니까요."

친구 몇 사람도, 그 손바닥에 물건을 끌어오는 현상을 일으킨 강령회를 방문하러 갔다. 흔히 끌어당기는 물건은 꽃모양을 한 것이었다. 더구나 그 꽃은 아직 이슬에 젖은 채 강령회장에 가져 온 것이었다.

어느 강령회에서는 같은 성질의 두드러진 체험이 있었다. 그곳에서는 작은 바구니가 모인 회원의 중앙부에 놓이고 출석한 회원은 각각 명함이나 그와 비슷한 카아드를 바구니에 넣고, 그 속에 연필 한 자루를 넣었다. 이윽고 바구니의 뚜껑이 닫히고 봉인되었다.

출석자는 그 바구니 둘레에 앉아 있었다. 그러자 몇 분이 지나서 바구니 안에서 생쥐가 긁는 듯한 소리가 들려왔다. 그 소리는 한 동안 계속되었다. 그 소리가 멎자 전등이 다시 켜지고 방 안이 환해졌다. 바구니의 봉인을 떼었다. 그러자 바구니 안에 있는 한 장 한 장의 카아드에는 각자에게 보낸 메시지가 연필의 자동작용으로 적혀 있었다.

이상 적은 모든 현상은 영매를 통한 내가 출석한 면전에서 일어난 것이었다. 그러므로 그 강령회에서 말하는 영들은, 영계에서 미리 그 목적을 띄고 파견된 사람들이며, 영계에서 우리의 정신파동에 동조하는 데 성공한 것이라는 논리적 결론을 내릴 수밖에 과학적으로는 설명할 방도가 없다.

 영국에서는 극히 소수의 영매만이 영계에서 영적 발성대(發聲帶)의 진동이 영적 활동에 실려서 우리에게 전해질 때 그것을 잡아 이용할 수 있다.

 또한 이들 영적인 진동이 영매에 의해 물질적인 진동음으로 변화되고, 영각자(靈覺者)가 아닌 나 같은 사람에게도 들리게 된다. 그런 탓으로 영적인 파동은, 파동의 정도를 낮춰서 물질적인 파동이 되고, 또한 자연계의 법칙에 조화되도록 작용하는 것이다.

## 제15장 노드클리프경(卿)과의 대화

　영계로부터의 지시에 의해, 나는 이 같은 영매에 의한 직접발성음현상의 연구를 더 깊이 진행시켜야만 된다고 생각했고, 나 역시 이미 그것은 앞서 말한 바와 같이 좋은 성과를 얻었으며, 또한 이 영매야말로 물리적인 심령현상의 영매로서는 영국에서 으뜸가는 능력자임이 증명되었으므로, 나는 1951년 4월 중에 다시 한번 이 영매를 통해 강령회를 개최하기로 약속했다.
　이번에는 앞서 동반했던 친구를 데리고 가지 않고 엘시하드위크 부인을 초대해서 함께 갔다. 아내의 영이 지난 번에 그렇게 해 주기를 원했기 때문이다.
　그것은 매우 드문 기회였다고 할 수 있다. 왜냐하면 심리적인 심령현상의 영매인 하드위크 부인이 직접 발성음현상의 심령회에 출석해서 물리적인 심령현상의 영매와 대결하는 최초의 체험을 겪게 되었으니까 말이다.
　그날 밤의 환경조건은 매우 좋았다. 심령현상은 2분도 지나기 전에 일어났는데, 강한 영풍이 불기 시작하더니, 이윽고 영국인의 지도령의 목소리가 들려 왔다.
　"작은 부인을 함께 모시고 온 것을 우리는 기뻐합니다. 하드위크 부인, 지금까지 나는 여러 번 부인의 신세를 진 일이 있습니다. 스터빈이 당신을 통해 말할 때 나는 그 방 구석에서 있었던 일이 여러 번 있었습니다."
 그때 인도인의 지도령이 갑자기 옆에서 끼어 들었다.
 "당신에게 말하고 싶어서 이곳에 모인 사람들이 많이 있습니다. 지도령과 밴드가 직접 발성음현상에 필요한 장치를 하고 있습니다. 처음에는 목소리가 매우 부드럽게 들릴 겁니다. 당신께서 저술(著述)하시는 건 어떻게 됐습니까? 예정대로 잘 돼 나가고 있습니까, 레스터씨?"
 나는 그것을 완성시키려면 아직도 많은 자료가 필요하다고 대답했다. 그리고 이번에는 물어볼 것을 많이 마련했다고 덧붙여 말했다.
 그는 대답했다.
 "나중에 연구사항에 대하여 질문하십시오. 지금 나는 준비를 하는 데 정신이 없습니다. 지금 나는 그의 손을 써서 악기를 조정하는 시험을 하고 있습니다.(주 : 악기란 영매의 손을 말함).
 다음에 일어난 일은 아내의 영이 지배령의 이름을 부른 일이었다. 그리고 그녀는 나에게,
 "여보, 레지널드, 제 목소리가 들리나요?"
 하고 말했다.
 "아직 희미하게 들릴 정도요."
 라고 내가 말했다.
 "와서, 나를 좀 도와주세요!"
 하고 아내의 영이 지배령을 부르는 음성이 들렸다.
 "될 수 있는 대로 열심히 하고 있습니다. 당신을 돕기 위해서요."
 하고 대답한 것은 지배령이었다.

이윽고 아내의 영은 하드위크 부인에게로 와서,
"잘 오셨습니다. 저는 얼마나 기쁜지 모르겠어요."
하고 말했다. 하지만 이날 밤은 물질화 현상을 일으키는 것이 곤란하다는걸 안 것 같았다. 그녀는,
"더 익숙해지면 몇분 안으로 제대로 잘할 수 있다고 생각하지만, 모두들 그것은 어렵다고 합니다."
하고 말한채, 그녀는 현상을 일으킬 노력을 그만두어야만 했다.
이윽고 지배령이 하드위크 부인에게 물어보는 말이 들렸다.
"오늘 밤은 매우 즐거운 회합이 아닙니까?"
그녀는 진정어린 말투로,
"정말 잊을 수 없는 체험입니다."
하고 대답했다. 지배령은 말했다.
"이따금, 그때의 상태에 따라 모두가 말하는 일이 우리에게 들리기도 하고 들리지 않기도 하고 뜻을 알 수도 있고 알 수 없을 때도 있습니다."
"당신도 마음이 언짢아지실 때가 있습니까?"
하고 하드위크 부인이 물었다.
지배령은 곧 대답했다.
"물론이죠. 화가 나는 일도 있답니다!"
이렇게 말하자, 그 자리에 있던 사람이 한꺼번에 웃음보를 터뜨렸다.
그때 나는 실험을 하는데 힘을 축적하지 않으면 안 된다고 했는데, 어떻게 하면 심령적인 힘을 만들 수 있으며, 그것을 축적할 수 있는지, 더 자세히 설명해 줄 수 없겠느냐고 그에게 부탁했다. 그러자, 그는 다음과 같이 대답했다.

"힘은 탄력성이 있는 것이어서, 여러 방면으로 변화시켜서 쓸 수 있습니다. 바로 분위기의 문제입니다. 다시 말해서 직접발성음을 내는 발성함(發聲函)(주 : 인후부의 발성기관과 똑같은 부분을 영매의 엑토플라즘으로 만드는 것)을 만드는 데 필요한 분위기가 원래 있는지 없는지 하는 문제입니다.

또한 우리는, 당신네가 이른바 '영매적 오러'라고 일컫는 것을 연구하지 않으면 안됩니다. 그것은 사실은 오러(後光)가 아니라 영매와 그날의 모임에 출석하고 있는 사람들에게서 추출된 분위기입니다.

우리가 영매의 마음을 이용하든, 이용하지 않든 그리고 영매의 영시능력 및 영청 능력을 자극하던 간에, 이 분위기라는 것을 추출하지 않으면 안됩니다. 영계의 기술자는 실험을 할 경우, 회장에 있는 사람들 사이에 실험에 필요한 영적인 자료가 존재하는지를 알기 위해 시간이 필요한 겁니다."

그때 그는 갑자기 그 이야기를 중단하고,

"누군가의 영이 왔습니다. 그 영은 예전에 이 영매를 통해 한 번 이야기한 일이 있는 분입니다.——당신에게가 아닙니다."

하고 말했다.

이윽고 그 영이 나타나서 이름을 댔다. 또한 그 영은 우리의 비공개 강령회에 출석하는 부인 가운데 한 분의 남편이라는 걸 증명했다.

지금까지 그 부인은 비공개 강령회에서 남편의 영이라고 말하고 나타나는 이가 있어도 그것에 확증을 얻을 수 없었으나, 지금 나타난 남편이라고 말하는 영은,

"그녀에게 '나의 사랑'을 전해주오."

하고 말했다. 그리고 그녀가 지금도 아직 비참한 생활을

보내고 있음을 안다고 말했다(이것은 사실이었다). 우리는 '당신의 말을 틀림없이 전하겠습니다.'하고 약속했다. 그리고,
"분명히 당신이라는 증거가 될만한 무엇을 보여주실 수 없습니까?"
하고 말했다. 그러자 그는 증거로서 아내의 가족 이름을 몇 명 들었다. 또 아내의 정말 이름과 그의 아내에게서 듣고 우리가 모두 알고 있는 그의 아내의 애칭을 말했는데, 나중에 조사해 보니 정확히 맞았다.
그때 느닷없이 뜻하지 않은 방문객이 나타났다.
"당신에게 말하고 싶다고 하는 부인이 계십니다. 아주 건강한 체격으로 머리색은 붉은 빛을 띠고 있습니다."
하고 말했다.
그리고 지배령은 그 부인의 이름을 생략하지 않고 말했다.
하드위크 부인은 그 말을 듣자 몸서리를 쳤다. 까닭인즉, 부인의 이름은 오랜 세월 동안 함께 심령연구반에 있던 부인의 이름이며 그녀는 6개월쯤 전에 갑자기 이 세상을 떠난 사람이었기 때문이다.
지배령의 소개가 끝나자마자, 그녀의 영은 영매의 입을 빌어 아주 똑똑한 목소리로 이야기를 시작했다. 하드위크 부인이 나중에 말한 바에 의하면, 그것은 생전의 그녀의 목소리 그대로였으며, 말투도 그대로였다고 한다.
그녀의 영은 하드위크 부인과 아주 친한 개인적인 사건을 두 세가지 말한 다음, 살아 있는 남편과 딸에게 전해 주기 바란다는 말을 이야기하기 시작했다.
지배령은 지금까지는 회의가 시작될 때 하드위크 부인에게 간단한 인사를 하기 위해서만 나타났으나 이번에는 그녀

의 영이 사라지자 곧 영매에게 나타나서,
"안녕하세요?"
하고 인사를 했다.
"안녕하십니까?"
우리도 그에게 인사를 했다. 그러자 지배령은,
"아직 환하지만 아마 당신네들은 어둠 속에 앉아 계시죠. 만나서 기쁩니다. 하드워크 부인, 스터빈은 나와 매우 친한 친구입니다."
이윽고 그는 내게 말을 걸고,
"당신은 지난 번에 내게 질문할 시간이 없었지만, 무엇인가 당신은 내게 물을 일이 있겠지요?"
하고 말했다.
"조금 전의 부인은 자기가 생전에 말하던 그대로의 음성으로 아주 자연스럽게 이야기를 할 수 있었으나, 그 부인처럼 말할 수 있는 사람과 말할 수 없는 사람이 있는 것은 어째서입니까?"
하고 나는 물어보았다. 그리고 나의 아내가 살았을 때의 목소리로 말할 수 없는 이유를 덧붙여 물었다. 이 점이 직접 발성음현상 때 모임에 모인 사람들의 의심을 사는 요점이 되어 있었으므로, 이 지도령의 회답은 결정적으로 흥미있는 것이었다. 그 회답은 다음과 같은 것이었다.
"영들은 가끔 그들이 지상에서 쓰던 대로의 목소리의 특징을 재현시킬 수 있습니다. 그것은 모두 진동수에 따라 다릅니다. 당신들의 분위기는 가끔 그들의 목소리의 음색에 적합한 진동수를 만들 수 있습니다. 만약 그 발성기관이 그와 같은 주파수로 진동했을 경우에는 훌륭하게 생전의 음조(音調)를 낼 수 있지만, 만약 그와 같은 주파수를 얻을 수 없을 경우에는 그것을 부수고 새로 만들어야 합니다. 그러나 영계통신에 경험을 쌓은 영들은 자기 생전의 음조로 이야기할 수 있습니다. 우리는 완전히 인공적으로 발성기관을 만듭니다. 영계통신을 한다는 영들은 대개 방에 들어와서 자기는 단지 상념(想念)으로 이야기하려고 노력할 뿐이며, 발성장치계(發聲裝置係)의 협력으로 목소리가 변합니다. 실제의 목소리의 음조가 어떻게 되었는지는 목소리를 내고 있는 영 자신은 전혀 모르고 있습니다."

"그것은 연습에 의해 완전하게 되는 문제입니까?"

하고 나는 말참견을 했다.

"그렇습니다. 영계통신을 하는 영들에게는 이 목소리의 상태를 조절하는 일이 완전히 익숙해지기까지는 참을성 있게 반복적으로 연습해야 합니다. 영계통신의 영으로, 처음으로 직접발성음 방식으로 이야기를 할 경우 갑자기 인공적인 분위기 속으로 들어오기 때문에 어느 정도 건망증에 걸린 듯한 상태도 있으며, 때로는 거의 기억상실 상태에 빠지는 일이 있습니다. 이런 종류의 영은 우리의 원조를 필요로 합니다. 그리고 의지의 힘으로 무엇인가를 전하려는 크나 큰 염원(念願)을 지니고 있습니다."

"보다 강력한 인격을 지닌 영은 통신을 보다 쉽게 할 수 있는 게 아닐까요?"

하고 내가 묻자 그는 내 말에 동의해 말했다.

"어떤 영은 그 분위기에 익숙해집니다. 뿐만 아니라 재빨리 자기의 상념을 집중시킬 수도 있습니다. 더 깊은 경험을 쌓아감에 따라 협력자로부터 정신적인 원조는 적어져도 됩니다. 또한 당신은 95퍼센트까지도, 발성장치를 신속하게 상념으로 지배할 수 있을 만한 강력한 의지를 지닌 영혼을 만날 수 있을 것입니다. 보다 힘이 약한 영혼은 함께 생각해 주는 협력자를 필요로 합니다. 그리고 협력자라는 것이, 영매의 뇌수(腦髓)에서 뽑은 상념이 될 수도 있습니다(이것은 트랜스 상태의 영매의 경우에도 일어난다). 그리고 영매 자신의 그것에 맞는 염(念)을 이용하는 겁니다."

이어서 그는 질문이 더 있으면 사양 말고 물어보라고 했다. 나는 자신이 쓰고 있는 책에 대하여 뭔가 더 주의할 만한 의견이 있으면 말해 달라고 했다.

그는 대답하기를,

"나는 그런 일에는 직접 대답할 수 없습니다. 나는 선전에 흥미를 가지고 있는 어느 신문인의 영혼에게 물어보고 나중에 당신에게 그 보고를 하려고 합니다. 이곳에는 선전을 목표로 삼는 일에 흥미를 지닌 영이 몇 명 있습니다. 나는 특히 노드클리프경(卿)에게 의논하려고 합니다. 다음에 그 분을 이리로 데려와서 당신과 직접 말하기로 하죠."

"질문할 사항을 미리 써 두는 편이 좋다면, 그것을 써가지고 강령회에 가지고 오려는데요."

"그렇군요. 미리 써 두고 우리에게 읽어서 들려 준다면, 당신이 어떤 일을 묻고 싶은지 그 생각을 이쪽에서 양해하는데 도움이 됩니다."

하고 그는 대답했다.

이윽고 나는 심령치료에 관한 어떤 문제를 물어보았다. 그러자 이 지도령은 그 문제에 대하여 다음과 같은 흥미있는 설명을 했다.

"그것은 상념의 진동에 관한 문제입니다. 영매의 정신력이, 따로 있는 진동 세트를 움직이게 하는 겁니다. 어느 특수한 진동의 고치는 힘은, 어느 특수한 장치에 의하여 전달되므로 심령치료에는 말하자면 보수적인 영적 파동 위에, 전혀 다른 파장이 작용하는 게 필요합니다."
 이 강령회는 그 뒤 두 세가지 개인적인 문답이 있은 뒤 산회했다.
 5월 말의 활짝 개인 따뜻한 낮이었다. 나는 지금까지 경험한 중에서, 가장 기념할 만한 강령회에 출석했다. 출석자는 나와 친구인 그레이스뿐이었다. 영매는 깊은 황홀상태에 있었으나 영매의 의식이 아직 분명할 때에 지배령이 나타나서 드물게도 영매의 육체의식이 지배령의 음성을 들은 것이다.
 그 순간 영매는 의자 앞쪽에 걸터 앉았다. 지배령은 그가 알지 못하는 사이에 그렇게도 속히 나타나서 영매를 향하여,
 "의자에 더 편히 앉으시오."
 하고 말했다. 영매는 곧 그 명령에 따랐다. 그러자 때를 같이하여 영매는 완전히 무의식상태로 들어갔다.
 그때 지배령은 우리를 향하여,
 "그러는 게 좋겠소. 영매는 의식이 없는 편이 좋아요. 오늘 밤은 당신에게 말하고 싶은 영이 몇 사람 와 있습니다. 하지만 처음에 우리는 좀더 힘(주 : 물리적 현상을 일으키기 위한 영적 에너지)을 필요로 합니다."
 힘을 축적하는 동안 속기로 노트하던 그레이스 부인은 그 방의 높은 곳에 나타나서 몇 초 동안 우리가 있는 쪽을 향하여 둥둥 떠 있는 듯이 보인 영광(靈光)을 보고 그것이 무엇인가 물었다. 지배령은,
 "영들이 영광이 생기도록 어떤 힘을 집중시킨 겁니다. 그리고 그 빛은 현상을 나타내고 있는 영의 몸 중심부에서 소리나는 겁니다. 영광을 볼 수 있게 하려면 랩(영의 두드리는 소리) 소리를 들을 수 있게 나타내는 것과 같은 간단한 방법

으로 할 수 있습니다."
라고 대답했다.
"오늘 밤의 조건(주 : 심령현상을 나타내기 위한 여러 가지 환경조건)은 어떻습니까?"
라고 내가 물어보았다.
"매우 좋습니다. 영적인 분위기의 압력이 낮은 경우에는 조건이 좋지 않습니다. 그런 때에는 짙은 안개를 통해 듣는 것 같이 목소리가 탁하게 들립니다."
지배령은 우리에게 말하기 위해 기다리고 있는 영들을 불러 모으려고 2,3분 동안 사라졌다. 그동안 지금까지 쓸 수 없던 메가폰이 바닥에서 떠 오르고 내 얼굴 높이까지 와서 멎었다. 이윽고 그곳에서,
"안녕하십니까? 나는 존헬몬입니다."
이렇게 말하는 소리가 들렸다.
이 소리에 나는 깜짝 놀랐다. 그 헬몬이란, 아내의 결혼 전 성(姓)이었기 때문이다. 나는 그에게 인사했다. 그리고,
"나는 당신을 모릅니다."
하고 덧붙여 말했다.
"그야 그렇겠지요."
그는 대답했다.
"왜냐구요? 생전에 당신과 만난 일이 없으니까요? 하지만 난 당신 부인의 사촌동생입니다."
하고 말했다.
"영계로 간 지 몇 년이나 되오?"
하고 내가 묻자,
"83년이 됐소. 내 말이 그곳까지 들렸으면 좋으련만. 마졸리는 내게는 몹시 힘들 거라고 그러더군요. 또 해 보겠오. 이

런 일을 하는 건 오늘이 처음이오. 하지만 난 또 오겠소."
　이렇게 말하고 그는 사라졌다.
　그러자 지배령이 다시 와서 말했다.
　"난 다른 영들과 이야기하고 있었습니다. 그러자 저 영이 만나게 해달라고 뛰어들었습니다. 저 영은 결코 자기는 '훼방군이 아니오, 친척이오.' 하고 말했는데 그것이 사실이었습니까?"
　"그가 우리 가족의 이름을, 더구나 참석하고 있는 사람이 아무도 모르는 가족의 이름을 정확히 말했다는 점에서는 정말이라고 생각하오. 허나 생전에 직접 만난 일은 없습니다."
　그러자 지배령은 말했다.
　"오! 마졸리가 손을 흔들고 있습니다. 또한 '나는 그를 알아요. 곧 다시 그 사람을 이리로 데리고 오겠어요' 이렇게 말하는군요."
　그뒤 잠시 동안을 두고 영국인의 지도령이 이 강령회에 나타났다.
　"안녕하시오? 당신을 이곳에서 만나서 기쁘오. 1,2분 뒤에 당신과 이야기를 나누고 싶으니 다시 돌아오겠소."
　하고 말했다.
　아무래도 오늘 밤은 영의 출입이 심한 것 같았다. 1분 쯤 뒤에 인도인 지도령의 목소리가 들렸다.
　"안녕하시오. 다시 뵙게 되어서 감사하오. 우리가 한 동안 아무 말도 하지 않아도, 무슨 잘못이 일어났으리라고는 생각하지 마시오. 몇 사람의 영이 이곳에 있습니다. 존이라는 영이 왔지만 우리는 모르는 사람입니다. 하지만 당신 부인의 영이 그 영을 이리 데려와도 좋다고 신호를 했으므로, 우리는 그 영을 이리로 데려오려고 합니다."

"좋습니다."
나는 이렇게 대답했다. 그는 덧붙여 말했다.
"어떤 구실을 붙여서 나타나 우리를 메신저 보이로 만드는 일이 있으나, 그것은 좋지 않은 일이요."
이렇게 말하는 그 목소리는 정말 '곤란한 걸' 하는 투를 띠고 있었다. 그때 지배령이 돌아왔다.
"우리는 당신에게 어떻게 보입니까? 어떤 옷을 입고 있는지 영계에서 보입니까?"
이렇게 나는 물었다.
지배령은 대답했다.
"우리에게는 보통 현실계의 색채(色彩)가 보이지 않습니다. 당신들이 옷을 입고 있다는 것만 알 수 있습니다. 당신들은 우리에게는 늘 유령처럼 희미하게 보입니다. 하지만 만약 우리가 영매의 몸 안에 어떻게든 들어가면, 우리도 역시 당신들이 보듯이 영매의 눈을 통해보고 또한 그 목소리를 육성의 귀로 듣듯이 듣는 겁니다."
"당신들이 영매 없이 혼자 계실 때 우리는 당신들의 상념을 텔레파시 형식으로 잡습니다. 하지만 우리가 영매의 육체 속으로 들어가거나 영매의 오러(後光) 속으로 들어가거나 또는 엑토플라즘의 발성함을 사용하거나 할 경우에는 당신들의 목소리를 그대로 직접 들을 수 있습니다."
그래서 나는 늘 큰 관심거리였던 문제를 지배령에게 물어보기로 했다.
"이 영은 본인이 틀림없다는 확증을 어떻게 하면 얻을 수 있습니까? 이를테면, 어떤 영이 나타나서 '나는 올리버 롯지요.' 하고 말했을 경우에 말이죠. 어떻게 하면 본인이라는 걸 확인할 수 있습니까?"

제15장 노드클리프경과의 대화 229

그러자 그 대답은 다음과 같았다.
"'나는 아무개입니다.' 하고 어떤 영이 말하는 걸 못하게 할 수는 도저히 없습니다. 우리 영계의 단체 맴버들이 이것은 아무개에 틀림없다고 증명하는 외에는 그것을 확인할 방법이란 없습니다. 우리는 유명한 사람을 많이 알고 있습니다. 나는 한낱 지도령으로 흔히 '이 사람은 아무개가 아닙니다.' 하고 사람들에게 경고한 일이 있습니다. 어떤 영이든지 와서 '나는 봅 레스터요.' 하고 말할수 있습니다. 나는 그가 정말 봅 레스터인지 아닌지는 모릅니다. 어떤 영혼일지라도 영매에게 빙의되어 '자기는 올리버 롯지요.' 하고 말할 수 있습니다. 하지만 만약 그가 앞서의 강령회에서 영매에게 나타났다는 보고가 있을 경우, 우리는 아마 몇분 동안에 그 강령회에 그 영이 나타난 일이 사실인지 아닌지 알 수 있습니다. 사람들은 올리버 롯지의 이름을 함부로 말하고 싶어하지만 그 사람은 영계에서 어떤 중요한 일, 즉 영계통신을 하는 심령주의에 관련된 일을 하고 있습니다."
다른 영도 그랬듯이 이 지도령도, 여러 영혼이 영매를 통하여 나타나는 것을 허락하기 전에 본인의 영이 틀림없다는 확증을 얻을 수 있도록 몹시 주의를 한다고 힘주어 말했다. 이윽고 지도령은 말참견을 했다.
"영혼이 몇명 이곳에 와서, 이야기를 하려고 합니다. 하지만 영매를 깨끗이 청소하지 않으면 그들의 목소리를 들을 수 없습니다. 잠시 귀를 기울여 보려고 합니다."
한참만에 그는 말을 이었다.
"이곳에 아직 뚜렷이 누구의 영인지 알 수 없는 영이 몇 사람 와 있습니다. 이런 일은 항상 마찬가지죠. 늘 연락을 취하고 통화하려고 시도하고 있습니다. 그와 동시에 우리는 다른 방법으로 통신할 수 있는 수단을 갖고 있는 사람을 제외하려고 합니다. 이 영들이 무슨 말을 하는지 들어보고 올 동안 참고 기다리십시오. 이 영들은 당신과 연락이 닿을 것 같지 않습니다."

잠시 동안 우리는 말없이 의자에 앉아 있었다. 이윽고 친구(그레이스 부인)의 남편의 목소리가 들려오더니 그녀에게 인사를 했다. 그 이야기 가운데에는 본인이 아니고는 알 수 없는 극히 개인적인 사건이 많이 나와서, 매우 실증적인 장면이 연출되었다. 이어서, 아내 마즐리의 영이 나와서 내게 인사를 한 뒤 역시 개인적인 사항에 대하여 이야기를 나누었다.

나는 인간의 영이 영계로 간 뒤, 무슨 일로 시간을 보내고 있는가 하는 문제를 똑똑히 알려고 하였으나, 극히 개념적인 대답만 있었을 뿐 그 이상의 것은 알 수 없었다.

그녀가 말하기를,

"오오, 그야 영계에는 공부해야 할 일이 많이 있지요. 모두 각각 다릅니다. 전 당신에게 어떻게든 알도록 말하려고 노력하지만, 이따금 왜곡돼서 전해지는군요. 전 할 수 있는 노력은 다 해 봤어요. 전 이따금 초조해집니다."

그 말을 듣고 있으려니, 그 말투가 자못 초조한듯 했으므로 나는 그만 웃고 말았다.

그러자 그녀는,

"당신도 자기의 하고 싶은 말이 상대방에게 전달되지 않을 때 짜증이 나시죠?"

하고 덧붙여 말했다.

영시현상(靈視現象)에 의한 영계통신과 직접발성음현상에 의한 영계통신을 비교해서, 아내의 영은 어떻게 생각하느냐고 의견을 물어보았다. 그녀의 대답에 의하면 영시현상의 장점은 많은 사항을 직접 볼 수 있다는 점이다. 이에 반하여 직접발성음현상은 단 몇분간 밖에 통화할 수 없다는 결점이 있다. 하지만 그것이 사실이라 하더라도 직접발성음현상은 온갖 심령현상 가운데 가장 놀랄만한 현상이라고 하는 것이었다.

마졸리가 떠나자, 몇 분 동안 침묵의 시간이 흘렀다. 그것은 틀림없이 영계측에서 어떤 특별한 영계통신 방법을 강구하느라고 활동을 하고 있는 것 같았다. 이윽고 어떤 영의 목소리가 들려왔다. 그것은 분명히 힘찬 목소리여서 이 사람의 목소리를 한 번 들은 사람은 반드시 그가 누구라고 알 수 있었다. 그래서 마치 그 사람의 강력한 성격을 힘껏 에테르 진동을 통해 표현하고 있는듯 했다.

그 목소리는 울려퍼지는 듯한 힘찬 말투로 말했다.
"안녕하시오. 나와 말하고 있는건 레지널드 레스터씨죠?"
"그렇습니다."
"내 이름은 노드클리프입니다."
그 뒤에 오고 간 대화는 다음과 같다.

나 : 당신과 이야기하게 된 것을 영광으로 생각합니다.
경 : 레스터씨. 나는 짤막하고 퉁명스럽게 말하지만 양해해 주시오. 우리는 영계에서 잠간 그대의 소문을 들었는데, 그대가 우리에게 협력해 주면 좋겠소.
나 : 저야말로 간절히 원하는 바입니다.
경 : 난 이 '저주스러운 마스크'(주 : 직접발성음용의 엑토플라즘으로 만든 발성장치)가 질색이거든. 이것은 언제나 내 목소리를 발성장치로 잘못되게 만드오. 그런

데 그대는 어느 정도나 우리에게 협력할 셈이오.

나 : 전폭적인 협력이죠.

경 : 그거 고맙소. 영들의 말로는 그대는 영계통신에 관한 일련의 기사를 썼고, 또한 한 권의 책을 쓰고 있다던 데.

나 : 노드클리프 경, 정확히 말해서 일련의라고까지는 할 수 없죠. 신문사의 청탁을 받고 기사로 실린 것으로 머지 않아 출간될 책의 각장(各章)의 일부를 연재물처럼 발표했을 뿐입니다.

경 : 아무튼 책이 되는 거죠?

나 : 그렇습니다.

경 : 그 신문은 데일리 뭐라고 하는 이름이죠? 그거 안됐는걸.

나 : 어째서요? 신문에 그 기사는 중요한 기사의 하나로서 발표되는 겁니다. 다른 일간신문에는 연락이 닿지 않으니까요.

경 : 그렇군. 없는 것보다는 났다고 해 둡시다. 나의 개인적인 편견으로 앞길을 막아서는 안되니까.

나 : 아시다싶이 다른 계통의 신문사에서는 이런 종류의 기사에는 전혀 동정하지 않으니까요.

경 : 그래, 그래, 그렇지. 늘 나를 화내게 만드는 게 바로 그거요. 만약 내가 그 일을 착수할 수 있다면 이 사상을 선전하는 데 필요한 영매들을 더 쉽게 찾을 수 있을 거요. 레스터씨, 이것은 인류가 지금까지 얻은 최대의 스토리인데도 아무도 그것에 대해 언급하기를 피하는 것 같소. 그대는 그렇게 생각하지 않소.

나 : 그렇고 말고요. 특히 큰 신문에서는요.

경 : 나도 알고 있소! 인류는 그런 장애물을 뛰어 넘어야 하오. 어째서 그들은 진지하게 그것을 연구하지 않을까요?

나 : 신문사의 편집장에게 심령문제에 흥미를 일으키게 하려고 내가 한 일은 당신도 아시겠죠?

경 : 알고 있소, 알고 있소. 그런데 그대의 책의 편집에 관해서인데 어떤 종류의 자료가 필요한가요?

나 : 가장 대중의 마음을 감동시키는 것은 물리적 심령현상이라고 생각합니다만.……

경 : 그것은 잘못 생각이오. 하지만 그 현상은 극적이라고 말할 수는 있소. 또한 당신이 요구하는 것과 당신이 절대로 필요하다고 하는 것은 무엇이오?

나 : 노드클리프 경. 그 중의 하나는 완전히 순수한 심령의 물질화 현상입니다. 나는 아직 그것을 얻는 데 성공하지 못했습니다. 내가 이번에 내는 책 속에는 순수한 물질화현상에 대해서 써놓고 싶습니다.

경 : 그런 현상을 나타낼 수 있는지 어쩐지 연구해 봅시다. 그 밖에는?

나 : 나는 지금까지 보고드릴 만한 성적이 좋은 직접발성음현상을 조금밖에 경험하지 못했습니다.

경 : 직접발성음현상을 일으키는 우수한 영매는 극히 적지만, 나는 지금까지 그 밖의 영매를 통하여 이야기를 하기로 했소. 그대는 앞으로도 자주 속임수를 당할 거요. 정말 괘씸한 일이지. 나는 지금까지 자주 엑토플라즘의 발성장치에 입을 대고 말했으나, 영들은 그대에게 그 발성장치의 자리로 와 주기를 바라고 있소.

나 : 정말 제게도 그렇게 말했습니다. 되도록 그렇게 하겠

습니다.
경 : 그대는 밀폐투시현상(密閉透視現象)을 연구해야만 하오.
나 : 최근의 실험은 매우 실망할 만한 성적이었습니다. 당신은 그렇게 생각하지 않으십니까? 제가 말하는 것은 어느 분의 경우 말입니다.
경 : 그래. 그 사나이는 용기가 없었소! 나는 그대와 알게 되어 매우 기쁘오.
나 : 덕분에 좋은 체험을 했습니다.
경 : 잘 있으시오.

노드클리프 경이 사라지자, 곧 지배령이 돌아왔다.
"경은 영계에서 매우 활발하게 활동하고 계십니다. 영계 사람들은 경에 대해서 매우 잘 알고 있습니다."
그는 이렇게 말하고 계속 말을 이었다.
"당신이 하시는 일에 흥미를 지니고 있고 당신을 장차 유망하다고 생각하는 영들이 몇 명 있습니다만, 그 중의 누구 한 사람 영매를 통해 말한 일이 없었으므로 내가 당신을 대신하여 이들 영의 이야기를 듣는다면 비교적 잘 들을 수 있을 것입니다."
이렇게 말하고 지배령은 상황 판단을 하기 위하여 사라졌다. 그 대신 전에 의사였던 지도령이 돌아와서 물었다.
"당신이 듣고 싶으신 문제를 더 되풀이 해서 말해 주시오."
나는 내 집에서 개최되고 있는 비공개 강령회의 운영방법에 대한 조언을 청했다. 그 문제에 대하여 자세한 내용의 응답이 있은 뒤 의사의 영은 갑자기 이런 말을 했다.

## 제15장 노드클리프경과의 대화

의사 : 여보시요! 그대의 건강은 전보다 좋아졌소. 그대에게 주어진 심령치료의 영능력은 많이 회복되어 있지. 그대가 정기적으로 위장병의 증세를 나타내는 건 기질에서 오는 질환이 아니라, 그것은 신경이 지나치게 긴장해서 그런 것이오. 되도록 신경의 긴장을 풀도록 하시오. 그대는 정신을 많이 써야 하는 사람이오. 그러니까 앞으로는 좀더 정신적으로 긴장을 풀고 생활하는 것이 당신에게 도움이 될 것이오.

나 : 하지만 나의 직업은 정신력을 많이 써야 하는 일인 걸요.

의사 : 그렇지, 그대는 펜과 종이가 정신력의 출구라고 생각하고 그것으로 마음의 압력을 해방시키고 있다고 생각하지만, 그것은 내부에서 뭉치고 맙니다. 그 응어리를 풀지 않으면 안되오.

나 : 그런 것에 대해선 아무 것도 생각하지 않습니다. 다만 그것이 나의 의미라고 생각하고 있을 뿐입니다.

의사의 영은 여기서 화제를 바꾸었다.

"그대의 심령능력이 증가됨에 따라 이 긴장은 늦으러집니다. 건강에 각별히 조심하십시오. 이 영매는 위궤양을 앓았지만 당신은 궤양 같은 건 생기지 않았소. 하지만 이 영매는 당신처럼 정신을 몹시 긴장시키고 있소. 당신은 심한 타격을 받았지만 지금은 전보다 유쾌한 날을 보내고 있소."

또한 그는 내가 맡고 있는 어느 환자의 치료에 대하여 어떤 종류의 자세한 주의를 주고 오늘 밤에 더 물어볼 일이 있는지 없는지를 물어보았다.

나 : 노드클리프 경에게 물어보려다 잊은 질문이 있습니다. 내 책의 제목입니다만 지금 권유받고 있는 제목은 마음에 들지 않습니다. 책을 내주겠다는 출판사도 두어 군데 있

지만, 책 내용과 꼭 맞지 않아서요.

　의사 : 책의 제목에 대해서라면 부인의 영과 의논하든가, 다른 사람들에게서 의견을 듣기로 합시다. 출판사를 선택한다는 것은 매우 중요한 문제입니다.

　나 : 그렇죠. 내 생각으로도 심령 그룹 이외의 출판사에서 출판하는 편이 좋다고 생각합니다. 심령 그룹의 출판사에서는 심령주의 신자에게만 읽히게 되니까요.

　의사 : 그런데 노드클리프 경과 그 밖의 영들이 여기서 이렇게 첫회합을 했으니까, 다시 이곳이나 혹은 다른 곳에서 만날 기회가 있을 겁니다. 경은 영계에서 선전 관계의 일을 맡고 있는 으뜸가는 일꾼입니다. 경은 이런 종류의 일에 대하여 올바른 생각을 하는 분입니다. 경은 뛰어난 영계의 통신입니다.

　의사는 우리에게 작별인사를 했다. 그러자 지배령이 비공개 강령회에 대한 주의를 몇 가지 주었다. 나의 친구(미망인 그레이스)는 지배령에게 자기가 어느 강령회에서나 정말 그 지도령과 대화를 나눌 수 있느냐 하는 것에 대하여 물었다. 그러자 지도령은,

　"그렇습니다. 당신은 지도령에게 이야기를 하고 왔습니다. 영들은 임시로 추상적인 이름을 대는 겁니다. 하지만 나는 지배령이라는 직책을 선택했으므로 그런 이름을 붙여서는 안 되고 통신할 때 누구라고 간단히 알 수 있는 이름을 붙여 둡니다. 우리는 지도령에게 영혼이 존재한다는 실증이 되는 일을 말해도 좋다고 허락을 내리도록 되어 있습니다."

　다음에 그녀가 물은 것은 이미 이 회의가 시작됐을 무렵에 질문한 것을 다시 한 것으로 영계로 간 우리 가족들의 영은 영계에서 무슨 일을 하느냐는 것과 죽은 남편 짐의 영이 지

금 무슨 일을 하고 있느냐는 것이었다.
　지배령은 이렇게 말했다.
　"짐은 통계를 연구하느라고 정신이 없습니다. 그 사람은 머리가 뛰어났습니다. 그의 정신상태는 이와 같은 일은 가장 쉽게 할 수 있습니다. 하지만 다른 많은 영들과 함께 그도 역시 아직 연구반에 있습니다."
　또한,
　"레지널드씨, 부인께서는 다른 영들에게 음악을 가르치기에 바쁜 모양입니다. 자주 부인께서 영계의 악단에 섞여 계신 것을 본 일이 있습니다."
　지배령은 얼마동안 생각하고,
　"아티 그레이스씨, 당신 어머니의 영은 영계의 어린애들의 보모로서 활약하고 계십니다."
　나의 아내와 그레이스의 어머니의 일은, 예상하던 대로였다. 하지만 그레이스의 남편의 영이 통계를 공부하고 있다는 말을 듣자 조금 놀랐다.
　우리는 영계에서 무슨 필요로 통계와 같은 연구를 하는지 상상할 수도 없는 일이었다. 그래서 이 문제에 대하여 자세히 물어보기로 했다.

　　　　나 : 영혼이란 것은, 조금도 쉬지 않는 것 같은데, 일을 중단하는 일도 없고 잠을 자는 일도 없고 그렇다면 지루할 게 아닌가요?
　　지배령 : 영들의 생활은 대부분이 연구와 휴식을 취하는 일입니다. 영혼은 육체적으로 지치는 일은 절대로 없습니다. 때로는 휴식을 취하는 일도 있지만 잠을 자는 일은 없습니다. 영혼은 음악회에서 휴

식을 취합니다.
나 : 잠을 자는 일이 없다면 낮과 밤을 혼돈할 텐데요. 그리고 하루가 내내 밝기만 하다면 단조롭지 않을까요.
지배령 : 아니요. 그런 일은 없습니다. 빛의 변화가 있기 때문이죠. 빛은 건물의 색깔에 의해서 지배됩니다. 음악의 진동수가 리드미컬하게 변하듯이 색채의 진동수도 변합니다. 늘 마음이 상쾌하듯이 원기왕성한 느낌이 있습니다. 당신들은 피곤할 때는 휴식을 취합니다. 영계로 온 사람들이 놀라는 것은 영혼들이 영원히 육체적으로 지치지 않는다는 사실을 직접 체험하는 일입니다.
나 : 하지만 밤과 낮의 변화가 없는——해돋이도 없고 해지는 광경도 없는 경치——그것은 너무 단조롭지 않을까요.
지배령 : 우리는 일률적으로 변화가 없다고 느껴 본 일이 없습니다. 넓은 범위의 색채와 음악의 변화가 항상 있고 우리의 오관은 지상의 당신들 오관보다 매우 예민합니다.

또한 그는 '우리는 언제라도 원할 때, 지상에 다시 찾아와 해돋이와 해지는 아름다운 광경도 볼 수 있습니다.' 하고 덧붙였다.
이 단계에 이르자, 영매에게 각성상태(覺醒狀態)가 나타나기 시작했고 지배령의 음성이 전해졌다. 그리고 그 뒤 1분쯤 뒤에 이 훌륭한 강령회는 1시간 30분이라는 기록을 남기고 막을 내렸다.

## 제16장 바뀌는 영매(靈媒)의 얼굴

 심령현상에는 또 한 가지 형태가 있다. 내가 전부터 들어왔고 나 스스로 실험해 보겠다고 생각했었지만, 영국에는 이 방면에 유능한 영매가 없는 것 같았다. 그것은 즉 변모(變貌)라는 현상이었다.
 마침내 나는 좋은 성적을 나타냈다는 영매의 이야기를 듣게 되었다. 그녀는 영국에서는 이 방면에 유일한 능력자로서 이름난 부인이었다. 나는 소개를 받고 직접 이 부인을 만났다.
 바로크 부인(이것이 그녀의 이름이었다)은 맨체스터의 교외에 살고 있었다. 만나 보니, 바로크 부인은 조금도 거만하지 않은 작은 키의 부인이었는데, 관절염으로 거의 절름발이와 같은 상태였지만, 놀랄 만큼 밝고 용기 있는 모습을 하고 있었다.
 우리는 계단을 올라가서 그녀의 작은 강령회실로 들어갔다. 그녀는 우리와 의자에 마주 앉았다. 방안의 전등은 꺼졌다. 그리고 빨간 등이 켜지고 그녀의 얼굴을 비치게끔 돌렸다. 이윽고 그녀의 얼굴 모습과 표정이 변화를 똑똑히 볼 수 있었다.
 그 실험회는 바로크 부인이 트랜스 상태로 들어가지 않고 시작되었다. 그러자 부인은 내게 이렇게 말했다. 그녀가 자리에 앉을 때 나를 위해 한 건축가의 영을 불렀다고 했으나, 그 영이 내가 아는 누구라고는 생각하지 않았다.

하지만 그 건축가는 나를 위해 준비된 계획의 상징적인 인물이 되면 좋겠다고 생각했다는 것이다. 그것은 아주 그럴듯한 설명인듯 했다.

그녀에게 이윽고 한 사람의 목사의 영이 실렸다.──그것은 강력하고 극히 밝은 지도령이었으며, 나의 일을 도우려는 영이었다. 그리고 나는 저술하는 일 말고도 가까운 장래에 내가 체험한 일과 연구한 일로 인해서 강연회에 끌려다니게 된다는 것을 그 영이 말하고 있다고 한다.

그녀는 이 목사의 풍모를 어느 정도 자세히 말했다.──'그는 머리를 빗질하여 뒤로 넘겼고 옷을 단정히 입고 있으며 윤곽이 분명한 얼굴'이라는 식으로 말이다. 하지만 나는 그의 모습을 뚜렷이 생각해 낼 수 없었다.

이 말을 마치자, 그는 트랜스 상태로 빠졌다. 그러자 갑자기 그녀의 얼굴 모습이 변하기 시작했다. 그 변화는 아주 눈에 띄는 것이었다. 그녀는 꼼짝도 하지 않고 조용히 눈을 감고 앉아 있었는데, 그 모습은 이집트 사람의 얼굴로 변했다.

이집트 사람은 그녀의 첫째 지도령이며, 먼저 우리에게 인사를 했다. 그리고 그가 떠나자 곧 그 얼굴은 그녀의 두 번째 지도령인 인도인의 얼굴로 변했다.

실제로 영매의 몸을 일시적으로 점령하고 그녀의 육체 위에 자기의 모습을 만드는 영혼의 조작을 현실적으로 보는 듯이 느껴졌다.

인도인의 지도령은 우리에게 인사를 했으나, 전과는 전혀 다른 음성이었다. 그 목소리는 자기는 심령현상을 일으키는

데 필요한 힘을 발생시키고 있다고 말했으나 이윽고 분명히 지금 이 강령회에 참가한 누군가의 영을 향해 말하고 있는 것처럼,
 "작은 사람이여, 그 동물을 내려 놓으시오!"
하고 말했다.
 그는 인도인 아가씨의 영으로서 무니라는 사람에게 이야기하고 있다고 설명했다. 아가씨의 영은 개를 안고 들어왔으므로 그 개를 내려 놓으라고 명령한 것이었으며 그녀는 들어오는 걸 허락받고 우리에게 이야기를 건넸다.
 "웃고 계신 아저씨, 군복을 입으신 일 있지요?"
 "한 번 입은 일이 있소."
하고 나는 대답했다.
 "클라크 대령을 아십니까요?"
 "누군지 모르겠는 걸."
 "상관 없어요."
아가씨의 영은 이렇게 말했다.
 "하지만 이미 그 사람의 영이 여기 와 있는 걸요. 대령을 생전에 만난 일이 있단 말예요. 아저씨 자신은 몰라도."
 우리는 영계에서 화제가 되어 있다는, 그녀가 말하는 클라크라는 사람에 대해서 이야기를 들었는데 내가 받은 인상으로는 아무래도 그녀는 현세(現世)에 살아 있는 다른 클라크와 혼동하고 있는 것만 같았다.
 다음에 나타난 것은 할머니의 영이었다. 뚜렷이 영매의 몸에 그 용모가 나타났다.
 "이 모습은 생전의 나와 비슷한가?"
하고 그 영은 말했으나 비슷하다고도 할 수 있고 비슷하지 않다고도 할 수 있으므로 나는 뭐라고 잘라 말할 수 없었다.

이 강령회는 진행이 아무래도 내 뜻대로 되지 않으므로 그다지 좋은 느낌은 들지 않았다. 더우기 이들 현상은 모두 속임수가 아닌 순수한 것인 점에서는 나도 만족했지만 아무 것도 실증적인 현상이 아직 일어나지 않았다.
　나는 나와 관계 없는 먼 조상의 영혼에는 흥미가 없었다. 그러자 소녀의 지도령인 무니가 돌아와서 말했다.
　"나는 이 영들을 잡아둘 수 없습니다. 이 영들은 당신이 아는 사람들을 전에 알려 주었더라면 좋았을 걸, 이렇게 말하고 있습니다. 누구를 당신이 알고 계신지 영계에서 안다면 그 영을 불러올 수 있으므로 이 현상을 진행시키는 것이 더 쉬워질 수 있다고 생각합니다. 당신은 그들에게 말할 수 있는 기회를 만들어 줌으로써 그들의 생활에 빛을 주셨습니다. 당신은 이집트인 지도령을 알고 계십니까?"
　"그렇지 한 두번 이야기를 건네 본 일이 있소."
　하고 나는 긍정했다.
　그녀는 계속해서 말했다.
　"그 이집트인 지도령은 당신의 문지기입니다. 가르쳐 드리죠. 그 지도령은 와서는 안 될 영을 이리로 오지 못하게 하는 역할을 합니다. 말해도 괜찮겠죠. 이곳에 출판물의 편집을 하는 사람의 영이 와 있어요. 맨체스터지의 편집자인 월터 커밍씨.(주 : 그때는 이 사람의 이름을 몰랐지만, 나중에 조사한 바에 의하면, 그런 사람이 있었다는 걸 알았다. 그는 원래 맨체스터 지의 편집자였다.) 이 사람은 다른 영들과 함께 당신에게 협력하고 있다는 것을 말하러 온 거예요. 그럼 이집트인의 지도령 보고 나와 달라고 하겠어요."
　무니 양이 사라지자, 영매의 모습이 갑자기 이집트인의 얼굴로 변했다. 그리고 아주 교양이 있어 보이는 목소리로 이야기를 시작했다.
 "나는 압둘이오. 나는 당신에게 통신하려고 꽤 오랜 동안 그 기회가 오기를 기다렸소. 나는 당신의 생명이 위기에 빠졌을 때 보호해 주었고 인생의 싸움터에서는 늘 당신과 함께 있었소. 당신의 유년기에는 계속 당신을 지켜 주고 인도해 주었소. 당신의 수호령이 바로 나 압둘이오."
 내가 '오늘 이곳에 와서 그와 이야기를 나눌 수 있게 된 것을 기쁘게 생각한다'는 뜻을 표시하자, 그는,
 "당신이 평안하기를 바란다."
 고 말하고 사라졌다.
 그러자 무니가 돌아왔다. 그녀는 오늘의 모임의 주도자로서 활동하고 있었는데, 이렇게 말했다.
 "당신을 위하여 사랑스러운 부인을 이곳에 모시고 왔어요. 이 분은 오히려 특수한 병으로 육체에서 벗어나 영계로 오신 겁니다. 지금은 매우 행복하니까 안심하십시오. 이 분이 당신의 하시는 일에 대해, 또한 두 분의 지금까지의 일에 대하여 몹시 경의(敬意)를 표하고 계십니다. 과거의 슬픔은 그때만의 충격이었다고 지금은 깨닫고 계십니다. 괴로움이 지나간 뒤에는 기쁨이 오는 거라고 말하고 있습니다."
 마침내 그곳에 내가 기다리던 실증적인 현상이 나타났다. 분명히 아내의 영인 마졸리가 나타났다. 이 영매는 내가 아내를 잃었다는 것을 알 까닭이 없었다. 그리고 나 역시 그 반대의 인상을 주도록 노력해 왔으므로 아내의 영이 나타났다는 것만으로도 매우 좋은 실증이라고 말할 수 있다.
 게다가 그녀가 말하기 시작한 사항은 자기와 또 한 사람만이 아는 일이었으므로 나는 열심히 이 현상이 다음으로 발전할 것을 기다리고 있었다.

무니는 말을 이었다.
"이 부인은 지금 마음이 들떠 있습니다. 7월에는 생일을 맞이합니다. 안 그래요?(그 말이 맞았다. 아내의 생일과 우리의 결혼 기념일인 7월의 같은 주(週)에 있었다). 이 부인은 당신들께 선물을 가지고 온다고 말하고 계십니다. 또한 당신은 이 부인의 사진을 식당에 걸고 계시죠?(그 말도 맞았다). 그리고 그 사진을 크게 만들었고요."
"아니, 확대시키지 않았소."
하고 나는 말했다.
"하지만 사진은 큰 액자에 들어 있죠?"
"아, 그렇소."
"이 분은 손목시계에 대하여 말하고 계십니다. 당신의 손목을 만지고 있습니다. 당신은 이분에게 최근에 손목시계를 드렸죠?"
"그런 일이 없소."
하고 나는 대답했다.
하지만 그때 내가 갖고 있던 시계는 그녀가 내게 준 시계여서 그것을 반대로 말했다고 할 수 있다.
무니는 갑자기 이렇게 말했다.
"4시 20분! 이 분은 4시 20분이라고 말하고 있습니다."
나는 잘 알아들을 수 없어서, 잘 들리지 않는다고 말하자,
"이 사람이 죽은 것은 아침  4시 20분이 아닙니까?"
"아니요, 그렇게 빠르지 않았소. 6시 20분이었소."
하지만 무니는,
"이 분은 4시 20분이라고 말하고 있습니다."
라고 고집을 부렸다.
나는 갈피를 잡지 못했다. 그러나 이런 일은 강령회에서는

흔히 일어날 수 있는 일이었다.
 그 뒤 이 노트를 참조하고 있으려니까 갑자기 마음에 짚이는 게 있었다. 그것은 내가 아내의 임종하는 자리에 있을 때, 의자에 앉은 채, 피로한 탓이었는지 꾸벅꾸벅 잠이 들었었다. 그러자 간호부가 와서 내 어깨를 가볍게 두드렸다. 나는 깜짝 놀라 눈을 떴다. 그러자,
 "아마 2~3분이 고비일 겁니다."
 하고 말한 것이다. 사실은 더 오래 아내는 살아 있었을 거라고 생각하지만 그때 나는 시계를 보았다. 바늘이 4시 20분을 가리키고 있는 것을 보았다. 그리고 거의 한 시간이나 잠을 잔 것을 알고 놀랐다. 그런 탓으로 마졸리의 영혼이 생각해 낸 이 기억은 매우 좋은 실증이라고 말할 수 있다.
 무니는 말을 이었다.
 "부인은 마지막 순간에 받은 아름다운 꽃을 내게 보여주고 있어요."
 "당신은 필킨튼이라는 신사를 아시나요?"
 "생각이 나지 않는 걸."
 하고 나는 말했다.
 "당신은 프리이메이슨의 회원이죠?"
 "그렇습니다."
 그 말은 옳았다.
 "그는 프리이메이슨의 회원인 필킨튼이에요. 이 분은 당신의 휘장을 내게 보여주고 있어요. 남빛휘장(徽章)과 남빛 완장입니다."
 이들은 프리이메이슨에서의 나의 휘장과 기호를 정확히 맞추고 있었다.
 무니는 말을 이었다.

"또 한 사람 영계로 간 사람으로 버트 테일러씨……."
 (이는 프리이메이슨의 집회소에 관계가 있는 테일러씨를 말하는 것 같았으나, 세례명을 알 수 없어서 확인할 수 없었다.)
 그러자 무니는 화제를 마졸리에게 돌렸다.
 "오, 사랑스러운 부인께서는 몹시 감격하고 계십니다. 이분은 넬리를 만났다나요."(나는 그 말이 옳다고 인정했다.)
 "그리고 또 릴리언도, ──이 사람은 살아 있어요."(아내의 친구이다.)
 "이 사람은 육체로 당신에게 인사를 하고 싶다고 하는군요. 그리고 또 한 사람 에디스, ──이 사람은 영이 되었군요."(바로 맞았다.)
 "이 사람은 누런빛 강아지를 얼러 주고 있습니다. 그 개는 사리라는 이름입니다. 오래 전의 일이죠. 이 사람이 젊었을 때의 일입니다."(조사한 일이 없어서 확증은 없다.)
 "톰이 와 있어요. 살아 있는 사람의 영입니다."(정확하게 맞다.)
 "당신은 제 모습을 볼 수 있으신가요? 전 지금 몹시 기뻐요. 우리 모두가 기쁜 거죠? 하느님께서 당신을 축복하고 계셔요. 전 당신의 깊고 넓은 사랑과 이런 좋은 기회를 얻은 것에 감사하고 싶어요. 전 우리 둘을 위해 아름다운 집을 꾸몄어요. 당신이 쓰신 책은 아주 대성공이에요. 여보, 제 이가 보이세요?"
 그녀의 이가, 영매가 변모된 아내의 얼굴에 뚜렷이 나타났다. 나는 보인다는 말을 했다.
 그녀의 모습이 차츰 흐려지기 시작했다. 그녀가 말하기를
──

"하느님의 축복이 있으시기를 기원합니다. 7월을 잊지 말아 주세요." (이것은 거듭 내달의 결혼 기념일과 생일이 겹친 것을 말함이었다.)

무니가 돌아와서 물어보았다.

"부인하고는 산책하는 걸 좋아하셨습니까?" (그랬었다고 나는 동의했다.)

"당신은 그 언덕의 초원에 대하여 생각하고 계십니까? 륙색을 짊어지고 가면서 작은 풀들을 흥미있게 바라다보며, 두 분께서 산책하시던 저 즐거웠던 때, 부인은 작은 들풀이나 새를 좋아하셨다죠?" (아주 잘 맞췄다. 우리는 산책할 경우, 늘 길가의 들풀을 관찰하느라고 가끔 걸음을 멈추고 우리에게 다가오는 새들을 손짓으로 부르며 시간을 보냈었다. 그리고 나는 필수품을 륙색에 넣고 다녔었다.)

무니는 말을 이었다.

"어머, 이곳에 중국인 신사 한 분이 오셨습니다. 이 분은 당신에게 마음의 치료를 하러 왔고 당신에게 가장 필요한 평화와 안정을 주러 온 거예요. 모오드 여사도 이곳에 와 계십니다."

"그렇습니까?"

하고 나는 대답했다. 개인 사저(私邸)에서 개최하고 있는 비공개 강령회의 멤버 중 한 사람인 모오드 여사일 것이 분명했다.

그때 나는 무니의 말을 가로막고 물어보았다.

"어째서 마졸리는 이 기회에 내 이름을 말하고 부르지 않는 걸까요?"

"사랑스러운 부인께서는 이렇게 말하고 계십니다.——내가 이곳에 와서 이런 모습을 보여주었는데, 당신은 '어째서 내 이름을 부르지 않느냐?' 이렇게 한마디만 하신다는 건 너무 하시는 일이라고요."

나는 아내가 화를 내며 하는 말투라고 생각하니 웃을 수밖에 없었다.

"내가 잘못했소. 그 말 취소하리다."

하고 나는 말했다. 곧 이어 무니는 중국인의 지도령이 나오고 싶어 한다고 했다.

그러자 영매의 얼굴 모습은 다시 심하게 변모되며, 중국인의 분명한 얼굴 모습—가늘고 긴 눈꼬리에 턱수염을 늘어뜨린 모습—으로 나타났다. 변모 현상 가운데에서도 아마 가장 뚜렷한 것이라고 말할 수 있다. 그는 내게 이렇게 말했다.

"당신께 인사를 드리게 되어 기쁩니다. 제 이름은 윙입니다. 당신께 전에 말한 일이 있습니다."

"생각나지 않습니다만——"

하고 나는 말했다.

이때 무니의 목소리가 가로막았다.

"이 사람과 매켄지 부인을 영매로 했을 때, 당신에게 이야기한 일이 없었나요?" (나는 그렇게는 생각하지 않았다.)

중국인의 영은 말을 이었다.

"저는 지도령으로부터 당신에게 진리를 전하게 하기 위해 파견되었습니다. 내게 물어보실 일이 없습니까?"

나는 내 집에서 열리고 있는 비공개 강령회에 관하여 두세가지 질문을 했다. 그에 대해 그는 중요한 지식을 공급해 주었다. 이윽고 그는 인디언 지도령이 내게 협력해 준 데 대해 말했다.

"그 인디언은 매우 강력한 영입니다."

하고 그가 말했다.
"그는 당신에게 노크 소리를 들려 주러 온 것입니다. 당신은 그의 노크 소리를 들은 일이 있습니까?"
실제로 나는 최근에 침실에서 매우 큰 노크 소리를 들은 일이 있었다. 아무래도 자연스럽게 나는 소리라고는 설명하기 어려운 소리였다. 하지만 나는 그것에 대하여 긍정적인 대답을 할 것을 보류했다.
이어서 나는 "그것이 틀림없이 그 노크 소리라는 확증은 없소."
라고 말했다.
이때 중국인의 영은 사라졌다. 그리고 그레이스 미망인의 어머니의 영이 잇달아서 나타나 영매의 얼굴을 변화시키고 자신의 얼굴 모습을 나타내기 시작했다. 우리는 그 웃는 얼굴을 보자 그의 어머니라는 것을 인정할 수 있었다.
그 다음에 마졸리의 영이 돌아와서 모습을 나타냈다. 무니가 말하는 바에 의하면 그녀는 영계의 꽃동산에서 물망초의 꽃다발을 가지고 왔으며, 그 꽃은 영원히 시들지 않는 꽃이라고 한다. 무니는,
"이는 어느 인디언의 영을 통하여 가지고 온 것입니다. 이 인디언의 영은 내 지도령인 인디언과는 다른 사람으로 젊은 인디언으로서 당신에게 능력을 넣어 주려고 와 있습니다."
하고 말했다.
아주 잘 생긴 인디언이 영매의 얼굴을 변모시키고 자기 자신의 모습을 나타냈다. 이윽고 그레이스 미망인에게 말을 걸었다.
"나는 당신이 아주 어린 아기였을 때부터 당신에게 딸려 있었습니다.(주 : 이것은 태어나자 곧 그 사람에게 붙어서 지

키는 역할을 맡은 수호령을 말함.) 나는 당신을 따라다녔고 당신을 기다렸습니다. 나는 당신이 어렸을 때, 당신을 흰 말에 태웠던 일을 알리러 왔습니다. 나는 말타는데 당신을 데리고 갔습니다. 또한 나는 당신을 위해 일생을 계획했습니다. 나는 당신에게 위대한 영적인 일을 시키기 위해, 당신의 생활의 키를 잡은 겁니다. 지금 당신은 나의 붉은 얼굴을 보시겠지요."

그때, 자못 눈과 코의 윤곽이 분명한 정형적인 붉은 빛이 도는 인디언의 얼굴로 영매의 얼굴이 변했으므로 나나 그레이스 부인도 함께 소리를 질렀다. 그레이스는 그가 지금까지 봉사해 준 행위에 대해 감사하다고 말하고 그의 이름을 물었다.

그는 대답했다.

"화이트 클라우드(흰 구름)이라고 합니다. 나이 어린 아가씨, 당신은 괴로운 일을 많이도 당하셨습니다. 타격을 당했을 때 당신은 옳은 일을 하셨습니다. 또한 언제까지나 비관하지 않았습니다. 깊은 신앙심과 오랜 전통이 당신을 살려주고 있습니다."

그는 작별인사를 하더니 사라졌다. 그러자 다시금 무니가 돌아왔다. 그리고 그레이스 부인에게 말을 붙였다.

"당신은 매우 훌륭한 보모(保母)가 된 것이죠? 당신에게는 치병능력이 대단한 지도령이 딸려 있어서 당신을 도와주고 있습니다."

이어서 무니는 살아 있는 마졸리의 사촌에게 마졸리가 보내는 전갈을 전했다. 이 사촌은 매주 목요일마다 신문 클럽에서 나와 만나서 이야기를 나누기로 되어 있고 지난 번에 만났을 때에 마졸리와 최근에 접촉한 일에 대하여 물은 일이 있었다.
 이어서 그레이스 부인의 남편 영이 나타나 영매의 얼굴을 변모시키고 그 모습을 보여주었다. 그리고는 그레이스에게 이야기를 건넸다.
 "내 목소리가 이상하게 들리지 않소? 내게는 아주 불쾌하게 들려서 하는 말이요."
 그렇지 않다고 그레이스는 잘라 말했으나 분명히 그는 영매라는 자기 이외의 사람의 용모를 변모시키고 자기의 얼굴 모습을 보이는 새로운 방법이 매우 힘든 것임을 알게 된 듯하다.
 하지만 이 점에 대하여 우리는 그 다음에 개최한 직접발성음 강령회에서 우리가 행한 이 변모현상에 대해선 조금도 들은 바가 없는 영매임에도 지극히 확실한 비교증명(比較證明)을 얻게 되었다.
 짐(그레이스의 남편 이름)의 영이 나타나서, 이 변모현상의 강령회에 대하여 말하고 자기의 얼굴 모습이 비뚤어지고 일그러져서 '아주 난처했다'고 말했다. 하지만, 그는 지금까지 유계(幽界)와의 교신으로 가질 수 있었던 가장 친밀한 접촉이었노라고 말했다.
 무니는 그때 돌아와서 그레이스의 사산(死産)된 동생의 영에 대하여 말했다.
 "그는 지금 자라서 지상의 35세 가량 되었습니다. 영적인 나이로 따져서 말이요."
 이렇게 그녀는 설명을 했다. 나는 곧 대답했다.
 "사람이 영계로 가면 곧 영계의 나이로 돌아가는 겁니까?"
 그녀는,
 "예, 하지만 진보하지 않는 사람은 시종 지상권을 빙빙 돌고 같은 상태에서 머무르고 맙니다."

"지박영(地縛靈)이라는 것은 그런 것을 말하는 건가요?"

"그렇죠. 하지만 당신이 당신의 정수호령(正守護靈)과 마음의 파장이 맞을 경우에는 아무도 당신의 육신으로 들어올 수 없습니다. 왜냐하면 당신 몸이 바로 살아 있는 하느님의 궁전이니까요. 항상 기도해야 합니다. 항상 겸손하며 사랑으로 대해야 합니다. 영적이 됨으로써 당신은 아무도 당신을 해치지 못하도록 보호해 주는 것을 끌어들일 수 있는 겁니다."

나는 다시 물었다.

"많은 사람들은 영계로 가더라도, 영계로 갔다는 것을 알지 못한다고 하는데 그게 사실입니까?"

무니는 대답했다.

"영적으로 진보된 사람은 육체에서 영이 탈출한 순간에 그 사실을 압니다. 그다지 영이 진보되지 못한 영혼은 어떤 종류의 공적인 정신을 지닌 영이 그 영파의 방사로 그들을 도와줄때까지 지상에서 생활하고 있던 같은 상태에 머물러 있어야만 합니다."

이 일은 내가 다른 지도령이나 지배령들에게서 배운 결과 사실이란 것을 알게 되었다.

마침내 무니는 작별을 고하게 되자 내게 이렇게 말했다.

"당신이 살고 있는 지상 세계의 사람들에게 이 진리를 전하려고 노력하는 그 배후에는 많은 영계의 사람들이 협력하고 있습니다. 당신의 생활이 행복하시기를 빕니다."

이렇게 좋은 성적을 올린 강령회는 꼬박 두 시간이나 계속되었다. 그리고 20명이 넘는 영이 밝은 적색등 아래, 그 모습을 보인 것이다.

제16장 바뀌는 영매의 얼굴  253

그 뒤 당시의 속기에 의한 기록을 분석하여 보면 이 실험 도중에 이따금 사이를 두고 실증적인 현상이 여러 번 있었다.

## 제17장 뒤집혀진 글씨

    1951년 7월, 나는 그렇게 좋아하던 라이플총의 사격을 2년 동안 중지한 뒤 다시 하기로 했다. 처음 내가 사격대회에 출전한 것은 스물 두살 때였다. 아내는 대회가 열릴 때마다 출석해서 나의 사격 솜씨를 보곤 했었다.
    1951년 내가 다시 대회에 참가하려고 결심했을 때 나는 아내의 영이 나와 함께 대회장에 와 있으리라는 걸 알고 있었다. 청년시절의 좋은 시력과 우람스러운 체력으로도 얻을 수 없었던 우승의 영광을 이미 쉰 살이 넘은 내가 2년 반에 걸친 심한 정신적인 고통을 겪고 난 직후에 우승을 차지하리라는 희망은 도저히 가질 수 없었다. 게다가 1년 내내 아무 연습도 하지 않고 대회에 참가한 일은 이번이 처음이었다.
    그런데 나는 사격이 시작되자마자, 지금껏 미처 경험한 일이 없는 이상한 자신이 생겨남을 알 수 있었다. 그리고 그것은 영계에 있는 아내에게서 보내오는 정신감응일 것만 같았다. 놀랍게도 나는 갖가지 사정(射程)경기에서 당당히 과녁을 맞추고 점수가 자꾸만 올라갔다.
    그 결과 첫날의 경기가 끝날 무렵이 되자 천 백명 가량의 선수를 거의 물리치고 준결승전에 진출하게 되었다.
    둘째날 경기에서도 나의 사격 성적은 한층 더 좋은 결과를 얻었다. 처음에 열 한발의 사격을 하였는데, 모두 과녁 가운데에 맞았다. 최초의 사격을 모두 내가 마치게 되자 아무도 나를 당해 내는 사람이 없었다.

나는 오전의 모든 경기의 각 사격에서 모두 훌륭히 과녁을 맞출 수 있는 자신감이 생겼다. 또한 앞으로 10분 동안이면 나는 모든 사격을 끝낼 수 있었다. 그런데 그때 갑자기 나의 라이플 총신(銃身)이 막히고 말았다. 여왕의 우승배를 차지하려는 이 마당에 이 무슨 불행한 일일까!

준결승전이 있던 날은 나의 결혼 기념일이었다. 그런 탓으로 나는 그 날 저녁 나만의 강령회를 개최하기로 미리 약속이 되어 있었다. 그것을 개최하기 위해, 나는 경기가 끝나자마자 런던으로 급히 달려갔다. 강령회는 런던의 우수한 영매에 의해 열리기로 되어 있었다.

영매의 이름은 이나트윅 부인으로, 지금까지 한 번도 이 사람을 써서 강령회를 연 일이 없었고 전혀 이 영매를 만난 일도 없었으며, 나의 이름조차 비밀로 하였으므로 영매 측에서 예비지식을 갖지 못하는 이점이 있었다. 따라서 이 강령회에 나타나는 어떤 현상도 실증적인 가치가 있어 한층 더 인상적이었다.

강령회의 처음 단계에서 아내의 영이 나타났다. 그리고 나 자신 외에는 알지 못하는 극히 실증적인 가치있는 사항을 많이 이야기했다.

나는 특히 오전 중의 사건에 조금도 관련시키지 않도록 주의를 했다. 또한 간접적으로도 이야기가 그 일로 흘러갈 만한 문제조차 이야기하지 않았다. 그런 탓으로 이 강령회가 끝날 무렵에 영매가,

"오늘 아침 어쩐지 일을 망쳤다고 부인께서 말합니다."

하고 말했을 때는 흥미를 안 느낄 수 없었다.
"뭐 망쳤다고까지는 할 수 없습니다."
하고 나는 경계하면서 대답했다.
"그것은 뭔가 망쳤다든가 중대한 타격이라는 것에 관계가 있는 것 같습니다."
그녀는 이렇게 추근추근 말하면서 난처하다는 듯이 이맛살을 찌프리며,
"이건 이상합니다. 부인은 이렇게 말하고 있습니다. '이게 무슨 재난이람! 하지만 그래도 매우 고마와요'라고 합니다."
바로 맞췄다. 영매에게 처음에 '이게 무슨 재난이람' 이렇게 말하고 곧 이어 '매우 고맙다'고 말하므로 그 판단에는 어리둥절한 것도 무리가 아니다.
"그 뜻을 나는 알 수 있습니다."
그러자 거듭 영매는 당황한 빛을 띄었다.
"부인은 매우 큰 간판 같은 것을 걸고 내게 다가오고 있습니다. 그것이 무엇인지 난 모릅니다. 또 한 가지 마찬가지로 큰 화판 같은 것을 가지고 오고 있습니다."
이것 또한 아내의 영이 사격대회에 와 있었다는 실증이라고 말할 수 있다. 아주 큰 간판이란 사격경기에 쓰이는 큰 과녁판이고 화판 같은 것은 개개의 체점을 기록하는 게시판이다.
또한 영매로서는 당황할 만한 이상한 성질의 두 세가지 사건도, 모두 내가 보기에는 정확한 영각(靈覺)이었다고 말할 수 있다.
같은 7월에, 나는 오늘날까지는 한 번도 보고 듣지도 못했던 어떤 종류의 현상을 경험할 기회를 얻었다. 강력히 권하는 사람이 있어서 나는 우드포오드 그린에 살고 있는 디슬레

이라는 영매를 찾아갔다. 그리고 두 시간에 걸쳐 영청적(靈聽的)으로 얻을 수 있던 으뜸가는 실증적인 현실에 접한 것이다.

이 영매는 매우 기묘한 흥미있는 습관을 지니고 있는데, 영청으로 영계로부터의 통신을 청취할 경우, 자기의 귀를 기울여서 거의 지면과 수평이 되는 위치에서 영의 소리를 들으며, 통신을 다 듣고 나면 갑자기 몸을 벌떡 일으켜서 그 통신을 우리에게 전해 주는 것이었다.

전혀 안면이 없는 영매일 경우, 처음부터 나는 치밀하게 위장하여 아내가 아직 살아 있는 듯한 느낌을 주도록 하였었다. 그런 탓으로 강령이 시작되고 아직 얼마 되지 않았을 무렵에 아내의 영이 나타났다는 것은 그 아내의 영이 진짜라고 나는 생각했다.

처음에는 다른 한 사람의 친척의 영과 앞서 기회에 설명한 일이 있는 한 사람의 지도령이 나타난 것이다. 그런 다음에 잇달아 아내인 마졸리의 영이 나타나서 비교적 오랜 시간 동안 머무르게 하는데 성공했다. 그동안 그는 가장 실증적인 가치가 있는 가정적인 사항을 많이 이야기했다.

그녀의 말에 의하면 우리가 홀로 앉아서 자기의 상념을 강력히 할 때, 영계의 수호령은 우리와 함께 있기를 좋아한다고 한다. 그녀가 강조해서 말하고 싶어하는 요점이란 '작은 일이 생길 때나, 가장 중대한 사건이 생길 경우에도 수호령들은 늘 나와 함께 있다'고 하는 것이었다.

또한 현재 집필중인 책에 대한 말도 있었다. 그때 영매는 소리쳤다.

"많은 영계의 사람들이 '해라, 해라! 써라, 써라!' 이렇게 말하고 있습니다."

내가 결혼한 해를 비슷하게 알아맞혔다. 그리고 지난 2년 동안에 세 차례나 내가 결심을 변경시켰다는 사실도 지적했다.

여기서 나는 거듭 목사의 지도령이 왔음을 알게 되었다. 또한 나는,

"벌써 몇번씩 이 목사의 지도령을 만났지만 아직 이름을 모르므로 이름을 알고 싶다."

고 대답했다. 디슬레이는,

"이 강령회가 끝날 때까지 어떻게든 그 이름을 알 수 있도록 노력하겠습니다."

하고 말했다.

조금도 쉴새 없이 영매는 한편으로 강령상태에서 아내와 그 밖의 영에게서 오는 통신을 말하는 한편, 그는 자기 손에 한 자루의 연필을 쥐고 있었다. 그리고 그의 옆에 있는 낮은 책상 위에는 몇 장의 종이가 놓여 있었다.

지금까지는 이 물건들은 사용되지 않았으나 갑자기 그의 연필을 쥔 손이 빠른 속도로 종이 위를 달리기 시작했다. 보고 있으려니까 그가 쓰는 글씨는 거울에 비쳐봐야만 제대로 보일 수 있도록 뒤집혀서 쓴 글씨임을 알 수 있었다. 이 현상은 정말 눈부신 업적이 아닐 수 없었다.

왜냐하면 영매의 마음은 영이(靈耳)에 의하여 들리는 영계로부터의 통신을 전하는 일에 전념하고 있는데, 동시에 그의 손은 다른 일을 전혀 그때는 읽을 수 없는 역서체(逆書體)로 쓰고 있었기 때문이다. 그러므로 이것은 실증적 가치를 높이는 한 가지 방법으로서 역서체의 글씨로 자동기술을 하게 하는 다른 영(靈)이 일하고 있다고 밖에는 설명할 방법이 없다.

제17장 뒤집혀진 글씨　259

　이와 같은 동시현상(同時現象)이 일어나고 있는 동안, 나의 사무실에서 일어난 어떤 사건이 기재되고 사무실의 동료의 이름이 쓰여졌다. 이윽고 확인할 목적으로 많은 지도령이 소개되었다.
　맨 먼저 나타난 것은 창이라는 영이었다. 다음에 나타난 것은 압둘이었으며, 이 영은 최근의 변모현상 강령회에서 내게 소개된 영이다.
　내가 이 영이 이집트인의 영이냐고 묻자,
　"아니, 그는 페르시아인이요."
　하고 대답했다. 세번째로 나타난 이는 중국인 윙이라는 영으로 이번에는 윙 후라는 풀 네임을 알려 줬다. 네번째는 아프리카인의 심령치료인인 존바씨였다.
　이 영은 2년 쯤 전에 어느 강령회에서 훌륭히 물질화 하여 나타난 걸 본 일이 있었지만 그 당시에는 그 현상의 순수성이 의심스러워서 만족할 수 없었다. 다섯번째는 역시 맨체스터의 변모현상 때에 나타난 인도인 영으로 이번에는 그 이름을 분명히 '레드 윙'이라 했다.
　강령회가 끝나자 영매와 나는, 뒤집힌 글씨가 자동적으로 쓰여진 종이의 한 부분을 점검했다. 그리고 그 종이를 거울 앞에 가져가서 글씨가 정상적인 글씨로 뒤집혀 비치는 것을 읽어 보니, 다음과 같이 쓰여 있었다.
　1, 그렇다. 목사의 영이란, 베엘 오웬 님이다.[주 : 유명한 심령주의자로 저술가(著述家)이다] 이 분이 당신의 저술하는 일에 협력할 것이다.
　2, 우리는 당신의 저서에 협력하려는 사람이다. 표제의 두번째 말을 변경했으면 좋겠다.
　3, 그렇소, 그는 의사이며 이름은 존바이다.

4, 그는 엘라 호일러 휠콕스라는 사람으로 과거에 윌콕스의 시를 읽은 일이 있는 여자(그레이스 미망인을 말함)에게 흥미를 가지고 있다. 나는 그녀에게 축복을 보낸다.

또한 이 강령회가 진행되는 동안 나타난 흥미있는 그 밖의 사건이 몇 가지 있었다. 그 중의 하나는 그레이스에 관한 승려인 지도령에 대하여 말한 것이다.

"당신은 전에 승려에 대한 이야기를 들은 일이 있을 것입니다. 그녀는 늘 어떤 향료를 가지고 옵니다. 당신은 그 냄새를 맡은 일이 있었을 겁니다. 그녀는 오랑캐꽃과 장미꽃 향료를 가지고 올 겁니다."

영계에서 가져 온 향료의 냄새가 난다는 것은 하나밖에 없는 독특한 현상이다.

이런 일이 있었다.──어느 직접발성음현상을 위해서 모인 서어클이었지만(그 가운데에는 전혀 영적인 감각을 갖지 않았을 뿐만 아니라, 회의적인 사람도 섞여 있었지만) 그 회가 시작되기 전에 꽃이나 그 밖의 향내 나는 것은 모조리 방 밖으로 내갔음에도 불구하고 방 안 가득히 떠도는 향내를 그 곳에 모인 회원이 모두 느낄 수 있었다.

아내의 죽음에 대하여 영계에서 보내온 정보에 의하면,

"그녀는 평안하게 영계로 온 것이 아니었다. 그녀는 자기가 영계에 있다는 것을 알자 고민하였다. 하지만 그녀는 지금은 그 뒤에 일어난 놀랄 만한 사건으로 그 괴로움을 이겨냈다. 그녀에게 있어 당신은 처음에 군복을 입었을 때, 그 모습 그대로 지금도 젊은 상태로 있다."(주 : 이것은 제1차 대전 때 내가 군에 복무했을 때를 말한다).

이 강령회가 끝날 무렵이 되자, 영매는 이 모임이 영계로부터의 통신을 이렇게도 쉽게 전할수 있었고 또한 자주 열리는 다른 기회의 강령회보다도 아주 정확한 내용을 얻을 수 있었던 것은 영계측과 우리들 사이가 잘 조화되었고, 친밀한 관계에 놓여 있었던 탓이라고 말했다.

# 제18장 영계인(靈界人)의 마음

나의 심령연구가 절정에 이른 것은 1951년 8월이었다. 지금까지 기술한 시기에 있어서도 영국에서 가장 유명한 영매들을 통해 실증과 현상의 많은 분량을 거두었으나, 지금까지 나는 직업적인 영매가 출석했을 때를 제외하고는 이런 훌륭한 성과를 얻을 수 없었다.

외부 세계의 사람들을 만족시킬 만한 실증이라는 것은 직업적인 영매의 도움 없이 얻은 실증이어야만 권위가 있는 실증이라고 말할 수 있다는 걸 알게 되었다.

다행히 나는 영국에서 가장 뛰어난 성적을 올리고 있는 비공개 강령회의 한 모임에 소개될 기회를 얻었다. 이 서클은 미들랜드 시의 교외에 있는 집에서 개최되고 있었는데 월요일마다 개최되고 있는 한 강령회에 출석해 달라는 초대장을 나는 받았다.

나는 런던에서 친구인 그레이스 미망인과 난 매켄지 부인을 동반하여 함께 갔다(매켄지 부인은 이번에 단지 방문객으로서 간 것이었다). 그 집에 들어서자마자 감동된 것은 집 전체에 골고루 퍼져 있는 평화스럽고 조화된 분위기였다.

그곳의 여주인은 남편과 아들을 둘이나 잃은 미망인이었으나 저승으로 간 그들이 살아 있다는 것을 실증으로서 알고 있었다. 늘 그 영혼과 친히 접촉하고 있어서 지금은 행복한 생활을 보내고 있다.

오후 8시 조금 전에 서클의 다른 6인조 회원이 도착했다. 우리는 늘 강령회를 개최하던 작은 성당(聖堂)으로 들어갔다. 강령회를 시작하기 전에 나는 방 안에 꽃병이나 그 밖에 물을 넣을 수 있는 그릇이 아무 것도 없다는 것을 확인할 수 있었다.──이 일은 그 뒤에 발전되는 현상에 비추어 보아 중요한 일이 된다.

강령회는 평소와 같이 짧은 기도로 시작되었다. 이어서 '주기도문'과 찬송가를 불렀다. 그곳에는 내가 지금까지 참석했던 모든 직접발성음 강령회에서 항상 그랬듯이 래디오의 스피커는 소리를 내지 않으며, 진동(주 : 물리적 심령현상을 일으키는 데 필요한 진동 에너지)은 서클에 모인 사람들의 노래에 의해 생기게 되어 있다.

몇 분이 지나자 강한 영풍(靈風) 같은 것이 방을 가로질러 불어왔다. 그러자 이어서 내가 예전에는 경험한 일이 없는 한 가지 현상이 일어났다. 나는 갑자기 파닥거리며 내게 덮쳐오는 쇼올(목도리)일 것이라고 생각되는 것을 느꼈으나 그것이 엑토플라즘이라는 것을 알 수 있었다.

그것은 평소의 옷감처럼 빳빳한 느낌이 드는 것이었다. 그런 다음, 곧 두개의 메가폰 중의 한 개가 바닥을 가로질러 움직이기 시작했다.

두번째 찬송가가 시작되자마자, 그 노래에 반주라도 하듯 탬버린의 연주 소리가 뚜렷이 우리가 있는 공중과 주변에서 들려 오기 시작했다. 이것은 차츰 크게 들려왔다. 그것은 전에 이곳에 온 일이 있는 구세군의 사관인것 같았다.

그런데, 신기한 현상이라고 할 수 있는 일이 그때 생겼다.

아주 갑자기 나의 얼굴과 머리에 물방울이 튕겨지는 것을 느꼈다. 그 물은 내 오른 쪽 귀에서 목으로 흘러 떨어졌다. 그레이스 미망인, 메켄지 부인도 똑같이 물의 세례를 받았다. 매켄지 부인이 나중에 우리에게 설명한 바에 의하면 그것은 고급령인 러닝 워터 스승의 인사로서, 그것은 스승이 지금 우리와 함께 이 회장에 있다는 것을 뜻한다는 것이었다.

노래가 진행되는 동안에 그레이스는 그녀의 무릎과 속기(速記)하는 공책 위를 세 차례 영이 두드리는 것을 느꼈다. 그레이스는 또한 손목에서 손끝이 물질화하는 것을 보았다. 그 노래의 마지막 절이 끝나자마자, 크고 우람스러운 손이 내 왼쪽 손을 잡았다.

그 손은 따뜻하고 활기에 차 있었고 굳세었다. 나는 그것이 러닝 워터 스승의 손이라는 걸 알았다.

그때까지는 어느 영혼(靈魂)의 목소리도 들리지 않았다. 하지만 다음 노래를 부르는 동안에 공중에서 사냥군이 부는 청아한 피리 소리가 들렸다. 그리고 그 뒤에 메가폰이 바닥에서 공중으로 떠올라 사냥꾼이 사냥개에게 들려주는 '휘익'하는 듯한 소리가 들렸다.

그때 처음으로 직접발성음이 들려왔으나 그것은 런던의 영매인 레슬리 프린트의 지배령인 동자(童子)의 영 소리라고 생각되어 나는 놀랐다. 동자 미키는 내게 말을 건넸다.

"안녕하십니까? 말씀은 늘 듣고 있었습니다."

내가 이 인사에 대답하자, 그는 말을 계속했다.

"레스터씨, K가 당신에게 와 있네요."

이것은 매우 흥미있는 일이었다. K란 또 다른 영매의 지배령으로 동자의 영혼이었다. 나중에 내가 이것을 설명할 때까지 이 회에 온 다른 회원들은 K라는 영이 내 친척 중의 한 사람으로 여겼었다는 것이다. 불행하게도 K와는 이야기를 나눌 기회가 없었으나, 미키는 서클의 중앙에서 메가폰과 함께 춤을 추었다. 그때 누군가가 그에게 물어보았다.
"오늘 밤은 여러 사람이 와 있소?"
"그렇습니다."
그러자 그 사나이가 다시 물어보았다.
"프린트는 어디 있습니까?"
미키가 대답했다.
"나는 그 놈을 데리고 오지 않았소."
하고 말하자 또 한 사람의 멤버가 큰소리를 냈다. 그러자 미키는 큰 소리로 웃고,
"내가 쓸모가 없다면 돌아가겠습니다."
우리는 미키에게 돌아가라고 한 것이 아니라고 잘라 말했으나 미키가 다시는 말을 하지 않았다.
그 뒤, 라비라는 스코틀랜드인 양치기 노인의 영혼이 나타나 매켄지 부인과 대화를 나누었다. 그리고 다음에는 칸디크라고 부르는 이 서클을 지배하고 있는 지도령이 나와서 이야기했다. 그는 내게 인사하고 말했다.
"당신과 이야기할 수 있게 된 것을 매우 기쁘게 생각합니다. 당신께 말씀드리고 있는 이 몸은 칸디크입니다. 우리는 힘이 미치는 한 실증을 보여드리려고 합니다. 우리는 지배령을 이중으로 가지고 있습니다. 당신의 주위에는 많은 영들이 모여 있습니다."
그 뒤 곧 메가폰은 내 얼굴의 바로 옆까지 다가왔다. 영의 이름이 불려졌다. '마졸리'였다.
나는 그녀를 다정한 말로 맞았다. 그러자 그녀는 매우 감격한 투로 소리치는 것이었다.

"여보!"
하고 말했다.
"저는 몇주일 전부터 이 날이 오기를 기다리고 있었어요."
그녀는 그 이전에는 결코 하려고 하지 않았고 또한 어떤 강령회에서도 보여 준 일이 없는 어떤 동작을 했다. 그녀는 메가폰을 잡고 그것으로 내 몸을 애무하는 것이었다.

메가폰은 빙빙 돌아서 내 머리와 얼굴과 그리고 머리카락을 어루만지고 어깨 둘레를 빙글빙글 돌며, 내 오른손을 억지로 메가폰의 입 안으로 밀어 넣었다. 이런 동작을 함으로써 그녀는 심하게 흥분하고 있는 감정을 전하려고 한 것이었다.

그런데, 그 자리의 누군가가 이렇게 소리쳤다.
"발언하겠습니다. 이건 너무 미치광이 같은 소동입니다."
마졸리는 말했다.
"미친 게 아닙니다. 하느님이시어! 축복해 주십시오. 전 너무너무 기뻐요."
이윽고 메가폰은 이 집의 주부가 있는 곳으로 날아가서 주부에게 말했다.
"이 축복된 특권을 얻은 데 대하여 당신께 뭐라고 감사의 말씀을 드려야 좋을지 모르겠습니다."
이윽고 마졸리는 그레이스와 매켄지 부인에게 가서,
"제 남편이 늘 신세를 지고 있습니다."
이렇게 말하고 감사를 표했다. 마지막으로 그녀는 그레이스를 향하여,
"짐이 이곳에 와 있습니다."
라고 말했다. 그러자 그레이스의 남편인 짐의 영이 그녀에게 말하기 위해 나타났다.

제18장 영계인의 마음  267

"그야말로 당신에게 말할 수 있는 가장 좋은 기회요!"
 짐의 말투는 기쁨으로 들떠서 외치는 것 같았다. 그는 1~2분 동안 그의 아내인 그레이스와 이야기하고 있었다. 이야기가 끝나자 나를 뒤돌아다 보고,
 "당신의 책 이야긴데요. 그야말로 그 책은 매우 성공적입니다."
 이윽고 이 집의 여주인을 향하여,
 "이 댁에 들릴 수 있게 해 주셔서 매우 기쁩니다. 제게는 크게 도움이 되었습니다."
 그는 물러가기 전에 서클을 한 바퀴 돌고 차례로 멤버의 무릎을 모두 두드리면서 인사를 했다.
 그 다음으로 나타난 것은 지배령인 알몬드 브라덤 동녀(童女)였다. 이 동녀의 실제 목소리를 듣는다는 것은 더 없이 기쁜 일이었다. 그녀는 서클 전체의 사람들에게 이야기를 하였다. 그리고 지난 번의 모임에서, 이번 주 우리가 이곳에 오기로 되어 있다고 예고해 둔 일을 기억해 냈다.
 그녀는 지금 메가폰을 통해 말하는 것이 아니라는 주석(註釋)을 단 뒤, 저는 언제고 메가폰으로는 말하지 않습니다."
 하고 말했다. 그때 동녀는 자연스럽고 어린이다운 흥분한 말투로,
 "저는 오늘밤이 훌륭한 잔치라고 생각합니다."
 —— 하고 말했다.
 그녀는 오늘 밤도 어린 친구 한 사람을 데리고 왔노라고 말했다. 그리고는 갑자기 그레이스가 속기하는 공책을 뒤돌아다 보고,
 "당신이 쓰고 있는 것을 보고 싶어요."
 —— 하고 말했다.

나는 오늘 밤 러닝 워터 스승의 음성을 듣지 못한 채 이 회가 끝나는 일이 없게 해 달라고 기도드렸다. 나는 난 매켄지 부인을 영매로 하여 몇 차례나 스승의 놀랄 만한 이야기도 들었으며 과거 2년 반에 걸쳐서, 친히 개인적인 지도로 받았고 심령치료도 받았으나 나는 아직 그의 실제 음성을 들은 일은 없었다. 하지만 이제야 그 특권이 허용될 때가 온 것이다.

에테르 계의 세계에서 깊은 교양이 있는 음성이 매켄지 부인을 불렀다. 그리고 그의 '화이트 레이디'에게 인사했다. 바로 러닝 워터 스승의 영이었다.

그때 나는 지금까지 경험해 보지 못했던 가장 뚜렷한 현상을 눈 앞에 본 것이었다. 스승의 영이 나타나서 직접 세 사람의 멤버에게 심령치료를 베풀었던 것이다. 첫번째 부인은 등이 아파 괴로워하고 있었다. 러닝 워터 스승은 바닥에 있던 메가폰을 들고 그것으로 부인을 감싸듯이 하고 '더 몸을 앞으로 굽히세요.'라고 말하면서 메가폰으로 부인의 등과 목 근처를 몇 차례 앞뒤로 쓰다듬었다.

그는 다른 회원에게도 심령치료를 베풀고는 나에게 곧바로 다가왔다. 나는 사실 아무 것도 말하지 않으려고 조심을 하였으나, 사실은 이 주일 내내 위가 좋지 않아서 괴로와하고 있었다. 그러자 조금도 주저하지 않고 그 메가폰을 곧바로 아픈 위장 한가운데에 갖다 댔다. 그리고 스승 자신이 내 환부에 영유(靈癒)의 힘을 숨결로 불어넣어 주었다. 나는 그 숨결이 불어 넣어지는 것을 1분 반 동안이나 들을 수 있었다.

러닝 워터 스승에 의한 이 영적인 시술을 실제로 본 것은 정말 놀라운 현상이었다. 까닭인 즉 서클의 각 회원은 조용히 앉아서 누가 어디가 아픈지 모르는데도 자유 의사로 스승의 손을 따라 메가폰이 조종되고 시술되기 때문이다. 시술이 끝나자 나는 공손히 스승에 대하여 감사했다. 그러자 스승은,

"내게 감사하지 말라. 대령(大靈)에게 감사하라. 나는 나를 가장 필요로 하는 곳으로 간다. 건강한 사람은 의사를 필요로 하지 않는다."

── 하고 말했다.

러닝 워터 스승이 작별을 고하자, 갑자기 '마미, 마미!'하고 부르는 동자의 드높은 소리가 들렸다. 그것은 나의 오른쪽에 걸터앉은 부인의 죽은 아기의 영임을 알 수 있었다.

이 아이는 2,3년 전 3살때 이 세상을 떠났고, 그의 어머니가 환영하는 말을 하자 그는 큰 소리로,

"어유, 많기도 해라. 웬 사람이 이렇게 많을까?"

── 하고 말했다.

극히 자연스럽게 1,2분 동안 말한 다음 그의 어머니는 동자의 영에게 물어보았다.

"아버지께 무엇 드릴 걸 갖고 왔니?"

그러자 동자는 크게 '키스' 소리를 냈다. 그것을 세 차례 되풀이 했다. 다음에 나타난 이는 H씨였다. 이 사람의 목소리는 1분 뒤에 온 그의 아이의 목소리와 꼭 같았다.

그는 우리 모두에게,

"안녕하십니까?"

── 하고 인사를 했다. 그리고는,

"나는 오랫동안 이곳에 와 있었습니다. 내가 올 때마다 이 회는 훌륭한 것이 됩니다."

그때 조금 뒤늦게 온 아들의 영이 '엄마!'하고 큰 소리로 불렀다.

H씨의 영은 매켄지 부인을 뒤돌아다 보고,
"이곳에 있는 사람들은 당신의 친구입니까?"
—— 하고 물었다.
부인이 "그렇습니다."
라고 말하자 H씨의 영은 우리에게 이야기를 건넸다.
"나는 육체를 지니고 있었을 무렵, 이곳에서 꽤 행복한 생활을 보냈었습니다. 내가 지상과 접촉되어 있는 영권(靈圈)에서 사라질 때까지, 그 행복이 계속되기를 바라고 있습니다."
H씨의 영은 자기의 아내와 집안 일에 대하여 아주 자세한 이야기를 나누었다. 이야기가 끝나자 H씨는 내가 있는 곳을 뒤돌아다 보고 변명하듯이 말했다.
"당신은 레스터씨인 듯합니다만, 구질구질한 이야기를 늘어 놓아 아주 죄송합니다."
"천만에요, 그렇게 사실에 부합되는 것에는 흥미를 느낍니다."
하고 나는 말했다.
"아시다시피 우리는 영계에 가도 전과 조금도 다름없이 그대로입니다. 그렇지 않다면 사람은 대자연의 자손이라고 할 수 없으니까요."
하고 H씨의 영은 말했다.
다음에 나타난 영은 유명한 영매인 스텔라 휴즈 부인이라는 것을 알았으므로 출석하고 있는 몇 사람이 뛰어오르듯이 기뻐했다. 그녀는 2,3년 전에 이승을 떠난 것이다. 그녀와 매켄지 부인은 서로 정중히 인사를 교환했다. 이윽고 스텔라 부인의 영은,
"마라일번의 집에서 당신의 멤버를 몇 사람인가 데리고 오

셨다지요?"
하고 말했다.
그녀는 이어서 그레이스에게 이야기를 건넸다. 그레이스는,
"당신은 훨씬 전에 내게 장차 이 사람이 남편이 된다고 하면서 아직 한 번도 만난 일이 없는 그 사람에 대해서 말해 주셨죠."
하고 말하고 그때의 일을 스텔라에게 생각나게 하였다. 매켄지 부인은 영계에 있는 옛 친구들에게 애정을 보낸다고 약속했다. 그러자 스텔라는 엘시 하드위크 부인의 이름을 말했다.
그레이스는 하드위크 부인이 자주 스텔라의 말을 한다는 것을 말했다. 스텔라의 영은 떠날 때 이렇게 말했다.
"여러분은 발전하고 있습니다. 한 사람의 오러(後光)의 빛만 보아도 알 수가 있습니다. 나는 강령회에서 이렇게 모인 사람들의 오러의 빛이 조화 있게 융합된 것을 본 것은 오늘이 처음이예요. 황금빛·오렌지빛·그리고 보라빛."
1시간 45분에 걸친 강령회는 끝났다. 폐회할 때에도 개회할때와 마찬가지로 엑토플라즘의 옷감 같은 것이 우리의 신변을 스치는 느낌이 들고 막을 내렸다.
이 강령회의 특징이라고 할 만한 것은 많은 영이 나타나서, 전혀 서로 다른 목소리로 우리에게 말한 것 외에 훌륭한 영유현상(靈遊現象)이 일어났고, 두 개의 메가폰이 떠올라서 놀라운 속도로 불꽃현상을 공중에 그린 일이나 엑토플라즘에 닿자, 그것이 쇼올 같은 섬유질 물건의 감촉이 있었던 일, 메가폰이 멎어 있을 때 그 주위에 몽롱한 사람의 그림자가 걷고 있는 것이 보였던 일 따위였다.

어느 현상이나 영계가 존재한다는 실증적인 가치를 최고도로 발휘한 일이었다. 더구나 그것이 직접적인 물리현상(物理現象)영매가 한 사람도 출석하지 않고 이루어진 현상이라는데 한층 가치가 있다(나는 매켄지 부인이 정신현상 영매이지 물리현상 영매가 아니라고 생각한다). 더우기 보통 사람들이 인내심을 가지고 심령능력을 발휘하여 내부세계와의 교통을 가능하게 한 이 서클 사이에서 이런 현상이 일어난 것이다.

하지만 내게는 아직 영원한 목적이 남아 있었다. 그것은 이와 같은 온갖 현상과 직접발성음 현상을 내 자신의 집에서 일으키게 하고 싶다는 것이었다. 나 자신의 비공개 강령회는 일주일에 한 번씩 개최하면서 이미 2년 반이나 계속하고 있다. 그리고 영청(靈廳)이나 영시(靈視)적으로 많은 분량의 영계 통신을 얻고 있지만 지금까지 물리적인 현상으로서는 어떤 기회에 차가운 영풍이 일어날 정도에 지나지 않았다. 그러나 밤 11시쯤, 마침 이 원고가 인쇄소에 도착하려는 때에——우리는 마침내 우리의 목적을 달성했다. 킨싱턴에 있는 내 집에서 열린 비공개 강령회에 어떤 영매를 초빙하고 강령회를 열었을 때였다.

그날 밤 우리에게 말을 건넨 모든 사람의 영은 에테르체의 진동을 통하여, 메가폰의 도움없이 '독립된 목소리'를 가지고 이야기한 것이었다.

이렇게 세 사람의 다른 영매가 내 집에서 메가폰의 도움없이 직접발성으로 영계통신을 받을 수 있게 되리라고 예고한 것이 확인된 셈이다.

## 제19장 앞으로의 과학이 해결할 문제

　현재까지 영계에 있는 사람들과 우리들 사이에 교신되는 통신은 영매를 수신(受信) 세트로 이용함으로써 필요했었다. 그리고 그 영매가 영적으로 고도의 능력자라면, 이 영매의 활용 조건은 마치 지구의 도처에서 오는 소리를 수신하기 위해 래디오 세트를 준비하거나, 먼 곳의 광경을 화면에 재현시키기 위하여 텔레비젼 세트를 이용하는 것과 마찬가지로 극히 자연스러운 일인 것이다.

　그러나, 어느 과학자는 새로운 연구분야를 개척하려고 노력하고 있는데, 매초 2만 사이클 이상의 아주 짧은 전자파(電磁波)를 이용해서 영계와의 통신을 전자파적으로 해결하려고 하고 있다.

　아직 초기의 단계이지만 영계에서 방사되는 에너지의 모습에 반응하여 영의 말을 재현시킬 만한 심령전자통신기(心靈電磁通信機)라고 할 수 있는 것을 실험하고 있는 중이다.

　모르스 부호의 전신기(電信機)에서 발전하여 래디오나 텔레비젼이 만들어졌듯이, 장차 저승에 사는 사람들의 음성을 듣거나 모습을 보거나, 또는 영계 그 자체의 풍경을 파노라마식으로 볼 수 있는 가능성도 있으리라고 생각된다.

　이 기계로서 현재는, 일반 사람들에게 영시능력(靈視能

力)과 초감각적 이상능력(超感覺的異常能力)을 일으키기에 필요한 상태를 발생시키는 일을 할 수가 있는데 지나지 않지만 앞으로 저승으로부터의 통신을 에테르 파동 위에서 잡는 방법에 어떤 길을 열어 줄 것이 분명하다.

정신신체의학연구협회(Psychosomatic Research Association)에서는 노델 인디케이터(Nodel Indicator)라고 부르는 일반에게 알려져 있는 한 도구를 발명했다.

그것은 현재 의학적인 연구에만 한정되고 있으나 심령연구의 다른 분야에 있어서도 응용범위가 넓은 것이다.

또한 이 협회는 다이자닌 용액(溶液)을 칠한 스크린을 사용해 인간의 오러(後光)를 객관적으로 보는 데 성공한 킬너 박사의 독창적인 업적에 따라 그것을 더욱 발전시키려 하고 있다.

킬너 박사의 업적이란, 이 스크린을 통해 A가 B라는 사람을 본다면 B를 에워싸고 있는 오러를 A는 객관적으로 볼 수 있다는 것이다. 그 사람의 오러의 빛에 따라 그 사람의 건강상태, 심적인 상태, 성격조차도 판단할 수 있다는 것이다.

킬너 박사의 이 방법은 그 뒤 개선되어 현재는 오러와 오러적인 파동을 사진으로 촬영할 수 있게 되었다. 이것은 전파생리학(電波生理學) 및 전파진단학(電波診斷學)에 길을 열어 주는 것이라고 말할 수 있다.

모든 사람과 모든 생물은 각각 다른 강도와 주파수의 파동을 방사하고 있으므로 만약 지상의 우리가 방사하는 주파수가 영계에 있는 영혼의 주파수와 동조될 수 있도록 조절이 된다면 직접 영계와 통화할 수 있게 되는 셈이다.

물리적으로 현상을 일으키는 일은 슈퍼 레이(super ray : 超越線)가 앞으로 응용 발전됨에 따라 매우 쉬워질지도 모른다. 슈퍼 레이의 실험원리는 에테르체의 발성함(發聲函) 안에서 발생된 발성음(이 안에는 유체의 발성음 파동도 포함되어 있음)을 포착하는 데 있다.

이 원리는 영계의 '상념(想念)의 물결'을 포착하는 원리와는 전혀 다르므로 이 두 부문을 혼동해서는 안된다.

영계의 영인(靈人)이 말할 때, 유체에 있어서의 진동을 포착하고 그것을 전자파로 유도하기 위해 슈퍼 레이를 작용시키는 이 방법은 무선(無線)의 방법에 의해서 인간의 발성음을 전자파로 유도해서 스피이커에 재생시키는 원리와 비교하면 쉽게 이해할 수 있다.

우리가 래디오에서 우리가 원하는 방송국에 파장을 맞출 경우, 전자파는 물질적 진동으로 바뀌고 우리에게 분명하게 '방송된 언어'가 전해진다.

그것과 마찬가지로, 영계에 있는 영인의 '유체(幽體)로 형성된 성대(聲帶)'의 진동은 전자파로 변해 전해지고, 그 전자파가 물질의 진동음(振動音)으로 변화되어 아무 영각(靈覺)이 없는 사람일지라도 그것을 들을 수 있도록 증폭시키는 것이다.

이것이 오늘날 우리가 우수한 직접발성음 영매를 이용해서 행하는 강령회에서 우리의 사랑하는 사람들의 영혼으로부터의 통신을 우리는 보통 청관(廳官)을 통해 직접 들을 수 있게 하는 것이다.

따라서 어떤 수준의 영매도 불필요할 만한 전자적 영계통신의 연구목적은 유체의 발성기관 진동을 기록할 만큼 예민한 감도를 지닌 검파장치(檢波裝置)나 또는 검파물질(檢波物質)을 발견하는 데 있다.

여기에서 그 연구를 자세히 검토하기에는 너무 전문적이

될 것이다. 그러나 결론적으로, 여기에 말해 둘 만한 가치가 있는 사실은, 이같은 연구 프로젝트에 관여하고 있는 사람들 중에는 엘렉트로엔세팔로그라프(Electroencephalograph) 라는 전자파를 기록하는 기계가 결국 유체에서 발생되는 발성음을 청취하는 마이크로폰으로 발전하리라는 의견을 갖고 있다는 것이다. 이 장치의 어떤 것은 뇌세포의 유체적(幽體的)인 파동을 기록할 수 있다.

슈퍼 레이를 처음 발견한 사람은 네덜란드의 심령학자인 엔 쯔완(N. Zwaan)이다. 그는 에테르 에너지의 일종인 전자 필드의 한 양식을 발생시키는 슈퍼 레이의 세트를 고안했다. 영매가 그 세트를 보조로 쓸 경우에는 영의 소리가 한층 더 크게 들리고 영시(靈視)는 한층 더 뚜렷해지는 것이었다.

또 한가지 중요한 점은, 영계의 과학자가 이것을 뒷받침하여 이 슈퍼 레이가 영계에서의 그들 자신의 에테르적인 환경의 상태와 매우 비슷한 환경을 만든다는 것을 확인한 일이다.

이 방면의 연구를 열심히 하고 있는 어네스트 톰슨은 다음과 같이 말하고 있다.

"한편 영계의 영인(靈人)들은 우리와 협조적으로 같은 연구에 종사하고 있다. 실제로 전지(電池)와 슈퍼 레이 세트는 처음에 영계의 영인(靈人)에 의해 설계된 것이다.── 과학적인 영계통신이 인류에게 가져올 새로운 전망은 지상의 사회와 천상(天上)의 사회를 서로 이어나갈 찬란한 시대를 보다 속히 올 수 있게 할 것이다."

그러기 때문에 직접발성음현상은 가까운 장래에 기계적인

장치에 의해 얻게 될 것 같지만, 또 한가지 두드러진 심령현상인 물질화 현상은 내가 보기에 앞으로도 계속해서 물리적 심령현상의 영매를 필요로 할 것이라고 생각된다.

이 단계의 연구에서 나는 완전무결하게 만족스러운 물질화 현상을 아직껏 체험하지 못했다. 100퍼센트 만족하지는 못했지만 나는 가장 믿을 만한 심증으로 발신된 통신에 의해 이런 형태의 진실성은 어느 정도 그 확실성을 확인할 수 있었다.

이를테면, 비공개 강령회에서 마치 과학자의 실험실처럼, 현실세계를 떠난 사랑하는 사람들이 눈에 보이고 지상에 살아 있었을 때와 같은 손으로 만져지며, 때로는 살아 있을 때 몸에 지녔던 사마귀나 반점 같은 것까지도 그대로 나타나 보이는 것이다.

그들은 굳게 잠근 방 안에 모습을 나타내고 분명히 평소 사람처럼 말을 하고 벽이나 바닥을 통하여 사라짐으로써 작별을 고하는 것이다.

이와 같은 물질화 현상을 과학적으로 분석하면 어떤 판단을 내려야만 할 것인가를 시험한 결과 판명된 바에 의하면, 그 실험은 엑토플라즘이라고 칭하는 4차원적인 실질(實質)에 의해 구성되고 있다. 그것은 지방질의 혼합제와 프로토플라즘적(원형질)적인 세포를 가지고 있는 알브미노이드(골격성 단백질)로 이루어진 것이어서, 그 원질(原質)은 영매의 몸 성분과 그 모임에 참석한 사람들의 몸 안에서 추출된 것이다.

물질화 현상의 최초의 형태는 빛나는 구름과 같은 것인데, 차츰 어떤 일정한 형태를 이루기 시작한다. 하지만 어떤 경우에는 거의 동시에 그 형태를 만들기도 한다. 엑토플라즘은 백색의 광선에 극히 약해 붕괴될 염려가 있으므로 보통은 어둠 속이나 적색광선 안에서만 유지된다. 그러나 특별한 능력 있는 영매의 경우는 밝은 전등 아래서 또는 대낮에도 물질화 현상이 일어난 몇 가지 실예가 있다.

이 현상은 상념(想念)의 힘에 의해 엑토플라즘을 일정한 형태로 만들지만, 그것은 영계의 화학기사가 나타나기를 원하는 영혼이 희망하는 모습이 되도록 도와준다.

어떤 경우는 영의 손만이 물질화되어 만들어진다. 그것은 힘의 부족으로 전신상(全身像)을 만들 수 없는 경우이다. 그와 같은 경우, 그 손은 완전히 죽은 사람의 손과 같은 차가움을 느낄 수 없고 따뜻하고 생생하다.

오늘날까지 일어난 가장 두드러진 실험은 저 유명한 윌리엄 크루크스경(卿)이 자기 실험실에서 몇 개월에 걸쳐 엄정한 과학적 조건 아래 이루어진 실험이었다.

크루크스는 그의 《회상기(回想記)》 안에서 동료와 함께 17세기 무렵에 살아 있던 한 젊은 아가씨의 영혼이 물질화된 것을 썼다.

그는 실제로 그 영의 모습을 그와 함께 가지런히 의자에 앉은 트랜스 상태의 영매의 모습과 함께 밝은 전등불 아래서 사진으로 찍었다.

그는 또한 물질화된 영체(靈體)를 자세히 조사했다. 그 결과 '그녀는 탐스러운 머리카락을 지니고, 피가 통하는 육체를 지닌 여인으로 리드미칼하게 심장이 고동치고 맥박이 뛰는 소리'가 들려왔으므로 모두들 긴장하여 그것이 차츰 공간으로 사라지는 것을 멍하니 지켜보고만 있지 않을 수 없었다고 그는 말하고 있다.

이같은 실험이 나중에 다른 과학자에 의해 이루어진 일이 있다. 영국과 유럽의 몇몇 나라와 미국에서다.
 오늘날에는 과학자와 의사들 사이에 심령연구에 흥미를 갖는 사람들이 늘어나고 있고, 이 방면에서 실증이 명시되기에 이르렀다.
 가장 눈에 띄는 실험은, 옥스포드의 조오지 데 라 월 교수의 실험실에서 있었다. 그 실험실에서는 눈부신 발견이 두세가지 있었으며 그 실험한 성과는 먼 거리에 떨어져 있는 채로 갖가지 병을 진단할 수 있는 단계에까지 발전했다.
 어떤 경우에는 해외에 살고 있는 환자의 혈액 견본이 옥스포드 실험실에 운반되었다. 그리고 그 혈액을 영적으로 진단함으로써 무슨 병인지 판명되고 치료를 통해 완치되기도 했다.
 이 원격치료법은 그 진단 및 치료에 요하는 기계를 조작하는 데 숙련된 기사를 필요로 한다. 더욱 놀라운 일은 그 환자에게서 채취된 견본 혈액이라는 것이 아주 오래 전에 재취된 것이었다는 점이다.
 최근의 실험에서는 이런 일이 있었다. 진단이나 치료를 위해 쓰인 견본 혈액(見本血液)은 그 환자에게서 10년 전에 채취된 것이었다. 더구나 그 견본혈액으로 현재 환자의 용태를 다룰 수 있다는 것이다.
 또한 의사들은 드러내 놓고 이 사실을 인정하지 않지만 이런 경우, 자기들은 환자의 육체를 치료하는 것이 아니라 환자의 에테르체를 치료하고 있다는 결론에 도달한다.
 조오지 데 라 월씨는 '정신신체의학연구협회'에서 있었던 강연회에서, 원격치료 과정의 어떤 문제에 대해 보다 더 자세한 설명을 제공하고 있다.
 그 강연회에서 그는 청중에게 현재 어떤 종류의 기계가 발명되었고 그 기계는 몇년 전에 일어난 사건을 찍을 수 있을 것이며 인간의 상념을 촬영할 수도 있다고 말했다.

이것은 물론, 영의 '마음'이라는 것이 앞뒤를 똑같이 쉽게 방향을 바꾸어 볼 수 있고 한 번 일어난 사건과 상념에 떠오른 모든 일은 어떤 방사(放射)를 하고 있으며, 그 방사는 우주의 어딘가에 반사되어 항상 남아 있다는 심령학적 전제 위에서 성립되는 것이다. 이 방사야말로 시간과 공간을 초월하여 존재하고 그것이 사진으로 찍히는 것이다.

또 한 가지 흥미있는 실험이 출석한 회원 앞에서 행해 졌었다. 이것은 솟아 나오는 물을 양쪽 물꼭지로 흘러 나오게 하여 그 하나 하나를 환등 슬라이드로 촬영하는 장치로 이루어졌다.

한쪽 물꼭지에서 흐르는 물은 그대로 계속 흐르게 내 버려두지만 다른 한쪽의 물꼭지에서 나오는 물은 승려 한 사람이 그 물을 기도를 통해 축복하여 흐르게 하고, 그 물의 방사선이 슬라이드에 찍히게 되어 있다.

첫번째 슬라이드에는 보통 줄무늬의 방사선이 나타났으나 두번째 슬라이드에 비치는 방사에는 그 같은 방사선이 비치는 외에, 그 중심을 꿰뚫고 십자꼴이 되는 방사선이 비친 것이다. 이것은 어떤 물질적인 설명도 할 수 없는 것이다.

이와 같은 과학적인 실험이나 심리적이고 물리적인 심령 현상을 통해 집합된 실증 따위가 쌓여, 영계가 존재한다는 신념이 일반 세계에 인정되고, 가장 끈질긴 회의론자도 이들 현상이 분명히 비물질적인 현상이라는 결론을 승인하지 않을 수 없게 될 것이다.

## 종장 후기 : 또다시 궁금한 이야기

 그동안 〈심령과학〉시리즈를 내면서 독자들이 궁금하게 생각한 문제들을 간추려 질의 응답식으로 내어 보냈더니 그 반응이 매우 좋았다.
 또한 새로운 질문을 해온 독자들도 많았다. 그러나 필자는 워낙 무섭게 시간에 쫓기는 생활을 하다 보니 하나하나 답장을 하지 못하고 있는 실정이다.
 다시 이 자리를 빌어서 독자들의 궁금증을 풀어볼까 한다.

 《문》 사람이란 육체와 영혼(에너지 생명체)으로 이루어지고 있다고 했는데, 육체와 영혼은 구체적으로 어떤 긴밀한 관계를 갖고 있는가? 육체 속에 영혼이 깃들어 있어야만 하는 까닭은 무엇인가?

 《답》 아주 좋은 질문이다.
 종래의 대부분 종교에서 인간은 육체와 영혼으로서 이루어진 존재라는 점에 모두들 동의해 왔으나 육체 속에 영혼이 깃들어 있어야만 할 필연적인 이유를 설명치 못했던 것이 사실이다. 또한 영혼에 대해서도 우리가 아는 과학적 용어로 분명하게 밝혀주지 못했기 때문에 하나의 추상적인 개념이 되고만 것도 또한 사실이다.

　더구나 현대인들은 무엇인가 분명히 손에 잡히지 않는 것, 눈으로 볼 수 없는 것은 존재하지 않는다는 지극히 잘못된 생각의 노예가 되고 있다(우리의 감각기관이 매우 제한된 범위 안의 식별 능력밖에 없다는 것은 이미 다른 책에서 설명한 바가 있기에 여기서는 같은 이야기를 되풀이 하지 않겠다).

　모든 종교에서 거의 공통적으로 설명하고 있는 것을 한 마디로 요약하면 이 우주는 창조주에 의해 만들어졌고, 인간은 창조주의 자녀이며, 육체단계에서의 경험을 쌓기 위해 육체를 쓰고 나온 불생불멸의 영혼이라고 했다.

　여기서 필자는 그동안의 경험과 관찰, 또한 직관을 통해 얻은 육체와 영혼, 에너지 생명체의 관계를 분명히 밝혀 볼까 한다.

　영혼은 에테르체 또는 에너지 생명체라고 할 수 있는 실체(實體)이고 플러스 전기를 띈 생명체인데 대하여, 우리의 육체는 탄소형생명체(炭素型生命體)로서 정전기(靜電氣), 즉 마이너스 전기를 띈 물질체이고 영혼을 그 안에 가둘 수 있는 강력한 인력을 지닌 존재이다.

　또한 영혼은 육체의 일체 신경회로를 움직이는 14경락과 뇌수를 장악하고 있고 경락을 통하여 신경회로에 전기를 보내고 있을 뿐더러 신경회로에서 발생한 각종의 유독 개스를 육체 밖으로 내보내는 일을 맡고 있으며, 육체를 통해 흡수한 음식을 분해해서 얻은 순수 에너지의 공급을 받고 있는 실체(實體)이다.

　모든 질병의 원인은 우리가 자연의 원리(原理)대로 살지 않고 신체의 어느 장기를 특별히 혹사함으로써 그 부분의 신경회로(神經回路)에 과다한 유독 개스를 발생시켜 경락의 소통을 방해하는 데서부터 비롯된다고 생각된다. 가령 한 가지 예를 들어 보자.

한 사나이가 있는데 특별히 술을 좋아했다고 하자. 그의 간장은 심한 혹사를 당함으로써 거기에서 발생한 과다한 유독 개스가 간장내의 신경회로에 전류를 보내 주는 경락에 비정상적으로 축적되어 부분적인 마비현상을 일으킨다.

그렇게 되면 간장에는 비효율적으로 피가 흐를 뿐 신진대사가 잘 안되게 되고 그 결과 간장의 기능은 저하되게 마련이다. 여기에서 콩팥의 부담이 커지게 되며 이어서 콩팥에도 같은 현상이 일어나게 된다.

피가 급속도로 산성화(酸性化)되면서, 몸 안에 노폐물질의 축적이 심해진다. 다음에는 심장과 위장기능도 저하되게 된다. 이렇게 되면 그는 이미 중병 환자의 대열에 속하게 된다.

이때부터 몸의 인체전압이 쑥 내려가게 되고 몸은 자신의 신진대사도 제대로 하지 못하게 될 뿐만 아니라 영혼(에너지 생명체)에 에너지 공급도 못하게 된다.

이 단계가 되면 육체는 플러스 전기체인 에너지 생명체를 더 이상 몸 안에 가두어 둘 수 있는 힘을 상실하게 되기 때문에 한 영혼은 육체를 통해 더 이상 에너지의 공급을 받는 것이 불가능하게 된다. 이제 육체는 그 기능을 상실했고, 에너지 생명체인 영혼도 육체를 지배할 수 있는 힘을 상실한다.

그렇게 되면 육체를 버리고 유계(幽界)로 떠났다가 다시 새로운 육체 속에 깃들어 돌아오는 수밖에 없게 된다. 이렇게 해서 영혼은 육체에서 떠나게 되며 그것이 바로 죽음인 것이다.

종교에서 말하는 영혼이 육체를 통해 이 세상의 경험을 쌓게 되고, 우주에 대한 지식을 얻게 된다고 하는데, 이것도 사실이지만, 육체와 영혼과의 필연적인 함수관계를 결정적으로 밝히지 못한 점이, 바로 종교가 신비의 세계를 헤매게 한 중요한 이유라고 필자는 생각한다.

　인간이 영혼과 육체와의 관계를 완전히 이해하고 동시에 창조주와 인간과의 관계까지도 이해하게 되며, 우주의 법칙대로 살게 되면 이때부터 모든 종교는 필요없는 존재가 될 것이다.

　우리가 덜 진화되었기 때문에 인간 스스로가 누구라는 것과 이 대우주와의 함수관계를 뚜렷이 깨닫지 못해 일시적으로 종교가 필요할 뿐이라는 것이다.

　필자는 무슨 종교를 믿느냐는 질문을 자주 받게 되는데 그때마다 '나는 하느님에 속한 자'라는 것을 24시간 자각하면서 살고 있다. 나는 아무런 종파(宗派)에도 속해 있지 않다. 하느님은 사랑으로서 우주를 창조하셨고, 지혜와 힘으로서 다스리고 계시다.

　하느님의 속성이 무엇이라는 것을 깨닫고 그 진동 파장에 자신의 파장을 맞출 수 있다면 그는 바로 예수께서 말씀하신 '내가 아버지 속에 있고 아버지가 내 속에 계시다'라는 상태가 되는 것이다

　오늘날의 대·분 종교들은 인간과 우주에 대해 분명한 지식을 알려 주지 못하고 사람들을 그릇된 방향으로 최면유도하는 경향이 있는데 우리는 이제 오랜동안의 잠에서 깨어나 인간의 정체가 무엇인가를 분명히 깨달을 때가 가까워졌다고 생각된다.

《문》 빙의령과 보호령의 차이와, 어째서 죽은 사람의 영혼이 산 사람에게 빙의되는가 하는 것에 대해서 자세히 설명해 주셨으면 합니다. 또한 빙의령때문에 병들게 되는 까닭은 무엇인지요?

《답》 육체를 떠난 영혼은 생전에 자신을 보호해 주던 보호령의 안내를 받아 유계(幽界)로 돌아가야만 한다. 유계로 돌아간 영혼만이 다시 인간으로 재생(再生)할 수가 있기 때문이다.

유계에서 수양을 쌓는 동안 유체는 완전히 발달을 하게 되고 스스로 우주의 에너지를 흡수할 수 있는 완성된 유체인간으로의 변모가 이루어진다.

이렇게 유체인간(幽體人間)으로서 완성된 존재는 육체 속에 기생할 필요도 없고 혼자서 존재할 수가 있지만, 육체 속에서 바로 전에 빠져 나온 이른바 죽은 자의 영혼은 육체의 도움이 없이는 스스로 필요로 하는 에너지의 공급을 받을 수 없는 미완성체인 유체인간이며 또한 육체 속에 갇히기 쉬운 존재이다.

죽은 육체에서 빠져 나온 영혼이 인간에게 기생(寄生)하는 빙의현상은 대체로 다음 몇가지 경우로 분류된다.

첫째는 죽은 사람에 대한 살아 있는 이의 지극한 애착심이 육체 속에 빨려 들어가기 쉬운 미완성체인 유체(곧 영혼)를 끌어들이는 경우다. 즉, 죽은 아기나 배우자의 영혼이 기생될때가 많다.

다음은, 원한을 가진 영혼의 고의(故意)적인 빙의현상이다.

또한 빙의된 조상이나 배우자의 영혼이 서로 보호령인줄

착각하고 있는 경우를 예로 들 수 있다.
 필자는 실제 경험을 통해서 이런 경험을 수없이 겪은 바 있다. 보호령인줄 착각하고 있는 빙의령은 본질적으로 선의(善意)를 지닌 존재이므로 쉽사리 제령(除靈)이 되지만 죽은 이에 대한 애착심과 죽은 이의 살아 있는 이에 대한 애착심의 파장(波長)이 서로 맞아 빙의가 된 경우는 두 편에게 다같이 우주의 법칙을 납득시켜서 천리(天理)를 따를 마음을 일으키게 하지 않고서는 제령이 힘이들기 마련이다.
 다음은 살해당한 원한으로 빙의된 동물령의 빙의 케이스다.
 이때는 용서의 원리(原理)를 설명해 주어야 한다. 동물령도 용서하고 우주의 법칙을 지켜야겠다는 생각을 하게 되면, 그 자체가 이미 동물의 경지에서 멀리 벗어난 심경이기에 재생(再生) 때에는 인간으로 승격이 될 수 있는 것이다.
 대부분의 동물들은 평소 인간을 부러워하고 있기 때문에 쉽사리 납득하여 이탈이 된다.
 '네가 심은 대로 거두리라'는 원리(原理)가 이 경우에도 그대로 적용되는 것이다.
 인간이 생전에 동물과 같은 심성(心性)을 지니고 살면 동물로 재생이 되는 것이고 동물도 인간이 될 수 있는 기회는 (비록 매우 드물기는 하나) 있다고 보아야 된다.
 심령과학에서는 동물령이 인간에게 기생한다는 것은 인정하나 인간이 동물이 된다든가 동물이 인간으로 승격되어 재생(再生)되는 경우는 없다고 보는 것이 오늘날의 생각인 듯하나 필자는 이와는 정반대 되는 생각을 갖고 있다.
 필자의 생각과 심령과학에서 보는 견해가 다르다는 것을 밝혀 두는 바다.

인간이 동물이 된 경우는 전생의 기억을 간직하나, 동물이나 자연령(自然靈)이 인간으로 승격하여 재생(再生)된 경우는 전생(前生)을 기억하지 못하는 것이 아닌가 한다. 그러나 후자의 경우 대체로 공통된 현상은 사회생활에 완전적응이 어렵다는 점, 항상 소외감 속에서 살며 보통 사람보다 영능력의 소질이 많은 점인 듯하다. 여기에 대하여는 앞으로 더 많은 연구가 필요하리라고 생각한다.

몸에 빙의된 영혼이 있을 때, 불운이 계속되거나 몸에 질병이 생기는 이유는, 영혼도 에너지 생명체이기에 산 사람의 생명 에너지를 뺏어가게 되기 때문이다.

또한 악의(惡意)를 가진 빙의령이 있는 경우, 피해자는 자기에게 해로운 일만 골라가면서 하게 되기가 쉽다. 또한 우주의 법칙을 안 지킨 영혼이 몸 안에 있다는 것 그 자체가 천리(天理)를 어긴 것이기 때문에 매사가 잘 안되게 되는 것은 너무나 당연한 일이라고 할 수 있다.

《문》《기적과 예언》에서 '구세주란 세상의 주인인 나를 진심으로 구하는 자라는 뜻이니 나를 진심으로 구해 마지 않는 자에게는 나의 힘이 주어지리니 이 세상에 구세주가 가득차는 날 지상천국(地上天國)이 이루어지리라'란 말씀이 있는데, 여기에 대해서 좀더 자세한 설명을 해 주셨으면 합니다.

《답》매우 좋은 질문이다.

하느님을 간절히 원한 예수 그리스도께서는 하느님의 속성을 완전히 깨달으셨고 하느님의 파장 자체가 되신 분이었기 때문에 구세주가 되신 것이라고 생각한다.

이제 그리스도는 영계(靈界) 또는 신계(神界)에 속하신

분이기 때문에 누구이건 그리스도와 같이 생각하고 행하는 자가 있으면 그는 그리스도와 파장(波長)이 맞은 자가 되니 곧 그는 살아 있는 그리스도와 같이 된 사람이라고 말할 수 있다.

이 세상에는 많은 기독교신자들이 살고 있다. 그 많은 그리스도인들 가운데에는 그리스도의 파장을 지닌 이도 많으리라고 생각한다. 따라서 구세주는 오직 한 사람뿐이라는 것은 너무나 좁은 해석이 아닌가 한다.

이것은 부처의 경우도 같다고 본다. 그분들은(예수와 부처 그 밖의 성현들은) 인간을 전부 구하기를 원하셨고, 인간이 닦고 닦으면 그와 같이 높은 경지인 완성된 인간이 될 수 있음을 보여준 산 표본이 아닌가 한다.

그리스도나 부처를 제하고는 모두가 죄인을 면하기 어렵다는 생각처럼 인간을 진화(進化)의 길에서 벗어나게 하는 생각도 없다고 본다.

죄란 곧 불완전한 것, 우리는 완성된 인간이 될 수 있다고 보며 그것은 자기가 누구인가를 깨닫는 데서부터 시작이 되어야 한다고 생각한다.

'그대 자신을 알라'는 격언을 모두 깊이 음미해 주기 바란다.

《문》 한국인이 세계 모든 인류의 원판인간(原版人間)이라고 하셨는데, 이것은 너무 지나친 과대망상이 아닐까요? 여기에 대한 그 필연적인 이유를 설명해 줄 수 없을까요?

《답》 앞으로 몇 년 동안 세계 어느 곳에서도 전쟁이 일어나서는 안되지만, 특히 우리나라에서 전쟁이 일어나서는 안

된다.

　미국도 2차 대전 후 처음으로 핵무기를 쓰겠다는 이야기를 했고, 또 한국에서 전쟁이 일어날 경우에는 여론의 나라인 미국에서도 속전속결을 위해 핵무기를 쓸 가능성이 많은데 그렇게 되면 지구의 희박해진 전리층(電離層) 파괴라는 최악의 사태로까지 발전될 가능성이 있다.

　전리층 파괴는 곧, 세계 각국에 저장된 일체의 핵무기를 자동폭발하게 만들 가능성이 있다. 그 결과가 어떻게 되리라는 것은 더 이상의 설명이 필요 없을 줄 안다.

　지나간 세상에 인류를 위해서 봉사하다가 죽은 많은 의인(義人)들의 무리가 이런 지구파멸을 막기 위하여 오늘날의 한국에 재생(再生)했다는 사실을 필자는 믿어 의심치 않는다.

　우리나라가 남북이 평화적으로 통일되면 세계는 지금과는 전혀 차원(次元)이 다른 4차원 진동문명기(振動文明期)로 들어서게 되리라고 본다. 그런 점에서 우리 모두의 책임은 실로 크다고 생각한다.

### 편저자 약력

서울에서 출생하여 서울대 문리대 국문과를 졸업. 1951년 경향신문 신춘문예에 「聖火」가 당선되어 문단에 데뷔. 그후 일본에 진출하여 「심령치료」 「심령진단」 「심령문답」등을 저술하여 일본의 심령과학 전문 출판사인 대륙서방에서 간행하여 큰 호응을 얻었으며, 다년간 심령학을 연구함. 그후 「업」 「업장소멸」, 「영혼과 전생이야기」 「인과응보」 「초능력과 영능력개발법」 「최후의 해탈자」 「사후의 세계」 「심령의 세계」등 심령과학시리즈 20여종 저술(서음미디어 간행)

판권
소유

증보판 발행 : 2010년 5월 10일
발행처 : 서음출판사(미디어)
등 록 : No 7-0851호
서울시 동대문구 신설동 94-60
Tel (02) 2253-5292
Fax (02) 2253-5295

편저자 | 안 동 민
발행인 | 이 관 희
본문편집 | 은종기획
표지 일러스트
Juya printing & Design
홈페이지 www.seoeumbook.com
E. mail   seoeum@hanmail.net

*이 책은 저작권법에 의해 보호를 받는 저작물이므로
무단 전제나 복제를 금합니다.
ⓒ seoeum